人物叢書
新装版

ルイス・フロイス

五野井隆史

日本歴史学会編集

吉川弘文館

京都南蛮寺の部分　狩野元秀（宗秀）作「南蛮寺図」
神戸市立博物館蔵
（フロイスが創建にかかわった南蛮寺（教会），門前に南蛮帽を売る店が立つ）

フロイスの一五七一年一〇月四日付書翰・自筆署名（信長の比叡山焼き討ちについて記載）　ローマ・イエズス会文書館蔵

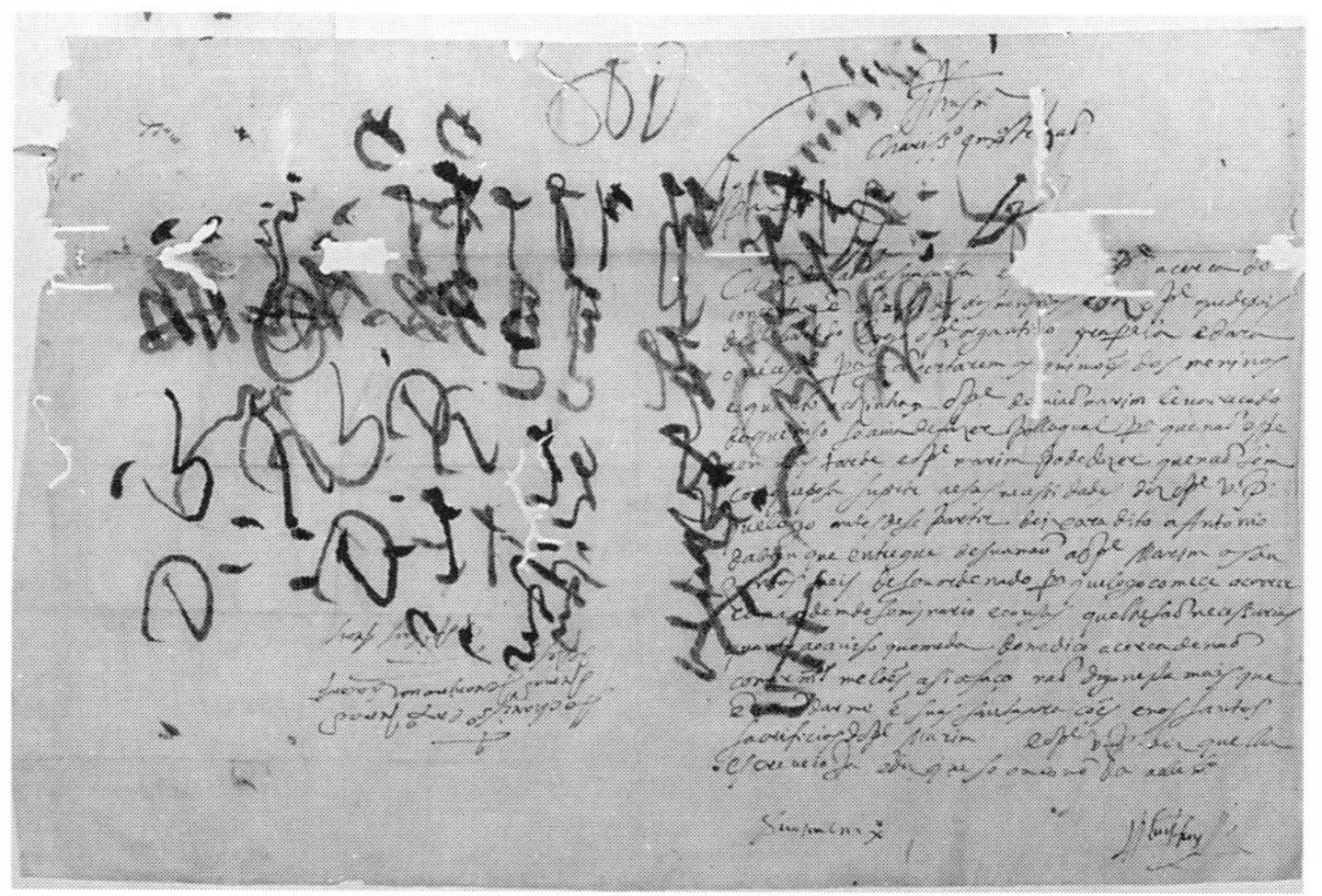

フロイスの大坂在イルマン・ジェロニモ［・ヴァス］宛（1583～1587年？）書翰（リスボン国立図書館蔵—中村質氏蒐集の屏風下張り文書）

はしがき

戦国争乱の最中、一五六三年に、ヨーロッパからキリスト教を説き弘めるためにやって来て、日本人の文化・習俗に最も精通した一人の男がいた。彼は膨大な頁からなる「日本史」を書き、戦国の世から統一に向かう当時の日本社会を活写し、同時代の日本人の書き物から知ることのできない事柄を詳細に語り伝えて、私たちの同時代の理解を豊かにしてくれた。この人物が本書の主人公、ルイス・フロイスである。

キリストの教えを説くイエズス会の宣教師フランシスコ・ザビエルが、コスメ・デ・トルレス神父（パードレ）とジョアン・フェルナンデス修道士（イルマン）を伴って一五四九年に鹿児島に上陸して以来、最後の宣教師五名が渡航した一六四三年までに、三〇〇人のヨーロッパ人宣教師が来日した。彼らの中で、ザビエルに次いで、知名の高い宣教師がルイス・フロイスである。

フロイスの名が広く知られるようになったのは、彼が執筆した日本におけるイエズス会の宣教活動の歴史、いわゆる「日本史」が翻訳・紹介されてからである。「日本史」の第一部は、ゲオルグ・シュールハメル師によってポルトガル語からドイツ語に訳されて一九二六年に出版された。同書の日本語訳は柳谷武夫氏によってなされ、一九六三年から一九七八年にかけて『日本史』全五巻が出た（平凡社、「東洋文庫」）。さらに、一九七七年から一九八〇年にかけて、ポルトガル語原文からの翻訳書『日本史』全一二巻が、松田毅一・川崎桃太両氏によって中央公論社から出版された。これは、第一部〜三部（一五四九〜一五九三年）からなる三〇三章の全訳である。この間、一九七八年にNHKの大河ドラマ「黄金の日々」が放映された。この放映を通じて、フロイスの名が日本人に広く知られるようになった。

フロイスは、来日前にすでに、ゴア（インド）において数多くの書翰を上長の指示で作成してヨーロッパに送信し、来日後も、詳細な日本事情と宣教活動報告を書き送り、また、年度報告いわゆる「年報」の作者として、その文才を遺憾なく発揮して高い評価を得、ローマから日本教会史（日本史）の執筆を命じられた。彼は文才だけでなく、豊富な言葉を駆使して説教し、説教師としての才能にも恵まれ、また世事に十分に対応できる資質を与えられていた。彼は、一五五二年に日本からゴアに帰還したザビエルに会ってその講話を聞き、彼の日本宣教に寄せる熱い思いに心を強く揺さぶられた。彼が日本渡航のためゴアを発ったのは、その二年後の一五五四年四月、インド副管区長メルシオール・ヌーネス・バレトの日本視察に同行してであった。しかし、彼はマラッカ（マレー半島）に留め置かれ、のちゴアに戻ってコレジオ（神学院）に学び、一五六一年に司祭に叙階された。その翌年、日本赴任を命じられてゴアを発ち、一五六三年七月、大村領横瀬浦港に着いた。八月半ばに大村領内で謀反が起きて領主純忠が一時追放され、十一月には港町は放火されて焼失した。このため、フロイスは平戸・度島（たくしま）に避難した。

一五六五年一月に上京して一五七七年一月に西下するまでの一二年間、堺に避難した三年八ヵ月間を除いて京都中心の宣教に従事し、南蛮寺建造に尽力した。同地方のキリシタン教界の基礎を築いたガスパール・ヴィレラ神父の後を継いだフロイスは、織田信長の知遇を得て、堺避難中に弱体化したキリシタン教界の立て直しを図った。彼の現実的な「あらゆる種類の世俗的問題に対する才覚」が十分に活かされたと言えよう。

彼の才能が顕著に発揮された書翰は、日本発信が八三通、準管区長ガスパール・コエリョの秘書として執筆した年報は七年度分一七本、ペドロ・ゴメスの許での四年度分五本である。他に、信長の死についての報告と二六殉教者報告がある。ゴアでの発信書翰は少なくとも三一通あり、東インド管区巡察師アレシャンドロ・ヴァリニャーノに同行してマカオに渡った一五九二年一〇月から一五九五年七月に日本に戻るまでの期間に、四通を発信した。個人書翰は一一九通の原本・写本が確認される。それらの書翰の大部分は丁数が多く詳細である。正に書くために生まれてきたような人生である。「日本史」は、ヴァリニャーノから書き直しを命じられたが、彼はこれを謝絶したためにローマに送られることはなく、印刷もされなかった。

「日本史」執筆中に著された「日欧文化比較」は、「日本史」第一部が完成する一年前の一五八五年六月に肥前加津佐（かづさ）のコレジオで脱稿した。日本滞在二二年間の生活経験に基づいて、風俗・風習・宗教儀式・食生活・住居・芸能などについて、ヨーロッパとの違いを一四章にわたって対比しており、一六世紀中頃の日本社会や生活様式などを伝えてくれる。

フロイスは、日本に三一年間滞在し、晩年の一五九七年二月五日に長崎・西坂で宣教師およびキリシタン二六名が処刑された、いわゆる二六殉教事件に遭遇した。フロイスが、当時の日本および日本人をどのようにとらえていたのか、二〇歳代に自他共に認めていた文才が、その後、いかに花を咲かせ、そして晩年に挫折を味わうに至ったかについて見たい。

なお、フロイスに関する史料は、彼および彼の同僚である宣教師たちの書翰や報告書であって日本側の史料がないため、年月日は西暦表記となり、必要に応じて和暦に換算する。国内の事件・事象については和暦を用い、西暦に換算することになる。また、距離の単位については、レグア（1 legua はおよそ5 km）表記に統一している。

目次

口絵

挿図

第一　おいたち

一　生年と出自

生年

フロイスは、一五三二年（天文元）頃、ポルトガル王国の都リスボンに生まれた。これは、彼が一五四八年にイエズス会に入ったのちに作成された、いくつかの同会の名簿によって知られる。「一五三二年頃」と曖昧な言い方にしたのは、メルシオール・カルネイロ神父がローマの総会長ヤコボ・ライネスにゴアから送った一五五九年一一月二〇日付の個人調書に、フロイスは「コンパーニャ（のち「イエズス会」または「会」と記す）にあること一一年、二七歳である」（ヴィッキ編『インド文書』四）とあり、また、フランシスコ・カブラル神父がライネスに送付した同じ年の一一月二五日付書翰に、「二六歳、イエズス会　一一年」（同文書）とあるためである。このため、年齢の計算に当たっては一五三二年を彼の生年として推定している。

イエズス会の会員名簿には、年齢が記されるだけで、「・・年に出生」の記載が見られないのが一般的である。同会入会の記載については、明確に何年と記す場合と、既述の書翰に見られるような「会にあること一一年」、あるいは「入会から（入会歴）何年」という記載になっている。一五八八年作成の日本準管区会員名簿に見えるフロイスの記載は、「ポルトガルのリスボン、五六歳、［健康は］ほどほどの強さ、一五四八年入会」であり、一五四八年の入会が明示される。

出世地

イエズス会の名簿類では、彼の出身地は一貫してリスボンで統一されているが、イノセンシオ・フランシスコ・ダ・シルヴァ編纂の『ポルトガル書誌学事典』には、「一部の者によるとベージャ市出身であった」とある。ベージャはポルトガルの東南部、リスボンからおよそ一九四キロ離れた低アレンテージョ地方に位置し、エヴォラの南にある。フロイスのベージャ出身説が何を根拠にしているかは明らかでないが、そうした巷説があったことは否定できない。ベージャ説はシュールハメル師によって一九二九年に否定されている（Luís Frois「Hitoria de Japam」anotada por José Wicki, I）。

家族

彼の両親・家族に関する情報は皆無である。フアン・ルイズ－デ・メディナ師によると、「イダルゴ hidalgo の一族に由来した」（『イエズス会歴史事典』）とされる。ポルトガル語 fidalgo（フィダルゴ）は、地代で生計を保っていた農村貴族を指す（オリヴェイラ・マルケス『ポルトガル』）。あるいは、騎士 fidalgo -cavaleiro、従士 fidalgo-escugeiro という名称を持った、爵位のない貴族の範疇に入る。土地貴族の大部分は、ローマ、スエヴィ（ゲルマン）、西ゴートの各時代以来の自由人の古い家門の子孫であったとされる（同書）。フロイスの父祖がベージャの土地貴族であったことを示唆するものは何もなく、その可能性は低い。

ユダヤ人迫害

フロイスが幼少・少年時代を過ごしたリスボンでは、顕著な反ユダヤ主義の強い風が吹いていた。キリスト教に改宗したユダヤ人、新キリスト教徒 christão novo に対する迫害であり、新キリスト教徒狩りが頻繁に行われていた。ポルトガルのユダヤ人は元来少数で都市部に住み都市に固有の職業に就いていた。その数が一〇家族以上になるとコムーナ comunas と称する共同体に組織されて「ジュダリア judarias」という一定の地区に居住し、キリスト教徒の居住地区から城壁、柵、そして夜に閉鎖された大門によって隔離されていた。リスボンには一四、五世紀に三つのユダヤ人居住地区があり、彼らは、銀行家・商人・金融家・官職保有者の小集団、仕立屋・金銀細工師・鍛冶屋・靴屋などの職人層、貧民の三階層からなっていた（『ポルトガル』）。

一四九二年にカスティリャとアラゴン（両国は一四七九年に合体してエスパニャ（スペイン）国となる）のユダヤ人が追放された。大部分のスペイン系ユダヤ人は、それまで迫害がなく平和な国と見ていたポルトガルに避難した。一四九四年に国王ジョアン二世が死去し、その従兄弟で王妃ドナ・レオノルの弟ドン・マヌエルが後継者となった。彼はカスティリャの女王イサベルと、その夫でアラゴン国王であるフェルナンドから王女ドナ・イサベルとの結婚の条件として、ユダヤ人の追放を要求され、これに応じた。このため、一四九六年一二月から一四九七年一〇月までにユダヤ人は強制的に追放された。同年四月に一四歳以下の子供全員が出国を禁止され、ポルトガル人家庭に割り当てられてキリスト教信仰の教育を強いられた。子供と財産を失うよりも洗礼を受けることを望んだ何千人ものユダヤ人は、新キリスト教徒として認知されると、引き続き最終期限の一五三四年に延長された法的決定によって、三〇年以上にわたって不自由を味わうことはなかった（『ポルトガル』）。しかし、多くの新キリスト教徒は内心ではユダヤ信仰を堅く守っていた。一五〇四年、下層階層と下級聖職者の間に新キリスト教徒に対する不満が起こり、騒動に発展した。一五〇六年には、リスボンでおよそ二〇〇〇人（「総年表」では三〇〇〇人）の元ユダヤ教徒が殺された（同書）。その後数十年間にわって各地で騒動が起き、非合法な差別的措置がとられた。新キリスト教徒は官職に就くことも貴族と結婚することも許されなくなった。

ザビエルと宗教裁判

　インドに渡航するため一五四〇年六月二七日にリスボンに着いたザビエルが、新キリスト教徒のユダヤ人に関わることになる。翌一五四一年四月七日にリスボンを出帆するまでの滞在期間中に、彼は同僚のシモン・ロドリゲス神父と共に、国王ドン・ジョアン三世の兄弟で、一五三九年に初代の宗教裁判所長官に就任していたドン・エンリケの聖務に携わることを依頼された。ザビエルがローマのイグナティオ・デ・ロヨラ神父に送信した一五四〇年一〇月二二日付書翰に、ドン・エンリケから要請された聖務がどのような内容のものであったかが記されている。その一つは、宗教裁判所の判決によって刑務所に拘禁されていた者たちに説教して彼らを教化することであった。それが日課となっていた（河野純徳訳『聖フランシスコ・ザビエル全書簡』）。ザビエルの書翰にはそれ以上に詳しい記載はない。シモン・ロドリゲスはロヨラに送った一五四〇年一〇月八日付の書翰で、詳述している。

一つは、宗教裁判所長官が信仰問題で告解を聴いて彼らを援助する宗教裁判所の職務を私たちに与えました。そして、過日、私は彼らのうちの一二人にサンベニト（囚人服）を着せました。また、ほかに二人が焼かれました。宗教裁判所長官の王子は、私たちがその者たち（二人）と一緒に行くよう命じました。私たちはその死までいました。他の者には終身の拘禁［刑］を与えました。このため、聖なる宗教裁判所の監獄［の拘禁者］と、騎士の地位の者に対して、私たちは毎金曜日に告解を聴いています。その数は一〇〇人を超えるでしょう（EPISTOLAE S. FRANCISCI XAVERII. Tomus I）。

リベイラ広場での焚刑

右書翰の一節に見える「過日」とは、この書翰が書かれた一二日前の九月二六日を指す。この日、リスボンのリベイラ広場で最初の「焚刑(ふんけい) auto-da-fé」が実行され、フランス人聖職者とポルトガル人ユダヤ教徒のディオゴ・デ・モンテネグロが焼き殺された。ザビエルとロドリゲスは、彼らの聴罪師として付き添い処刑の一部始終を目撃した。この日の朝六時から七時にかけて、テージョ河畔に接するリベイラ広場は、史上初の光景を見るためにリスボン市内とその近郊から集まった人々で溢(あふ)れていた。広場中央の左右に階段状に設えられた椅子席には国王を始め、高位聖職者とほぼ全員の市の貴族が坐っていた。最初に男子九人と女子一四人からなる二三人の新キリスト教徒が火の点(つ)いたロ－ソクを手に持って群衆の中を通って、十字架像とミサ典礼書が置かれたテーブルの前に進んだ。彼らは審問に対してユダヤ教を取り消して和解し、禁固二年以上の実刑判決に服することになった。続いて広場に引き出された前記二人はすでに死刑を宣告されていて、火刑に処せられた。ザビエルとロドリゲスは最後の瞬間まで二人の傍らに立っていた (Georg Schurhammer, M. Joseph Costelloe, FRANCIS XAVIER HIS LIFE, HIS TIMES. V. I.)。

当時八歳のフロイスは、街で評判となっていた焚刑を見るために群衆の一人となってリベイラ広場に行ったのであろうか。幼い時から好奇心が強かったと思われるフロイスなら、それはあり得たかも知れない。彼が生まれ育ったリスボンの街には、反ユダヤ主義の強い風が吹いていた。なお、リベイラ広場は、一七五五年に起こったリスボン地震後にはコメルシオ広場と呼ばれるようになる。

二　王室付き書記・イエズス会入会

イエズス会入会

フロイスは一五四八年二月に、当時務めていた王室付き書記官を辞めてイエズス会に入った。一七歳の時である。彼がいつ王室秘書庁（書記局）Secretario Real に務め始め、何年間勤務したのかについては不明である。勤務期間について示唆しているのは、メルシオール・カルネイロ神父が総会長ライネスに書き送った一五五九年一一月二〇日付書翰の人物評価である。フロイスについて、「彼は会話では人間味がある。それは、彼が王宮の人間であったためで、いまなお若干の澱（おり）を身につけている」（インド文書四）と記す。これは、彼がイエズス会に入ってから一一年後の指摘である。周囲の者たちは、王宮での生活で身についた所作や言葉遣い、あるいは巧みな処世術などにその残滓を感じていた。彼が王宮の生活の影響を長く引きずっていたことから推測すると、それは一、二年の王室勤務で身につくものではなく、おそらく四、五年以上は勤務していたのであろう。一一、二歳の時には王室に勤めていたと思われる。

人文主義の素養を身につける

ヴィッキ師は、彼が務める前にすでに基本的な教育を受け人文主義の素養を身に付けていたとする。リスボンにあった大学は一五三七年にはコインブラに移っていたため、フロイスは大学に学ぶことはなかった。彼が教会や修道院などの教育機関、あるいは個人的に家庭教師による教育を受けていたかについては推測の域を出ない。しかし、王室勤務前にある程度の知育教育を受けていたことは否定できない。ヴィッキ師によると、王室には、親族であったと思われる財務局書記官の官吏バルトロメウ・フロイスがいた。身内の伝(つて)があったとしても、また身分が見習い書記としてであったとしても、彼はその職分に相応する能力と知見をもって職に就いたように思われる。それは、イエズス会入会後の発言に見られるように、自他共に認める文才と、上長たちが等しく彼の文筆活動を高く評価していたことからも推察できる。

別名ポリカルポ

フロイスは、マラッカ（マレー半島）からポルトガルの同僚たちに送った一五五五年一二月一五日付書翰の文末に、「別の名をプリカルポ Pulicarpo と称するルイス・フロイス」と記名した（インド文書三）。Pulicarpo は Policarpo が正しい綴りで、「豊かな実り（多くの果実）」の意味である。彼は、様々なことを書くことが多くの実りを刈り取る行為であると見なして意識的に別名ポリカルポを用いたように思われる。同書翰における記名に先立って、修道士(イルマン)アントニオ・ディアスはスリランカのコロンボから一五五二年一二月五日付でゴアおよびコインブラに送った書翰で、ゴア在住のイルマンたちについて列記してその二番目にPolycarpoと記している（同書）。これはフロイスのことを指している。彼はすでに一五五二年に「ポリカルポ」の異名で認知されていた。フロイス自らが名乗ったか、それとも他の者たちが彼を渾名で呼んでいたのであろう。

カブラルの評価

一五七〇年に日本布教長として来日したフランシスコ・カブラル神父は、一五五九年一一月二五日付ゴア発信の総会長ライネス宛書翰で、各会員について人物評価し、フロイスについては、「二六歳、会歴一一年、現在［自由］学科（教養科目）artes［-liberais］を聴講、優れた才能、会では安定し、徳性は普通と思われる。そしてあらゆる文筆の仕事に手際よく処理する事務能力があり、甚だ的確な判断力をもつ。また思うに、生来言葉が豊富であるので、立派な説教師になるであろう」（同書）と評価する。フロイスは生まれつき文才に恵まれ、王室の書記官となることによってその才能を開花させるきっかけを与えられたのであろう。

フロイスは改宗ユダヤ人だったか

ユダヤ系ポルトガル人が官職に就くことは、先に見たように一五〇六年に起きた元ユダヤ人教徒虐殺事件以降に禁止されていった。フロイスが成長して王室の書記官になった頃には、新キリスト教徒に対する規制はいっそう強化されていた。それは、前述したリベイラ広場における新キリスト教徒審問と二人の焚刑を見れば明らかである。エンゲルト・ヨリッセン氏は、フロイスが改宗ユダヤ人であった可能性について述べている（「十六世紀カトリックの不寛容主義とルイス・フロイスの文学」）。同氏がリオ・デ・ジャネイロ（ブラジル）の書店で見たアントニオ・ジョゼ・ダ・シルヴァ著『火炙りの仲間 Vinculos do fogo』には、フロイス姓の者が何人も見出され、彼らは同族の血を引いていてユダヤ教の信者である、という。フロイスが改宗ユダヤ人であれば、イエズス会に入った時に過去を示す文献は故意に破棄されたかもしれないともいう。ルイス・フロイスが改宗ユダヤ人であったとする明確な根拠はないようである。

『インド文書』には数点の個人調書が見られ、新キリスト教徒には、christão-novo の記載がある。フロイスについては、いずれの会員名簿・個人調書にもそのような記載は確認されない。彼の新キリスト教徒に対する姿勢を窺い知ることができる書翰がある。彼がゴアのコレジオ院長フランシスコ・ロドリゲスの委託によってコインブラ（ポルトガル）に送った一五五七年一一月三〇日付書翰である。一五五七年に日本からゴアに戻ったヌーネス・バレト神父がコーチンに赴任し、同地のネストリウス派（景教）の司教および山地にいたサン・トメのキリスト教徒に接触した。またメルシオール・カルネイロ神父が山地に赴いて彼らの説得に努めたが、彼は市中で矢を射られた。また、大聖堂の寄進箱に神を冒瀆する文書が投げ入れられたため、同地の司教補佐らがこの悪の張本人

ネストリウス派のキリスト教徒

を見つけ出すために説教をさせた。フロイスはこれについて次のように報じている。

これは、少なからず私たちの主であるデウスへの別の奉仕の機会となった。というのは、宗教裁判所の重大な問題で有罪を宣告された新キリスト教徒たちが多数いたからである。そのためにすでに男女およそ二〇人が拘禁されている（インド文書三）。

彼が新キリスト教徒であったとしたら、「デウスへの別の奉仕の機会」という表記はしなかったであろう。

リベイラ王宮に勤務

ザビエルのポルトガル国王ジョアン３世謁見図（サン・ロケ教会聖具室の額装画）（鹿毛敏夫編『描かれたザビエルと戦国日本』勉誠出版，2017年より）

彼が勤めていたリベイラ王宮は、前述したリベイラ広場の前にあった。ザビエルは一五四〇年七月、インド宣教に旅立つ前に同王宮で国王ジョアン三世に謁見して暇乞（いとまご）いした。この場面を描いた油彩画を、リスボンのサン・ロケ教会の主祭壇の左

サン・アンタン学院跡に建つサン・ジョゼ病院の全景（川口実氏撮影）

手奥にあるサクリイスティア（聖具保管室）で観ることができる。画家アンドレ・レイノーゾとその工房が一六一九年に制作したザビエルの一生を描いた連作二〇点の一つである。画面の左後方にテージョ川とザビエルが乗船することになるサンチャゴ号が描かれている（鹿毛敏夫編『描かれたザビエルと戦国日本』）。

　ザビエルの出発から四三年後の一五八四年八月一三日、天正遣欧使節一行がリベイラ宮を訪れた。リスボン到着二日後のことである。王宮はテージョ河岸に接して造られた広大で壮麗な建物であり、夏には海からの風が爽やかに吹き抜けていた（『デ・サンデ天正遣欧使節記』）。ポルトガル国王がこの王宮を代々住まいとしていた。国王フェリーペ二世がマドリードにいたため、天正使節は国王代理のオーストリアの枢機卿アルベルトを表敬訪問している。フロイスは著述『天正遣欧使節行記』で、彼が少年時代を過ごしたリベイラ王宮を使節一行が訪れたことを記しているが、その記載内容は『デ・サンデ天正遣欧使節記』のそれよりも至って簡潔であり、王宮についての説明は一切ない。

王室の書記官として将来が嘱望されていたと思われるフロイスは、一七歳の時にイエズス会に入った。ポルトガル管区の創設者で初代上長のシモン・ロドリゲスによって入会を許可され、サン・アンタンのコレジオ（神学院）の修院でインド出発までの一ヵ月間を過ごした。同修院は国王ジョアン三世が一五四二年にイエズス会に与えたもので、元来はイスラム寺院であった（岡本良知訳註『九州三侯遣欧使節行記』）。フロイスが、なぜイエズス会に入ったのか、その動機と理由は明らかでない。彼は、当初からインド渡航を念頭においてイエズス会に入ったのであろうか。燃え上がるほどの熱い思いに駆られて、神デウスのために新天地インドでの宣教活動に身を捧げようとしたのであろうか。その真意は見分けがたい

第二　インド渡航・司祭への道

一　インド渡航

リスボンを出航、インドに向う

一五四八年三月一七日、イエズス会の第四次インド派遣の宣教師団が二隻のナウ船（大型帆船）でリスボンからインドに出発した。サン・ペドロ号に乗船したガスパール・バルゼオ神父の一五四八年一二月一三日付ゴア発信書翰によると、同船には神父のメルシオール・ゴンサレスとバルタザール・ガーゴ、修道士のファン・エルナンデス（ジョアン・フェルナンデス）とジル・バレットが乗り、旗艦のガレガ号には博士アントニオ・ゴメス、パウロ・デ・ヴァレ、フランシスコ・ゴンサレスの神父三人と、修道士のマヌエル・ヴァスとフロエス（フロイス）が乗船した。サン・ペドロ号の乗船者は喜望峰到達までに二度の暴風に襲われたが、モザンビークに安着し、ゴアには九月四日に到着した。ガレガ号はアフリカ北西のカナリア諸島を前にして火災があり、奇跡的にも一〇月九日にゴアに来着した。ゴメス神父はザビエルが命じていたようにコレジオ・デ・サン・パ

17世紀初期リスボン埠頭風景（岡本良知『九州三侯遣欧使節行記』東洋堂，1942年より）

ウロ（聖パウロ学院）の院長に就いた（インド文書一）。なお、ガーゴ神父とフェルナンデス修道士は、フロイスに先立って日本に渡航した。

ガレガ号は、ヴァレ神父のシモン・ロドリゲス宛一五四八年一二月二四日付ベンバール（インド・コモリン岬）発信書翰によると、八月五日に喜望峰を通過した後、モザンビークから七レグア（およそ三五キロ）手前の洋上に投錨した際に岩礁に乗り上げた。このため、ゴメス神父は小舟batelに乗り移るよう指示し、船員たちが錨綱を切断して船首の帆に取り付けるなどの作業をして帆を操っている最中に、ゴメスは片手に聖遺物の聖なる頭をもって船室から出て来た。この時、彼が「寒気で麻痺して体を支えることができないために、私たちと一緒に来た書記出身の一人の若者moçoが、一方の手を取って彼についていた。人々は点火されたローソクを手にして聖遺物に付き従った」（同文書）。

この若者はフロイスである。なお、ヴァレはゴア到着を一〇月一〇日ないし一二日とする。

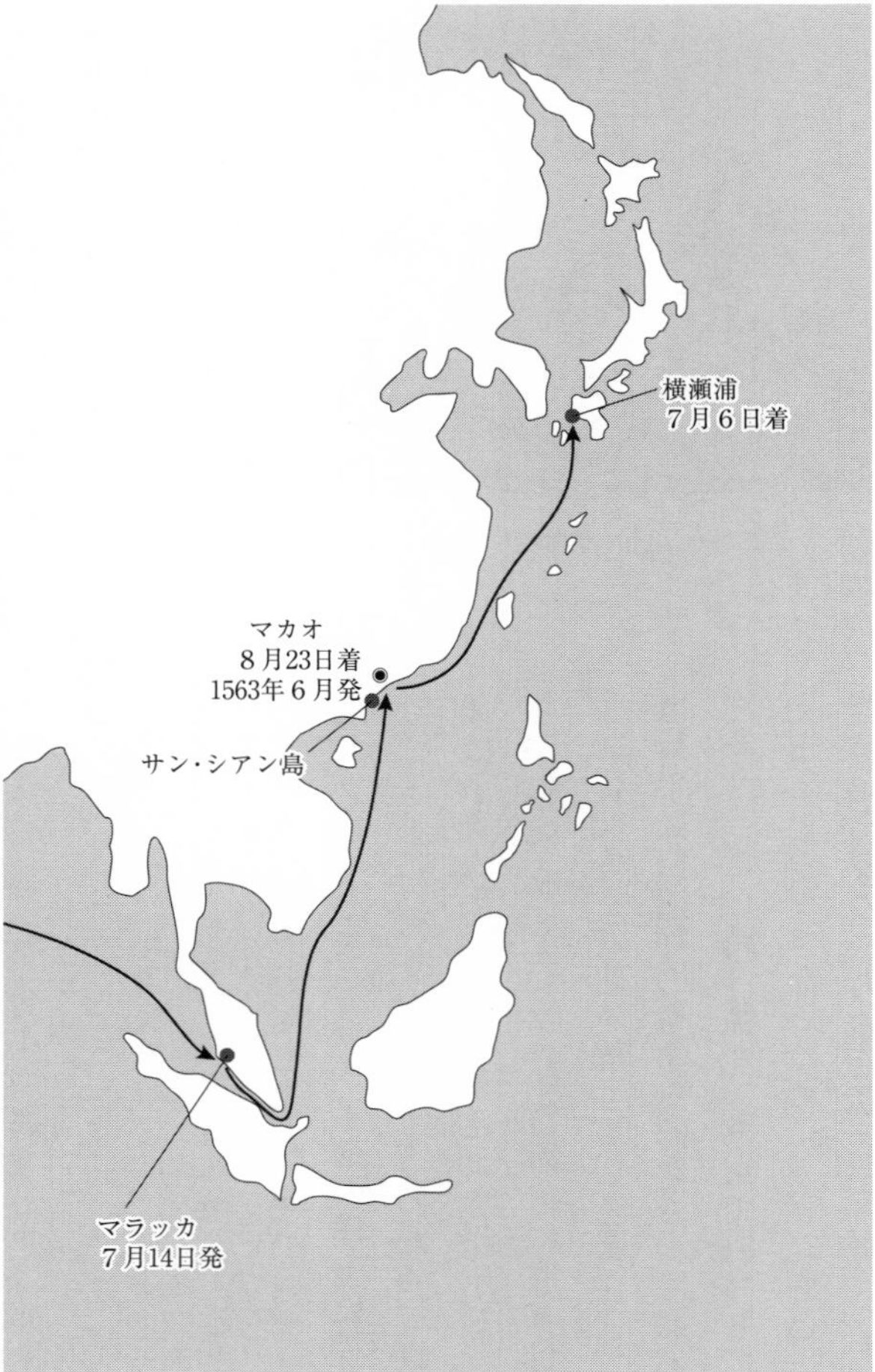

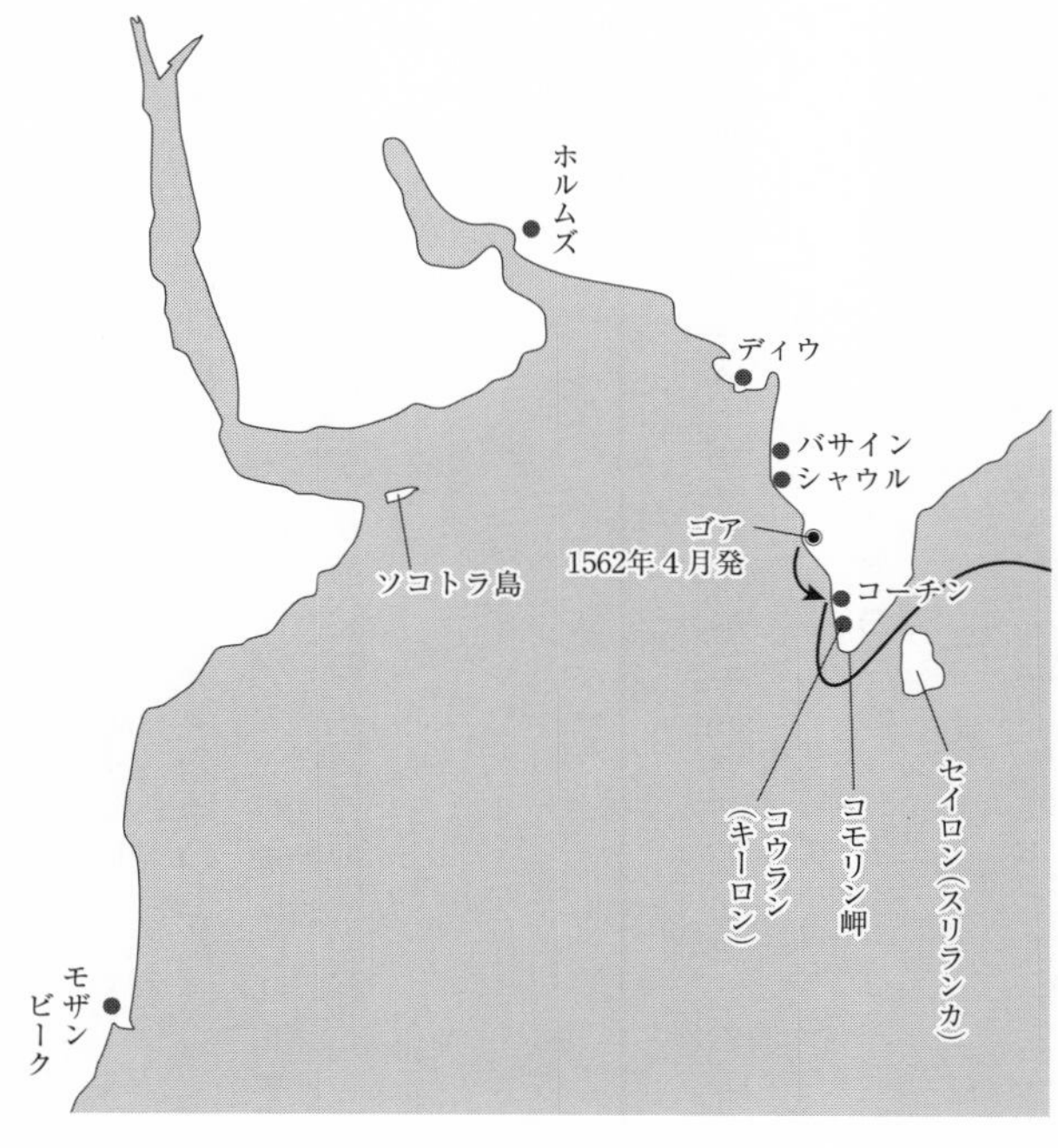

フロイスのゴア・横瀬浦間の航路

ゴメスの傍近くにいる

若者のフロイスは、七ヵ月間の長旅をおそらくゴメス神父の付き人のようにいつも彼の傍近くにいたことが、ヴァレの書翰から推測される。神学博士であったゴメスは、二五歳前後の一五四五年にコインブラでイエズス会に入り、雄弁な説教者との評判をとっていた。ニコラオ・ランチロット神父がロヨラに送信した一五四八年一二月二六日付コーチン発信書翰には、ザビエルが日本に行き、ゴメスはインド全域の上長としてゴアに留まっているが、それは、マエストロ・シモン［・ロドリゲス］に命じられて来ているためである（同文書四）、とある。前述したカルネイロ神父の人物評価によると、フロイスは「アントニオ・ゴメスのやり方が好きでもあった」。カルネイロは同じ人物評価で、フロイスのみならずゴアのコレジオの教師であった修道士マノエル・テイシェイラもまたゴメスの精神的有り様に共鳴しているとして、ゴメスがコインブラにおけるシモン・ロドリゲスのやり方をゴアのコレジオに植え付けた、と批判的であった（同文書）。ザビエル研究の泰斗シュールハンメル師によれば、ゴメスは聖パウロ学院を第二のコインブラにしようとして、現地人学生二七人を退学させて同数のポルトガル人を入学させた（ジョゼフ・コステロ英訳本、『フランシスコ・ザビエル』四）。このため、ゴアのキリスト教徒たちはコレジオの教会に来ることを避けるようになった。こうした事情は、ランチロット神父の一五五一年一月一二日付書翰によってローマのロヨラに報告された（インド文書二）。

ゴメスは、バルゼオのロヨラ宛一五五一年一二月一二日付ゴア発信書翰によると、コレジオの院長職を退き、パウロ・ミセル神父が代わって院長に就任した（同文書）。一五五二年二月初めに日本からゴアに戻ったザビエルは、ゴメスをディウ（インド）に配属し、間もなく彼をイエズス会から放逐した。カルネイロが同会員の人物評価に関する報告書を作成したのは一五五九年である。ゴメス放逐からすでに七年が経っていたが、若い会員たちの間には彼を思慕する者がいた。彼の影響力はよほど大きかったようである。フロイスは入会して一ヵ月後にリスボンを出発してのちゴアに着くまで同神父と寝食を共にしていたから、ことさらに強い影響を受けて彼に心酔していたかのようである。説教者としての資質を持ち将来が嘱望されていたフロイスは、ゴメスをこの上ない導き手として将来の自分を彼に見ていたのであろう。

ゴメス、放逐される

ゴメスに心酔、影響を受ける

二　バサインでの宣教活動

ゴアに到着したフロイスは、ほどなく一〇月下旬にパードレのベルシオール（メルシオール）・ゴンサルヴェスに同行して、ゴアの北グジャラート地方にあるバサインに赴任した。アントニオ・ゴメスは一五四八年一二月二〇日付書翰において、ゴンサルヴェスが

ゴンサルヴェスに同行し、バサインに赴任

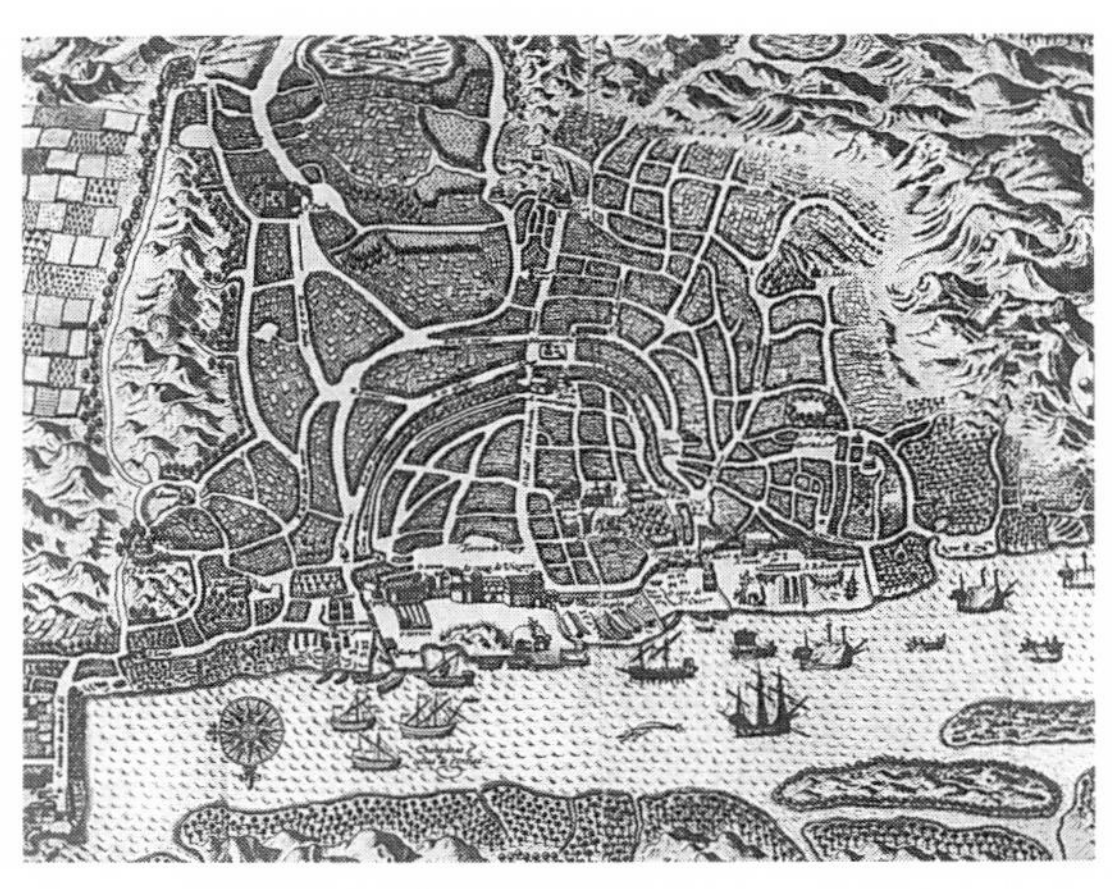

1580年代のゴア市（リンスホーテン Itinerario〈東方案内記, 1596年〉より）

すでに一修道士と一緒にバサインに赴任していた、と伝える（インド文書二）。編者のヴィッキ師はこの修道士の氏名を不詳とするが、ランチロットが一五四八年一二月二六日付書翰で言及する、ゴンサルヴェスと一緒にバサインに赴いた「一平修道士」をフロイスであった、と註記する。また、バルタザール・ガーゴは一五四九年一〇月一四〜二〇日付書翰で、バサインに修道士が二名いる、と報じる（同文書）。編者は、その註で、フロイスとシモン・ダ・ヴェラであろうという。編者はまた、ゴメスの一五四九年一〇月二五日付書翰に見えるバサイン在住のイエズス会員は、ゴンサルヴェス神父とフロイスであると註記している。

要塞都市バサイン

バサインはゴアの北七二レグア（およそ三六〇キロ）の地にあり、ポルトガルが確保していた要塞都市の中で第三の重要な都市とされる。日本渡航を決断していたザビエルは、マラッカで日本渡航の便船について必要な便宜をインド総督ガルシーア・デ・サーからえるために一五四九年二月上旬に同地を訪れた。ジョアン・ロドリゲスの著述『日本教会史』第二部（三巻）第八章によると、この時、ザビエルは同地の居館の管理とキリスト教徒とキリスト教界維持のための寄付に関して、神父ゴンサルヴェスと修道士フロイスに指図した。

フロイスがバサインに住んで二年が経った頃、ホルムズ（イラン）に赴任していたバルゼオ神父が、ザビエルから一五四九年一一月五日付鹿児島発信書翰で日本渡航を命じられてゴアに戻る途次、一五五〇年一〇月下旬にバサインに至り、同地にいたフロイスを伴ってシャウルに発った。バサイン・シャウル間は一二レグアであり、陸路で二日、海路では一日の行程であったであろう。フロイスは一五五二年一二月一日付書翰で、バルゼオに同道したことを次のように述べている。

私はそこ（バサイン）から彼（バルゼオ）と一緒に一二レグアあるシャウルまで行った。それはタナおよびバサインのキリスト教界の情報を彼に与えるためであった。私がバサインにベルシオール・ゴンサルヴェス神父と一緒にいたのは一年であった。彼はシャウルでは諸聖人の日（一一月一日）に上陸して熱意を持って説教をした（インド文書二)。

なお、右書翰で、フロイスはゴンサルヴェスと一緒にいたのは一年であったと記しているが、これまで紹介してきた一五四八・九年の諸書翰の記載から見て、バサイン居住「一年」の記載は、彼の思い違いか誤記であったであろう。

バサインでの活動

バサインにおけるフロイスの生活は、どのようなものであったのであろうか。彼はゴンサルヴェス神父を補佐し、同地の要塞にいたポルトガル人武将や兵士たち、一般のポルトガル人や彼らの下僕として働いていた現地人キリスト教徒たちの教化に当たり、ヒンズー教徒たちやイスラム教徒たちの改宗に従事していた。そうした活動については、ランチロット神父のロヨラ宛一五五一年一月一一日付コウラン(キーロン)発信書翰から知ることができる。それによると、ゴンサレス(ゴンサルヴェス)神父が二年近くバサインにおり、一人の同僚と一緒であったとして、その同僚について、「彼はたいへん立派な模範を示し、また非常に書く能力があるためにその地方で多くの成果を得ている。このことについては、私が見た庶民やその要塞の長官やその他の個々人について「語っている」多くの書翰が証明している」(インド文書二)、と述べる。この同僚は、編者も註記しているように、フロイスその人であろう。キーロンにいたランチロットは一五五一年一月一一日の時点で、フロイスがバルゼオ神父と一緒に一五五〇年一一月にバサインからゴアに異動したとの報告をまだ入手していなかったようである。

リスボンからゴアまでフロイスと一緒であったアントニオ・ゴメスは、フロイスの文才を見抜いて、彼をバサインに赴任するゴンサルヴェス神父の書記として同行させた。彼がバサインから発信した書翰は確認されないが、ゴアに発送された数通の書翰があって、その写しをランチロットが読んでいたのであろう。

三　ゴアにおける学業

ゴアに帰還

修練期に入る

フロイスはバルゼオ神父に同行して一五五〇年の一一月中旬にゴアに帰還した。バルゼオの指導下にロヨラ執筆の『霊操 Exercicios』に基づいて四週間の修業に入ったのは、一五五一年の復活祭（三月二九日）の八日過ぎである。修道士八〜一〇人が参加した。修練期の講義は九月末に始まったが、四月から九月までの六ヵ月間には、いかなる学課も開かれなかった。ただ各人はイエズス・キリストの生きた書物に学んで向上することを求められたため、ある者は祈り続け、他の者は霊操に、あるいは謙遜と苦行の務めに専念した。毎晩、バルゼオの霊的講話があり、精神的問題に関して度々話し合いがあった。バルゼオは、講話後に翌日の瞑想のためにキリストの生涯に関する二つの神秘について語った。こうしたことが、修道士たちの霊的向上に大いに寄与したことについて、フロイスは、幸運で豊かな至福の時間を過ごした、と報じている（前掲書翰）。この間、五月二六日のキリスト御昇天の祝日には、パードレとイルマンの全員が夜中の三時に大礼拝堂に参集して五時まで行われたバルゼオの諸誓願とカトリック教の基本に関する甘美なる説教を聴聞したのち、各人が行った諸誓願に応じて、その霊的建物の土台に内陣のための石を投げ入れた。

語学の学習

聖ジェロニモの祝日に当たる九月三〇日に、ラテン語文法の講義が始まった。受講者はイエズス会のイルマン二三名と、孤児と土地の若者三五ないし四〇名であった。一年後には、彼らのうちの一部の者たちが哲学 artes の課程に進んだが、フロイスもその一人であった。ローマ帝政期の詩人ヴェルギリウスの叙事詩「アエネーイス」、サルスティオの歴史、オラティウスの詩、トゥリウス・キケロの「義務について De Officiis」や「友人宛書翰集 Epistolias Familiares」を読み、ギリシャ語を学んだ。

イルマンたちの日課

イルマンたちの日課は、フロイスが略述するところによると、朝四時の起床に始まり、五時まで内陣で黙想し、六時半まで学生たちのためのミサが立てられた。七時には学習室に行き、そこで三時間自らの究明を行う。その後に朝食となり、食後には主デウスについての講話が三〇分あった。また、学習室では一時間楽器を弾くことに宛てられた。

アヴェ・マリアの時刻（夕刻）には再び楽器を一時間奏した。八時から九時までは内陣で黙想があり、九時から三〇分は、司祭がキリストの生涯に関する瞑想について講話した。こうした日課が五ヵ月間続き、一週間に三日、夜には一、二時間、司祭による霊的講話があった。瞑想についての講話が終わると、講話のあった内陣でイルマン全員が一緒になって、すべての人々のために、特に現在世話しているインドのために勤行として連禱（れんとう）を唱えた。九時半から一〇時までには各自の寝室にあって、授かった数々の恵みについて三〇分間考え、十字架上のキリストに思いを致し、その日に主である神とイルマンたちの愛にどれほど役立ったかについて思いながら横になった。これは正規の講義が始まる九月三〇日以前の日課であったと思われるが、講義が始まったのちも、日常生活の大枠が大きく変わることはなかったようである。フロイスも右のような日課を送ったのであろう。

書翰の作成に関わる

彼はゴアにおいても書翰の作成に関わっていた。一五五二年にポルトガルやブラジルからもたらされた書翰類について、それらの写しを作成し、またその抄録をまとめて中国、日本、モルッカ、マラッカ、およびイエズス会の宣教師が赴いている他のすべての地方に発送した。これは、現存するフロイスの書翰の中で最も古い日付をもつ一五五二年一二月一日付、ゴア発信の書翰に記載されていることである。

ザビエル、ゴアに帰還

一五五一年一一月一五日に豊後府内の沖の浜をマラッカ渡航のポルトガル船で出発して、翌年二月始めにゴアに帰着したザビエルは、聖パウロ学院の前院長ゴメスを北インドのディウに異動させたのちイエズス会から放逐し、四月六日、バルゼオを新学院長に任命した（ヌーネス・バレトの一五五二年一二月七日付バサイン発信書翰）。フロイスがザビエルに会うのは、一五四九年二月にバサインで会って以来のことである。フロイスは、ザビエルと一緒に来た大友義鎮（よししげ）の使臣に会った。彼は義鎮のポルトガル国王宛書状と武具を持参していたが、インド副王アフォンソ・デ・ノローニャを代父としてザビエルから洗礼を受けた。洗礼名はロウレンソ・ペレイラであった。フロイスはその洗礼式に出席したと思われるが、彼は帰国後の翌年一五五三年に再びインドに遣わされ、修道士ペドロ・ダ・アルカソヴァと共に一五五四年にゴアに着いた。

ザビエルから受洗の大友使臣

ゴアに帰着したザビエルの同地滞在は、彼が一五五二年四月一四日の午後に中国に向けて出発したため、二ヵ月と一〇日前後であった。ザビエルが聖パウロ学院の修院にいた期間、修院は常に大きな熱狂に包まれていた。フロイスの語るところによると、イルマンたちはザビエルが聖なる選択を行う数の中に彼らを加えてくれるよう主に懇願して、彼に同行したいとの思いに熱く燃えていた。その期間にザビエルは聖パウロ学院にいた会員たちに講話を行った。フロイスの前記書翰には、次のような記載が見られる。

彼は、すでに出発の時期が近づいていた時、幾夜も内陣で霊的講話を私たちに行った。それによって、イルマンたちはこの上なく慰められた。というのは、彼の口からほとばしる言葉には多くの力と恵みがあると思われたからである。そのため、すべての者の心は一つの新しい存在に興奮し、気持ちが変わった（インド文書二）。

ザビエルの日本宣教への熱い思い

フロイスは、ザビエルの講話に強く心動かされた。彼が一五五九年一一月一二日前に書いたヨーロッパの会員宛書翰からは、ザビエルが日本における宣教の現状と将来についてどのように考えていたかが窺い知られる。ザビエルの日本に寄せる熱い気持ちが感じ取られるような内容である。すなわち、日本へは長い道のりと航海の危険が多いために同地への渡航船は稀であるが、十分な理由によってその苦難と慰謝には私たち全員を羨望させるものがある、それは「あのキリスト教界にはパードレ・メストレ・フランシスコの無上の喜びがあったためである」と指摘する（インド文書四）。フロイスは、ザビエルの言葉から、日本人の非凡さと彼らが窮乏に堪えていることが、キリスト教界を拡大させる動機になると見ていたようである。

修練期終了後もゴアに留まる

フロイスは一五五二年中に二年間の修練期を修了したのちもゴアにいた。一五五三年に作成された「インド［管区］にいるパードレおよびエルマーノ（イルマン）の名簿」では、ゴアにはバルゼオ神父ら五名と修道士二七名がおり、フロイスの名は修道士の一二番目に記載される（同文書二）。学院長バルゼオが司教座教会での説教中に倒れ、その一七日後の一五五三年一〇月一八日に死去した。このため、ザビエルが一五五二年四月六日付の訓令で指名していたメルシオール・ヌーネス・バレトが後任の学院長に就き、バサインからゴアに戻った。

ザビエル病死

なお、ザビエルはゴア出発から五日してコーチンに到着し、同地を七月一五日に出発した。マラッカを経由して中国に向かい、八月末に上川島に到着したが、目的の中国本土に入ることができずに、一二月三日に同島で病死した。

四　マラッカに逗留

ザビエルの遺体ゴアに着く

バルゼオ神父の死によってインド管区の副管区長職と聖パウロ学院長職を継いだヌーネス・バレトは、ザビエルの遺体をマラッカから運んできた船がゴアに向かっているとの知らせを得て、これを洋上で迎えた。ザビエルと交流のあった貿易商人フェルナン・メンデス・ピントが彼に同行した。遺体がゴアに着いたのは、枝の主日の前の金曜日、一五五四年三月一六日であり、インド副王を始めとしてゴアの全市民が海岸に出て遺体を迎えた。この時、大友義鎮の使臣ロウレンソ・ペレイラを伴って前年一〇月一九日に平戸を発った修道士アルカソヴァが、マラッカからザビエルの遺体に付き添ってゴアに着いた。バレト神父はザビエルの訓令に基づいてインド管区長に昇任したが、彼は自分の学問が日本において活用されるようにとのザビエルの意向（一五五二年四月六日より一四日付バルゼオ宛訓令）を尊重して、同僚たちに日本渡航について諮問し、インド副王の支持を得て日本渡航を決断した（ヌーネス・バレトの一五五四年五月ゴア・コーチン間発書翰『イエズス会日本書翰集』訳文編之二（上））。

バレト、修道士らを連れて日本に向う

バレトがゴアを出発したのは四月一五日である。彼が徳性と日本語を学習する能力において最も相応しいと思われる者を同行者に選んだ。ガスパール・ヴィレラ神父、修道士のベルシオール・ディアス、アントニオ・ディアス、ルイス・フロイス、エステヴァン・デ・ゴイスである。出発直前にイエズス会への入会を許されたメンデス・ピントも加わった。これを知ったインド副王は彼を大友氏への使者に指名した。この他に、ヌーネス・バレトがポルトガルから連れて来た孤児五人がいた（同書翰）。バレトはマラッカからロヨラに送った一五五四年一二月三日付の書翰でも、同行する同僚たちに言及して「彼等には、尊師が派遣する多くの善徳と学問を身につけた神父たちの通訳になるために言葉を覚える能力がある」と報じている。二度目の使命を果たしたロウレンソ・ペレイラも一行と共に帰国の途に就いた。バレトもまた、フロイスを高く評価していた一人であった。彼が一五六〇年一月一五日付で総会長ライネスに送った「身上調査書」がある。

フロイスを高く評価

ルイス・フロイスはイエズス会にいること一二年である。彼は生まれつきの弁舌をもって才気煥発であり、甚だ手際よくことに当たっている。上長たちからはいつも試されて試練を受けていた。召命には常に堅固であった。会話ではある程度秩序立っていて詳細である。しかし、従順である。自分の考えを表明し納得させる説得力がある。生来優れた判断力をもち、会話は気さくである。服従が彼に課す仕事には時には不平を述べる。かき回し屋である。彼が書いていることや上長たちについて知っていることは内密にされることであるが、過去には（今は知らないが）友人であるイルマンたちに時おりそれらを告げていた。彼については大いに期待されており、良い素質である。基礎科目 artes は受講した（インド文書四）。

これは、彼がフロイスを日本渡航者の一人として選んでから五年八ヵ月後に作成されたものであるが、バレトの彼に対する評価には大きな変化はなかったであろう。フロイスが日本渡航に当たって携帯した書籍については、バレトの「日本に携行した物品の一覧表」から知ることができる（前記『イエズス会日本書翰集』）。

フロイス携帯の書籍

ジェルソン、一冊。すなわち、大いなる願望（『願望、別名修道士の模範と呼ばれる著述』リスボン、一五四一年)、一冊。

完徳の模範（ポルトガル語版。フランシスコの童貞会ケルン管区長エンリケ・イエルプ著。一五五三年、コインブラ)、一冊。

二者の受難、神の愛の刺（『神の愛の刺と呼ばれる書、聖ボナベェントゥーラがラテン語で記したものからの引用』リスボン、一五五〇年)、一冊。


「ジェルソン」は、『De Imitatio Christi（キリストに倣いて)』の別名で、日本では一五九六年にローマ字本『コンテムツス・ムンヂ（世の軽視)』として出版された。

季節風期を逸しマラッカに滞在

CONTEMPTVS
mundi jenbu.
CORE YOVOITOI, IESV CHRISTOno gocŏxeqiuo manabi tatematçuru michiuo voxiyuru qiŏ.
IHS
NIPPON IESVSNO COMPANHIA no Collegio nite Superiores no goguegiuo motte coreuo fanni firaqu mono nari.
Toqini goxuxxeno nenqi. 1596.

ローマ字本『コンテムツス・ムンヂ』のタイトル頁（ミラノ・アンブロジア文庫蔵）

六月一八日にマラッカに到着したバレトの一行は、日本渡航のナウ船が彼らの到着一ヵ月前に出帆し、また、すでにモンスーン（季節風期）が終わっていたため越冬を余儀なくされた（フロイスの一五五五年一二月一日マラッカ発信書翰（『イエズス会日本書翰集』訳文編之二（下））。このため、バレトの一行は、日本に出発する翌一五五五年四月一日まで同地に滞在した。同地滞在一一ヵ月間の修院生活は、バレトの一五五四年一二月三日付書翰から知られる。午前四時から五時まで祈禱。五時から六時までミサ。七時から九時まで聖なる事柄の学習と謙遜の実践。その後、糾明と食事。正午、バレトの旧約聖書の話（課目）の朗読。二時から四時まで学習。その後、糾明と夕食。アヴェ・マリアの時刻（晩鐘（ばんしょう）の時刻）に、新約聖書の別の話（課目）を朗読。祈禱と霊操。のち聖譚曲（オラトリオ）の歌唱。他に喜捨に出て家々を訪ねることであった（訳文編之二（上））。

マラッカでの日課

この日課は、先に見たゴアにおける修道士たちの日課にほぼ準じており、楽器練習だけが欠けていた。マラッカに残留したフロイスは、上長による聖書に関する講話はなかったが、引き続きほぼ同じ日課を送ることになったようである。

マラッカのコレジオを管理

フロイスは、航海中に病気になってゴアに帰ることになった孤児のマノエルと共にマラッカに留まった。彼のマラッカ残留は、彼の一五五五年一二月一日付マラッカ発信のゴア会員宛書翰によると、ゴアから神父と修道士が来るまで、同地のコレジオを管理するためであった。前任者のアントニオ・ヴァス神父とマノエル・デ・タヴォラ修道士はモルッカのテルナテに異動していた（訳文編之二（下））。また、残留のもう一つの理由は、彼が広東で中国語を学ぶためであった。彼の一五五五年一二月一五日付ポルトガルの会

員宛書翰によると、

パードレ（ヌーネス・バレト）は、当地（マラッカ）を発つ前に、シナに私を送ってポルトガル人達がその地に私を置くことを決めました。それは、広東市でその地の領主達の誰かの下に私を残して、インドからパードレ達が来るまで二、三年間言葉を覚えさせ、彼等がそこに行った時には彼等のために言葉を通訳することができる者を見出せるようにするためでした（同書）。

1635年ベルセロットによるマラッカ要塞図（ボカッロ『東インド城砦図録』リスボン，1992年より）

バレトは、一旦はフロイスの広東派遣を決断したが、日本に同行した修道士ゴイスを広東に留めて中国語を習得させた。彼は中国語学習に努めたが、神経衰弱になったため、バレトは日本からの帰途、彼をインドに連れ帰った（バレトの一五五八年一月一〇日付コーチン発信書翰）。フロイスはバレトから中国語習得を指示されていたが、喫緊の要務として命じられなかったのかも知れ

司祭の代りに教理を説く

ない。前記書翰以外に、彼の中国語習得に関する記載は見られない。バレトはむしろフロイスの世事に長けた能力に期待して、後任が着任するまでのコレジオの管理を彼に委ねたのかも知れない。フロイスの一五五六年一一月一九日付書翰によると、その時点でマラッカのコレジオには、彼とバレトに随行してシナで熱病に罹って戻ってきた修道士アントニオ・ディアスの二人しかいなかった。この書翰は、前インド管区長でプロクラドールとして四月一二日にゴアを発って五月二二日にマラッカに到着したバルタザール・ディアス神父に代わって、彼が執筆した(『イエズス会日本書翰集』訳文編之三)。

フロイスのマラッカでの日常生活は、前出の一五五五年一二月一日付書翰によると、毎日、司教座教会の聖堂で小さな鐘を鳴らして教理を教え、夜には煉獄にいる霊魂のために祈るため聖堂に行くことであった。夜にはまた鐘を持って市場に行き、奴隷たちに教理を教え、他に二、三ヵ所で教理を教えた。修院ではマノエルと共にバレト神父から聴いたことを復習し、規則に従って自らの糾明を行い黙想した。毎週、教区司祭に告解をし、ミゼリコルディアの教会で聖体拝領をすることであった。イエズス会の修院の司祭不在は一年半近く続いた。マラッカに着いたディアス神父は、直ちに毎日曜日と祝日に説教を実行したため、告解し聖体拝領する者が増えた。神父は日曜日と祝日の正午に鐘をもって町を廻って子供たちを集め、デウスの教えを大声で歌いながら市街を歩いた。

教会には多くの人が集まり、彼は男女の奴隷、土地のキリスト教徒や自由民、ポルトガル人たちに教理を読み聞かせて教え、十戒について説明した。六月一三日に若者の教育が始まり、教師が二学級の五、六十人に教えた。一ヵ月後に生徒は一二〇人以上に達したが、大多数は孤児であった（前記一五五六年一一月一九日付書翰）。フロイスが彼らの教育にどのように関わったかについての記載はない。

ゴアに帰着

バレト神父一行が、ドン・フランシスコ・マスカレーニャスのナウ船で豊後府内を出発したのは一五六六年一一月である。船は一二月四日に広州沿岸のランパコウ（浪白澳）に寄港したのち、マラッカに着いた。同船は、モンスーンがまだ吹いていた一二月中にマラッカを出帆したようである。バレト神父がフロイスを連れてゴアに帰着したのは、一五五七年二月一七日である（岡本良知『十六世紀日欧交通史の研究』）。

五　司祭叙階

ゴアのコレジオで教養科目を学ぶ

ゴアに帰還したのちのフロイスは、学院長フランシスコ・ロドリゲスの委託によって一五五七年一一月三〇日付でコインブラの会員たちに書翰を書き送っている。同書翰によると、ゴアのコレジオには司祭一六名と、誓願し修練期を終えた修道士が二〇名、修練中の修道士三三名がいた（インド文書三）。同年一二月作成の会員名簿には、誓願し修練期を終えた修道士二〇名中、一七番目にフロイスの名が見られる。彼がいつからコレジオでの課程を学び始めたかについては明確でないが、一五五九年一一月作成の同コレジオの名簿によると、彼は論理学 Logica の課程にいた。学生は八名、教師はマノエル・テイシェイラ修道士であった。彼は、メルシオール・カルネイロの総会長ライネス宛一五五九年一一月二〇日付書翰によると、教養科目 artes の課程を教えていた管区長アントニオ・デ・クァドロスを補佐していた（同文書四）。フロイスは、既述のようにカブラル神父の一五五九年一一月二五日付書翰では、教養科目を聴講していた。同書翰に先立つ二年前に書かれたフロイスの前記書翰に、「神の恵みによって明くる年の初めには教養科目の別の課程が始められるであろう」とあることから、彼は一五五八年初めに教養科目の課程に進み、一五五九年一一月の時点でも同課程にあり、また、論理学をも聴講していた。

教養課程の科目

フロイスは前記書翰でコレジオの講義内容について詳述している。人文学科 Humanidade の課程は三クラスからなっていた。第一のクラスの教師はマルコス・ヌーネス神父で、学生は二七名、このうち修道士は八名である。修辞学 Retorica のクラスでは、午前にキケロについて、午後にある日はサルスティオ、他の日にヴェルギリウスについて学んだ。倫理神学 Teologia の課程では、教師はクァドロスが午前に、ヌーネス・バレトが午後に担当した。聴講者は修道士三人で、その一人がクァドロスの生徒フランシスコ・カブラルであった。彼は翌一五五八年に司祭に叙階された。第二クラスは、アイレス・ブランダン神父が、修道士三名を含む三九名の学生を担当した。キケロの書翰集やヴェルギリウスが講義された。第三のクラスは、ジョゼフ・リベイロ神父が担当し、修道士五名を含む七二名を指導した。キケロの他にラテン語文法学が教えられた。同クラスの修道士には、午前中に一時間文章論の実践の講義があった。また、夜七時から一時間は、修辞学クラスの全員および他の者もその日の復習と討論に宛てられた。さらに近々司祭に叙階される者たちには、毎夜カルネイロ神父によるトマス・アクィナスの「神学大全」が講義された。

一五六〇年一二月作成の名簿によると、カブラルとテイシェイラの両神父が哲学の教師を務め、修道士七名が受講していた。その筆頭にフロイスの名が見える(同書四)。彼が司祭になるための倫理神学を学び始めたのは一五六〇年である。彼はポルトガルのマルコス・ヌーネス神父宛一五六一年一一月二八日付書翰で、「私たちは神学を聴講して一年近くになる」(同書五)と報じる。これは彼が司祭として執筆した最初の書翰である。神学の講義内容は、フロイスの一五六一年一二月一日付書翰から知られる。「管区長(クアドロス）は当地滞在中に神学の課目、第三部の受肉の問題について講義した。現在は、フランシスコ・ロドリゲス神父が同じ第三部の秘跡の問題について講義している。フランシスコ・カブラル神父は神学の他の課目、第一部について講義し、すでに一年近くになる」（同書）。フロイスは上記の講義を聴講し、試問後に司祭に叙階された。

司祭に叙階

フロイスは他の七名と共に、一五六一年に大司教ドン・ジョアン・ヌーネス・バレトの司式によって司祭に叙階された。その一人はのちに彼と一緒に日本に渡航することになるイタリア人ジョアン・バプティスタ・デ・モンテである。彼らの叙階式は、ジョアン・バプティスタがゴアに到着した九月八日以後、一〇月二七日までの期間内に執行された。ペドロ・デ・アルボレダ神父の一五六一年一〇月二七日月書翰に、「私は知らせをあなた方に書きません。あなた方はこれを担当しているパードレ・ルイス・フロイスの書翰でそれらを見るからです」（同文書五）との記載がある。同年［一二］月作成インド管区名簿には、「倫理神学を聴講するパードレは八名」（同文書）とある。フロイスら八名は、司祭叙階後も倫理神学を学んでいた。フロイスが前記マルコス・ヌーネス宛書翰で、神学を聴講して一年近くになると記していることから、彼らは一五六〇年から一五六二年にかけて倫理神学を学んでいたことになる。フロイスはゴアを発つ同年四月まで神学を聴講していたようである。

書記を務める

フロイスはコレジオで学ぶかたわら、学院長ロドリゲスおよび管区長クァドロスの書記（書翰作成者）を務めた。彼らに代わって書き認めた九通を含む二五通の書翰が、ゴアからポルトガルおよびヨーロッパに発信された。総書翰 carta geral と明記される書翰には、インド諸地域、モザンビーク、ホルムズ、マラッカ、モルッカ諸島や日本を含む広範な地域の情報が盛り込まれている。フロイスは総書翰について、一五六〇年一二月四日付書翰の中で、自ら三通執筆したと述べる。ヴィッキ神父によると、①一五六〇年一一月一三日付、②一五六〇年一二月一日付、③一五六〇年一二月八日付である。書翰①には、「私たちがあなた方にキリスト教界について昨年書いた総書翰で、（略）」の一節が見られる。一五五九年一一月にゴアからヨーロッパに発信された書翰が、総書翰に当たるようである。やや長文の書翰は五通現存する。そのうち二通はフロイス執筆で、いずれも管区長クァドロスに代わって書いている。他の三通の執筆者は管区長、学院長とカブラルであり、カブラルは各地の宣教状況について報じている。

現存する二五通以外にも、現存しないが、フロイスの書翰に対するダマン（インド）発信の返書二通とトンゲ（モザンビーク）からの返書一通がある。またキーロンで受信された書翰一通についての報告がある（インド文書四）。彼が各地に発信した書翰が多数あったことが推測される。フロイスがコレジオに在籍して以降に執筆した現存する書翰の第一信は、既述の一五五七年一一月三〇日付であり、最後のものは一五六一年一二月発信である。彼は、コインブラの一修道士宛一五六〇年一二月四日付書翰で、七便（七通）の作成に追い立てられている、と伝えている。七便とは、ポルトガル宛四便、カフラリア（南アフリカ共和国）宛一便、マラッカとモルッカ宛一便、そして日本宛一便である。彼は

情報を蒐集

七便の書翰作成の他にも、各宣教地に宛て、ポルトガルからの来信について報じ、また総書翰作成のための情報の蒐集に努めた。彼の許に各地からの情報が集中し、インド管区の概況を報じる要務を担っていたことに対する羨望が、一方において生じていた。彼

同僚からの批判

より四歳若い二四歳のブラス・ディアス修道士はポルトガル在住のマルコス・ヌーネス神父宛一五六〇年一二月五日付書翰で、フロイスを、「旧約聖書」の創世記に語られる、父イサクから兄に与えられるべき祝福を奪ったヤコブになぞらえている。

> 私は規定によって尊師に書いています。それは、尊師が当地の情報を知ることをたいそう喜んでおられることを知っているからです。とは言え、この問題については私たちの間ではイルマン・ルイス・フロイスが彼の同僚に対してヤコブのようであり、彼はつねに私たち全員から祝福を掠め取っているからです。そして本年、彼はできるだけ詳細な事すべてを入手して知ることに努め、それによって一つの総書翰を作成しました。これによって、彼は個々のことすべてを沈黙させています。しか

しながら、当地では何らかの問題が起きていますので、いつも書かなければなりません。何故なら、ある事柄は些細で不適当なこととして総書翰から省かれるか、親愛なるルイス・フロイスがそれらを知らないからです。私はそれらについて見たことをいくつか述べようと思います（同文書）。

ディアス修道士が悪意を持って書いたとは必ずしも言えないにせよ、フロイスが総書翰を執筆することによって得た栄誉を「ヤコブのように」と、また「全員から祝福を掠め取っている」と批判的に述べられていることは、職務上そのように言われてもやむを得ないことであったろう。しかし、ゴアにおけるこの五年間は、いわば、彼が文才を磨き、書翰作成者としての能力を発揮させるための修練期となった。

教会で教理を説く

ゴアにおけるフロイスの聖務のひとつは、毎日曜日の夜明け前にゴア近郊にあったマードレ・デ・デウス教会に行きドチリナ・キリシタン（教理）を教えることであった。管区長クァドロスの命令によって修道士全員がバラモン教徒の多いゴア周辺の村落に通訳を連れて赴き、福音書を読み、教理について講話して霊的活動に従事した。バルタザール・ダ・コスタ修道士の一五六〇年一一月一六日付書翰によると、フロイスはマヌエル・デ・オゾリオを同伴していた。彼はディヴァル Divar とショラン Choram の島民の改宗を担当したが、改宗に際して彼の大きな助けとなったのは、彼の友人でその島民の

島民の改宗を担当

父の如き存在であった村の首長であった。旧ゴアGoa Velhaには異教徒のバラモン教徒はごく僅かであり、フロイスが担当するディヴァルとショランでは全員が改宗して異教徒はすでにいなかった（同文書）。

六　上長らのフロイス評

フロイスの人となり

フロイスの人となりについては、すでに紹介したカブラルとヌーネス・バレト両神父の人物評価から彼の全体像を窺うことができた。彼が優れた才能、特に文筆に長け、言語能力が高く理路整然と話し、表現力と説得力が際立っていたことから、説教者としての将来が期待されていた。判断力も的確で、神の召命には揺るぐことなく、また上司には従順であったことが両神父にほぼ共通する評価であった。しかし一方で、カブラルはフロイスの徳性を普通と見ていた。マラッカまで同行してほぼ一年間生活を共にしたバレトは、「服従が彼に課す仕事には時には不平を述べる」とし、またかき回し屋remeixedorと言い、口の軽さを指摘する。バレトはまた、彼の気さくにも注目している。彼に対する管区長クァドロスの一五五九年一一月一八日付「身上調査」における記載は以下のようである。

身体強健で、好人物、しかし、信心深くない。よく冗談を言う。課程（教養科目）を聴講し、よく学んでいる。説教では恵まれているように思われる。あらゆる種類の世事に甚だ敏腕である。召命は堅固であるように思われる。

クァドロスの評価

メルシオール・カルネイロによる人物評価についてはすでに一部紹介したが、全文を掲げる。

カルネイロの評価

ルイス・フロイスは召命ではしっかりしている。従順である。教養科目artesを聴講している。彼は会話では人間味がある。それは、彼が王宮の人間であったためで、いまなお若干の澱（おり）を身につけている。また、かの栄光のアントニオ・ゴメスの振舞い方を好んでいる。同僚たちとは大変親しい。イエズス会にあること一一年、二七歳である。

シルヴェイラの評価

ゴアに来て一年になる神学博士ゴンサロ・シルヴェイラ神父の一五五九年一一月二七日付「ゴアのコレジオ居住者について（名簿）」に見られるフロイスについての記載は、以下の通りである。

肉体については華奢（きゃしゃ）、精神は人間味があり、善意の意志をもち、生来機知に富み、やがては三誓願の補助司祭になることができよう。

フロイスは体つきが細身で蒲柳の質のようであり、人間的には善意の人で、機知に富んで会話が弾み、冗談を飛ばして人を引きつけ、宮廷人にありがちな如才のなさを身につけえていた。「信心深くない」とのバレトの記載からすると、宗教心が薄いと見られていたのであろうか。彼が世事に長けているとの指摘に通じるところがある。彼は信心

文才溢れる器量人

深い型にはまった宗教者というよりは、文才溢れる文書作成者であり、また難しい事態に巧(たくみ)に対応できる器量人であった。ショラン島におけるバラモン教徒改宗の成功は、彼の人間味溢(あふ)れるる機知に富んだ対応と器量によるところが大きかったであろう。

バサイン・マラッカ・ゴアにおける一四年間は、彼が宣教師として自覚を深め、また、報告執筆者としての責務と自信を強く認識・確信する期間であった。

第三　日本における宣教開始

一　横瀬浦上陸

ゴアを出発

第四次日本派遣宣教団が、一五六二年四月にゴアを出発した。一行は神父のフロイスとジョアン・バプティスタ・デ・モンテの二人である。彼らは再びゴアの地を踏むことはなかった。一五五二年に第二次宣教団を率いて来日したバルタザール・ガーゴ神父は、一五六〇年一〇月二七日に病気の修道士ルイ・ペレイラと共にマヌエル・デ・メンドーサのジャンク船で日本を発ち、翌年四月一五日にゴアに戻ったが、フロイスの一五六一年一二月一日付書翰によると、ガーゴのゴア帰還は日本に新しい人材を派遣するためであった（インド文書五）。管区長クァドロスは総会長ライネス宛一五六三年一月一八日付書翰で、ガーゴが彼に述べたこととして次のように報じている。

日本派遣の理由

パードレが補充される必要のあるその地方（日本）については、猊下はコスモ・デ・トルレスが私に書いた書翰によって知るでしょう。本年、同地では熱心に人員を要求していますので、パードレ三人を送ろうと思います。同地からパードレ・バルテザール・ガーゴがあるいくつかの理由のために来ました。しかし、パードレ・トルレスは彼が当地（ゴア）に二年いるよう命じてくれるよう書いています。彼は来年には戻ると思われます。これまで日本へはパードレたちが送られていません。パードレ・トルレスがその地（日本）から彼らの派遣を要求しなかったからです。彼は、その土地では戦乱のためにその（宣教師派遣の）状況にはないと思っているためです。またパードレ（トルレス）は豊かな徳性を持っていますが、気力がなく、日本の［宣教］事業に求められているような強い意欲がないと思うからです。強い意欲は［必要と］思われます。これはバルテザール・ガーゴが私に語ったことです（同文書）。

フロイス派遣の理由

ガーゴ神父の要請に応じて、ほぼ一年の人選の結果日本に派遣されたのが、三一歳のフロイスと三四歳のジョアン・バプティスタである。翌一五六三年には、三五歳のベルシオール・デ・フィゲイレドとジョアン・カブラル、二五歳のバルタザール・デ・コスタの神父三人がゴアを出発した。フロイスが選ばれたのは、彼の異文化社会に対する適応能力、および世事に対する処理能力の高さが評価されていたためであったろう。一五五四年の日本渡航時には彼はヌーネス・バレトから日本語習得が期待されていたが、マラッカに留め置かれて中国語習得を命じられた経緯がある。彼の異国語習得能力の高さ

マカオに一〇ヵ月滞在

も期待されていたようである。

フロイスとジョアン・バプティスタはマラッカを七月一四日に出発してマカオには八月二三日に着いた。マカオ到着を前にして猛烈な嵐に遭遇してサン・シアン São Chião 島（上川島ヵ）に避難して八ないし一〇日間ほど同島に留まった。マカオに着いた時にはすでに日本渡航のための季節風期は終わっていた。ジョアン・バプティスタは一五六二年一二月二六日付書翰で、日本出発までまだ五ヵ月ある、と報じる。マカオ逗留中の彼らの要務は、同地のポルトガル人八〇〇人ほどの告解を聴くことであった。フロイスは主日と聖日に教会で必ず説教を行い聴衆の一人ひとりを満足させた。ジョアン・バプティスタはフロイスの書翰が自分のよりも詳しいであろうと一五六二年九月二二日付の書翰に記している。それは、フロイスがゴアからマカオまでの航海の記録を執筆したことを匂わす記載であるが、同航

マカオ市の景観

海に言及した彼の書翰は現存しない。冗舌で新奇なことに強い関心を寄せた彼が執筆しなかったということは考えられない。失われたのであろうか。彼らのマカオ滞在は、フロイスがローマのトメ・コレア修道士に送った一五六四年一〇月二五日付書翰によると、一〇ヵ月であった。したがって、彼らのマカオ出帆は一五六三年六月下旬であった。

肥前横瀬浦に着く

彼らは、ドン・ペドロ・ダ・ゲッラのナウ船で七月六日の夜、肥前大村領の横瀬浦に着いた。フロイスの一五六三年一一月一四日付大村発信書翰によると、キリシタンおよそ二〇〇人が彼らを出迎え教会まで同行した（エヴォラ版「日本通信」）。フランシスコ・カスタンのガレオン船、ゴンサロ・ヴァス・カルヴァリョのジャンク船も引き続いて到着した。これを知って、諸国から貿易商人たちが参集し、寒村の横瀬浦は突然未曾有の活況と賑わいを呈した。同港はポルトガル人からノッサ・セニョーラ・ダ・アジュダ（御扶けの聖母）の港と称された。同港にポルトガル船が入港するようになった経緯は、以下のとおりである。

横瀬浦が選ばれた理由

平戸の領主松浦隆信がキリスト教を忌避し、キリシタンたちを迫害したために、豊後府内居住のトルレス神父は、一五六一年に元貿易商人の修道士ルイス・デ・アルメイダを平戸に遣わし、平戸以外の新しい港を探させた。彼は同港に到着したナウ船司令官フェルナン・デ・ソウザの協力を得て、航海士ドミニコ・リベイロと京都のキリシタン、パウロ・ゴノエ（ゴノイ）に大村領沿岸を調査させた。彼らは横瀬浦の港を測深して同港を特定し、ポルトガル船入港について大村氏重臣と交渉して好意的な返答を得た。この返答は平戸滞在中のアルメイダに伝えられ、彼はその返答をもって豊後府内（ぶんごふない）に向けて同地を発った。その直後に、平戸では司令官ソウザらポルトガル人一四名が殺される宮ノ前事件が発生した。トルレスは横瀬浦開港交渉のため山口出身のトメ内田を大村氏に派遣した。

アルメイダ大村純忠に面謁

一五六二年にアルメイダが最終決着のために大村に赴いた。七月一五日、横瀬浦に着いた彼は、ナウ船がすでに着津し、港の出入り口に位置する八ノ子島に立つ十字架を認めた。翌日、彼は大村城を訪れて領主大村純忠に面謁した。重臣朝長との間に協定書が作成され、横瀬浦の周囲二レグア（一レグアはおよそ五キロ）の土地の半分がイエズス会に付与され、同港に入港する商船の取引については一〇年間関税を免除することが提示された。折良く八月一日に、トルレスが突然府内から横瀬浦に到着し、アルメイダは再度大村に赴いて協定を結んだ。

教会・修院を建てる

小高い丘に間もなく教会と修院が立ち、横瀬浦はキリシタンの港町となった（拙稿「横瀬浦の開港と焼亡について」）。

二　トルレス神父の盛式誓願と横瀬浦焼亡

フロイスとジョアン・バプティスタは、横瀬浦に上陸した最初で最後の宣教師である。彼らの到着する一ヵ月半前の六月初旬に、大村純忠は重臣二五名と共にトルレス神父から洗礼を受けた。年長のジョアン・バプティスタは、到着して一一日目にアルメイダ修道士と共に豊後府内に出発した。トルレスが同地を離れてからほぼ一年が経ち、同地の教会に司祭が不在であった。フロイスはトルレスの誓願式を執行するために横瀬浦に留まった。彼は一五四八年一〇月にゴアに到着してバサインに赴任するまでの短期間に、トルレスに会っていたはずである。

トルレスの盛式誓願

トルレスは、すでに三年前の一五六〇年に盛式誓願をする許可をインド管区長から与えられていたが、誓願を授ける司祭がいなかったためこれを行うことができなかった。この事情は、彼がローマの総会長ライネスに送った一五六三年一〇月二〇日付書翰から知られる。

パードレ・マエストロ・メルシオール［・ヌーネス・バレト］の別便によって、守るべき心得と方法が私に送られてきました。私が考えますに、私たちの主［である神」は、今までコンパーニャのパードレが彼の手で誓願を与えないように計らって、これを三年間延ばされました。(略)［一五］六三年の今年、管区長のパードレはコンパーニャのパードレ二人をインドから遣わしました。彼らのうち［一人は］イタリア人のファン・バウティスタと言い、他の一人はポルトガル人ルイス・フローレス(フロイス)です。遙か彼方からの彼らの到着は、私たちの主にある私にとっては小さな慰めではありませんでした。それは、しばしば病気づけになり、また主を辱め侮辱して神の御心を喜ばすことができないと強く感じていたためです。私はコンパーニャの人々に必要とされる資質がないにもかかわらず、［一五］六三年八月一五日に、神の御母処女マリアの被昇天の祝日に、猊下が送ってくださった命令に従って、パードレ・ルイス・フローレスの手によって盛式誓願を立てました(ローマ・イエズス会文書館所蔵、Jap.Sin.(日本・中国部)文書五、以下J.S.と略称)。

フロイスがトルレスの誓願式を執行したのは、管区長クァドロスからフロイスの手で誓願をするようにと通達されていたためであった。しかし、トルレスが病気で起き上がれない状態であったため、誓願式はフロイスの到着直後に執行されず、八月一五日の被昇天の祝日まで日延べされた(日本史一部四八章)。

ポルトガル船来港の港町として開かれた横瀬浦には、この時、小さな湾内に三隻の商

横瀬浦港の景観

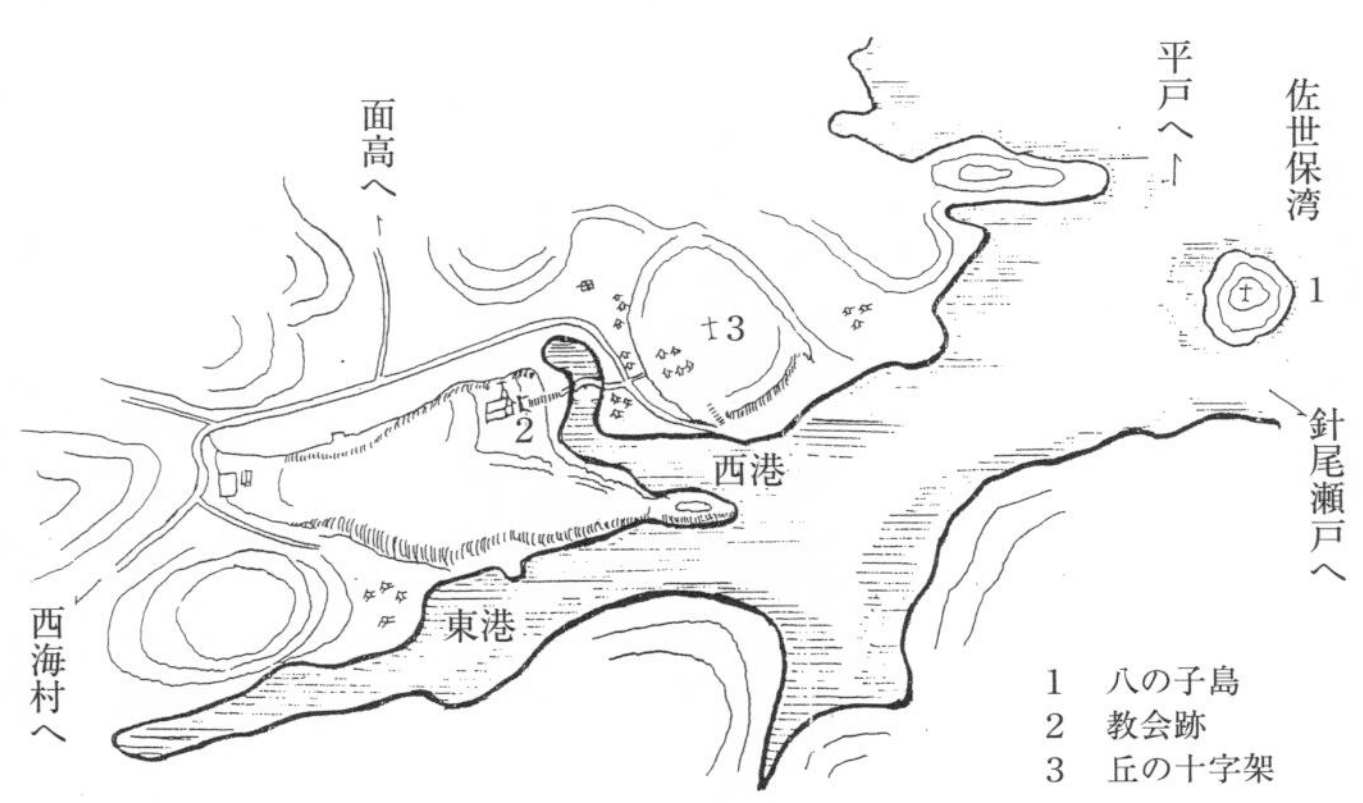

横瀬浦の略図（パチェコ・ディエゴ『長崎を開いた人』中央出版社，1969年より）

船が碇泊していた。狭い谷間の町は、新たに移住してきたキリシタンと諸国から集まった商人と、ポルトガル人の商人・船乗りたちで賑わい、港町は活気に溢れていた。ジョアン・バプティスタは、一五六四年一〇月一一日付豊後発信の書翰で、横瀬浦について「全員がキリスト教徒である港」と報じる。同地に住んでいたイルマン・ジョアン・フェルナンデスは一五六三年四月一七日付書翰で、教会の近くに三〇〇人のキリシタンが住み、横瀬浦の発展ぶりから見て将来にはキリシタンが一〇〇〇人以上になると予想していた。フロイスらが来着した七月半ばには、同地の住民は教会建立以前からの住民も合わせて、五〇〇人前後になっていたであろう。

キリスト教徒の港

教会と港町は、トルレスの誓願式を控えて華やいだ雰囲気の中にあった。一二日（木）頃に、イルマン・アイレス・サンシェスが、誓願式に参加するために聖歌隊の日本人と中国人の少年五、六名を伴って豊後府内から同地に着いた。少年たちはヴィオラ・ダルコを携えていた。彼らは一四日（土）、聖母被昇天の祝日前夜の晩課に歌い、フロイスが祈りを唱えた。この日、午餐（ごさん）のち熱と頭痛に苦しんでいたフロイスは、晩課の祈りの最中に激しい悪寒を伴った熱に襲われてほとんど立っていれないほどであった。晩課ののちも、彼は横になりながら一〇時までポルトガル人たちの告解を聴いた（フロイス、一五六三年一一月一四日付書翰、日本史同章）。シルヴェイラ神父から蒲柳の質と見られていたフ

病をおして祭儀を執行

ロイスは、体調の優れないままにマカオからの船旅を続けて横瀬浦に着いたようである。

トルレスの誓願式

翌一五日、フロイスはひどい熱と闘いながらトルレスの誓願式を司式し、ミサを上げた。少年たちがヴィオラ・ダルコを奏しながら聖歌を歌うなか、病体のトルレスは誓願しミサに与った。こののち彼の誓願を祝う会食があったが、フロイスは激しい熱と悪寒のため病床に伏し、夜中まで同じ状態が続いた。彼が「日本史」に述べるところによると、その後七ヵ月以上も同じような病状が続いた。

大村城下で謀反発生

トルレスの盛式誓願式とその祝いの食卓に参加した大村純忠の名代ドン・ルイス朝長新助（純安）は、会食後にトルレスを大村に案内するはずであった。純忠の城下町に教会を建立するための協議が予定されていた。しかし、大村では前領主純前の庶子で武雄の領主後藤貴明を中心とした大村一族が純忠に対する謀反を計画し、トルレスが同地を訪れた時に彼と純忠を殺害しようとのシナリオが進められていた。ルイス朝長は、トルレスの体調が回復せず、フロイスも高熱と悪寒のため再び病床にあることを見て、日没後に横瀬浦港を発って大村に戻った。彼の一行を大村湾の入口針尾瀬戸で待ち伏せしていた針尾氏は、ルイス朝長一行を急襲して彼を殺害したのちに狼煙を上げた。この狼煙を合図に大村では純忠の大村館が襲われ、純忠は難を逃れて多良岳の寺院に避難した（五野井前掲論文）。

トルレス、フロイス、抑留される

教会・修院焼失
度島に避難

大村城下における騒動の報知とルイス朝長の悲報は翌朝に横瀬浦に伝えられ、諸国から来ていた商人とポルトガル商人たちを混乱させた。彼らの間に生糸取引をめぐる軋轢があり、銀を先払いしていたにも拘わらず生糸を入手していなかった豊後商人たちは、病気のためポルトガル船に避難できなかったトルレスとフロイスを人質として拘束して倉 cura に抑留した。彼らは日本人商人が横瀬浦を退去した一八日（水）頃に釈放され、その夕方にトルレスはゴンサロ・ヴァスのジャンク船に、フロイスとイルマン・フェルナンデスはナウ船に避難した。フェルナンデスは一〇月末にアントニオ籠手田安経の所領度島に赴いた。トルレスは、病気で庇護者がいなかったフロイスに一時マカオに行き翌年再来日するよう促したが、彼は、トルレス神父が耐えることを若者の自分も耐えるであろうと言って残留を切願した。両神父はポルトガル船に避難して船内にいたが、一一月一七日頃に港町は何者かによって焼かれ、教会と修院も放火されて焼失した。フロイスはナウ船の出航前に、アントニオ籠手田が平戸から遣わした二艘の船で、フェルナンデスのいた度島に向かった。同じ日、トルレスは島原の有力キリシタン、ドン・リアン派遣の船で同港を去り、島原を経由して大友領の港町肥後高瀬に赴いた。

三　度島での生活

籠手田安経の所領度島

度島（多久島）は、的山（あずち）大島の南、平戸島の北、生月（いきつき）島の東北に位置する小島で、松浦隆信の重臣、アントニオ籠手田安経の所領である。フロイスの一五六四年一〇月三日付書翰によると、島民は三五〇名ほどで全員がキリシタンであった。彼は一五六四年一〇月二四日までのおよそ一一ヵ月間（うち一ヵ月ほどは平戸に在った）、諸人から聖なる人 homem santo と敬われていたジョアン・フェルナンデス修道士と共に度島のキリシタンたちの司牧に当った。しかし、彼は、一五六四年九月二八日付度島発信の書翰によると、度島に移動したのちも四ヵ月間高熱と悪寒のため横臥していた。しかも、島に渡って間もなく発生した火災によって建て増したばかりの教会と住院が焼け、周辺の民家一二ないし一五軒も焼失したため、ペドロと称する老人の家に仮住まいした。

教会・住院焼失

火災があったのは待降節（キリスト降誕の四週間前）の第一の主日前の金曜日（一一月二六日）で、キリシタンの一人が住院の新しい台所でミサ用の蠟燭（ろうそく）を作るために蠟を溶かしていて失火し、折からの強風に煽（あお）られて火は燃え広がった（フロイスの一五六四年一〇月三日付書翰、日本史一部五〇章）。

帳面・福音書等焼失

フロイスとフェルナンデスが病臥していたため、持ち出されたのは教会の装飾品とミサ用の葡萄酒が入った壺のみであった。フェルナンデスはこの火災により多年にわたって日本語で書いてきた帳面数冊を焼失した。その中には、年間の主日のために日本語にされたすべての福音書と説教、クレド（使徒信経）、パーテル・ノステル（主禱文）、アヴェ・マリア、十戒などの解説があった。領主らへの進物に宛てる装飾品や豪華な品々はすべて、平戸の一キリシタンの倉に保管していた。しかし、これらの品々も翌年の灰の水曜日（二月一六日）に市内で発生した大火のために焼失した。この時、平戸の教会も焼け、同地のキリシタンたちは小さな藁小屋を作ってこれを教会とした。

平戸の教会焼失

藁葺きの家を教会にする

フロイスとフェルナンデスは、一農民から貧弱な藁葺きの家を購入して、これを教会に宛て、さらに別の藁家を居住用として買い求めた。降誕祭には平戸からも多くのキリシタンが同島にやって来て三回執行されたミサに参加した。彼らの中には領主アントニオ籠手田の妻ドナ・イザベラが送り出した息子二人がいた。キリシタンたちは男女が分かれて別々に坐り、聖書で語られている物語（詩編カ）を一晩中歌った。復活祭（一五六四年四月二日）には、彼らは男女共に最良の着物を着て行列に参加しミサに与った。フロイスはこの頃には健康を回復していた。彼は行列に参加した時のフェルナンデスの相貌について、「それまでの苦労のため痩せ細って体力もすっかり衰えていたため、少し風が

降誕祭・復活祭のミサ

吹いただけでも地面に倒れかねない様子で、とても人間とは思えない姿であった」（一五六四年九月二八日付書翰）と語っている。その行列時に、フェルナンデスは復活祭の続唱 Da sequécia de Páscoa の一節「マリアよ、途半ばにして見しことを我らに告げよ Dic nobis, Maria, quid visdisti in via」を歌った。彼の傍らにいた元仏僧のトメなる老人が一本の棒で金盥を叩いて、これに応じた。「生まれつき甚だ痩身で虚弱」であったフェルナンデスは、一五六七年六月二六日に四一歳で死去したが、フロイスは「日本史」一部八〇章で、その章の大部分の頁を割いて彼を追悼し、その宣教活動と聖徳を偲んでいる。彼の謙遜と敬虔に生きる姿勢を高く評価したザビエルは、彼を日本に同伴するに当たり彼に司祭への叙階を命じたが、彼はこれに従わなかった、と指摘する。

フェルナンデス死去

フロイスは、度島でミサを立てたが、キリシタンたちの告解を聴くことはできなかった。彼が前記書翰で告白しているように、同島や他所から来たキリシタンたちの悲しみは、彼に告解を聴くだけの日本語の能力がなかったことであった。彼らは、フロイスがフェルナンデスの告解を聴き、聖体を授けるのを羨ましく見ていた。彼が日本語を十分に理解できなかったことに、いかに苦しみ悩んでいたかが窺われる。彼がフェルナンデスから懸命になって日本語を学び、また日本の習俗について知ろうと努めたことは、彼がフェルナンデスに協力して日本語の動詞活用や文章論とを整理した文法書と辞書の作

日本語能力の不足を痛感、学習に努める

成を企て、これを実行し始めた事情から、その一端が知られる（同書翰）。フロイスはおよそ一〇ヵ月間にわたってフェルナンデスと起居を共にして、日本語理解を深めることができ、また宗教者としての在り方について学ぶところが多かった。フェルナンデスの謙遜の生活と敬虔な宣教姿勢が、日本渡航以前の彼の人間としての生き方と宗教者としての在り方を見直させる契機となったことは確かである。

日本人キリシタン熱望の信心具

フロイスはまた、度島や平戸のキリシタンたちを通じて日本人の宗教に対する真摯な有り様について窺知することができた。彼は一五六四年九月二四日付書翰で、信心具のコンタス（数珠）やアニュス・デイ（神の子羊）のメダイを執拗に求めていたキリシタンの行為に関連して、次のように報じている。

> こうしたもの（信心具）は日本人にはすべて実に意味あるものになります。日本人はこうしたものに相応しい資質を具えているからです。日本人は男であれ女であれ、現世の利益のために聖なる洗礼を受けるような国民ではありません。この人たちには知性に訴えて納得の得られる道理を説く必要があります。（略）日本人ほどコンタツを尊び崇め、日本人ほどこれを活かす人びとはこの世界に他にいるかどうか、私には分かりません。至聖なる秘跡である告解と聖体拝領を非常に愛し、断食の苦行を厳しく実践し、悔悛の業を守り、徹夜をする傾向があります。

日本宣教の意義を確信

フロイスは、ザビエルがゴア在住の同僚たちに鹿児島から「日本は聖なる信仰を大いに弘めるために十分に準備されている」（一五四九年一一月五日付書翰）と報じ、またインド帰還後の一五五二年一月二九日付書翰で、「日本人は理性にいっそう従順であり、（略）知識欲に溢れている」などと述べていることを、また彼がゴアの聖パウロ学院で行った講話の中で日本人について語っていたことを、実際に九州の西端にある小島で体験した。このことは、彼が一五六四年一〇月二五日付書翰で、「私たちの聖人パードレ・メストレ・フランシスコ（ザビエル）が途次にあった多くの他の国々を差し置いて（略）このような遠方の地にデウスの福音を宣べ伝えるために来て、語った言葉は故なきことではない」と書き送っていることから確認される。彼にとって宣教師としての最初の地となった度島での一一ヵ月間（正味一〇ヵ月間）は、その当初は体調不良に苦しみ火災に遭遇したけれども、篤信のキリシタンに出会い、聖なる人フェルナンデスに導かれて甚だ実り豊かなものであった。

四　ポルトガル船の平戸再来航とフロイス

サンタ・クルス号来航

一五六四年七月六日にマカオを出帆したナウ船サンタ・クルス号が、幾度も暴風雨に襲われながらも四二日を要して横瀬浦の港口に到着したのは、聖母被昇天の祝日の前日八月一四日であった。カピタン・モール（総司令官）のドン・ペドロ・デ・アルメイダは、港の荒廃を知って平戸に廻航した。平戸の港から一レグア半ないし二レグア離れた河内浦にはすでに二七日前にナウ船サンタ・カタリーナ号とベルトロメウ・デ・ゴヴェアのジャンク船が来着していた。両船は度島にいたフロイス神父の許可なしに平戸港へ進航・入港することを望まなかった。領主松浦隆信は家臣をフロイスに遣わしてポルトガル船の入港許可を求める伝言を送った。彼はその中で、たび重なる戦さのためにこれまで人を遣わして神父（フロイス）を訪問させなかったことを詫び、ナヴィオ船が入港する許可を与えてくれるよう嘆願して、神父の平戸入りについて直ちに二隻の船長たちと協議する旨、伝えた。フロイスは「日本史」で、協議事項の一つが「教会を建造すること」（五二章）であったとする。彼はナヴィオ船の平戸入港を認め、船は平戸に入った。それから七、八日後に町の一郭が焼ける火災が起き、前記の藁小屋の教会と修道士の宿所が焼失した（前掲一五六四年一〇月三日付書翰）。フロイスが二〇年後に書いた「日本史」で「教会」建造が協議事項の一つになったと記しているのは、「藁小屋の教会」を改築するためであった。隆信は船長たちがフロイスの平戸入りと教会建設を再三要求したにもかかわらず、その要求を無視し続けた。

平戸入港の経緯

このような状況下に、前記サンタ・クルス号が横瀬浦に来航した。同船から度島のフロイスに使者が遣わされ、彼は司令官アルメイダに会うため小船を仕立てて横瀬浦に向い、途中でナウ船と出会って河内浦に至った。彼は、トルレス神父の意向に従ってナウ船を同神父が居る有馬領の口之津港に廻航させようとした。司令官アルメイダは、キリシタン領主大村純忠の敵対者松浦氏を利することになる平戸入港を阻止したいとするフロイスの要請に応じたが、商人たちは難儀な航海をしてきたためさらに他所の港に移動することを嫌い、また彼らが平戸での取引に強く固執したため、司令官は彼らを説得することができなかった。このため、フロイスは直ちに司令官を再訪して、パードレたちが最初に平戸に入るのでなければ、ナウ船を平戸の港に入れるべきではない旨を平戸の王 rei de Firádo に申し入れさせた。隆信は何日も引き延ばしてこれに応じなかったが、これに同意しない時に生じる大きな損失を考えて、ようやくフロイスの平戸入りと教会再建の許可を与えた。

フロイス、平戸に上陸

司祭が公然と平戸に入るのは、一五五八年にヴィレラが追放されて以来である。このため、キリシタンたちと、すでに碇泊していたポルトガル船二隻の乗員やポルトガル商人たちは派手な演出をして、フロイスとフェルナンデスの平戸上陸を祝うことにした。使徒聖バルトロメウの祝日（八月二四日）に、船上にポルトガル国旗や軍旗が飾られ、大砲が配備された。船長たちは正装し、陸上にいたポルトガル人たちとその他の人びとは着飾っていた。フロイスとフェルナンデスが平戸の海岸に着くと祝砲が打ち上げられ、キリシタンたちは喜びを隠しきれない様子であった。

松浦隆信と会見

平戸に上陸後、フロイスはフェルナンデスとポルトガル人全員を伴って隆信の屋敷に赴き、隆信との会見に関して、「司令官二人とその他の人びとと共に彼に会い、私たちの領内滞在に同意を与えたことに感謝した。彼は私たちに好意をいくらか示したが、彼がデウスの教えにほとんど好意を抱いていない人物であるため、私たちはこの対応に満足した」（前掲書翰）と伝える。しかし、後年に書かれた「日本史」には、「彼（隆信）は故意に彼ら（フロイスと司令官ら）を三時間以上も、外のある広場に待たせたけれども、出てきたのちに、それなりの好意を示した。彼は甚だ穏やかな態度であったので、彼が彼らに憎しみを抱いていることを知っていたことから、彼らは満足した」（五二章）と見える。隆信はフロイスらの訪問に気乗りせず、嫌々会ったようである。

教会建設

ポルトガル船三隻のポルトガル人たちが喜捨した三五〇クルザドの資金によって、教会建設が始まった。建築工事はフェルナンデスの指導の下にキリシタンたちの協力を得て進められ、聖母マリア誕生の祝日（九月八日）に、新しい教会（天門寺）でミサが挙げられた。教会が完成したのは、一ポルトガル人がシナ（マカオ）在住のフランシスコ・ペレス神父に送った一五六四年の書翰によると、サンタ・クルス号が平戸を出航した頃であった。同船の出航については、フェルナンデスが一五六四年一〇月九日付書翰で、一〇月二五日に出発するだろうと予測していた。ミサは、サンタ・クルス号で到着したバルタザール・ダ・コスタ神父が挙げた。彼と一緒にベルシオール・デ・フィゲイレドとジョアン・カブラルの両神父が来日した。ゴア在住のロウレンソ・ペレイラ神父は、一五六三年一二月一七日付書翰で、彼ら三人に言及し、コスタとフィゲイレドは神学者であり、三人は徳性が高く経験豊かであると述べ、日本宣教のために有用な人材であると見ていた（インド文書六）。

神父三人来日

神父たちの動静

インドからトルレス宛の諸書翰と伝言をもたらしたフィゲイレドは平戸に到着して七、八日後に、トルレスのいた有馬領の口之津に出発した。カブラルは度島に行き、平戸に留まったコスタはサンタ・クルス号に、フロイスはゴヴェアのジャンク船に寝泊まりしてポルトガル人たちの告解を聴いた。トルレスは、フィゲイレドの口之津到着後数日して平戸にいたフロイスに書状を送り、大型船サンタ・クルス号の口之津廻航を指示し、彼とコスタの同乗を命じたようである。その書状は九月二〇日以前にフロイスにもたらされた。サンタ・クルス号は、口之津に航行のため出航準備に着手して檣（帆柱）の横静索を取り付けたが、福音史家聖マテオの日（九月二一日）に、港内で前檣の支柱が折れ

トルレス、フロイスの上洛を示唆

たため出帆を断念した。トルレスはフロイス宛書状で、彼の上洛を示唆したようである。フロイスは一〇月三日付書翰で、「主の御扶けによって、私は本年（私の罪がそれを妨げないならば）、パードレ・ガスパール・ヴィレラを助力するために都に遣わされることになると思われる」と仄めかしている。彼はこの書翰に先立って書いた九月二八日付書翰で、すでに自ら都に行く予定である、と述べている。

フロイス、度島に戻る

フロイスはポルトガル人たちの告解を聴いたのちに度島に戻った。フェルナンデスは平戸に教会が建ったのちも平戸に留まってコスタ神父を助力した。アルメイダ修道士がトルレスに遣わされて口之津から肥後高瀬、博多姪浜（めいのはま）、名護屋（なごや）、平戸を経由して度島に着いたのは一〇月二二日（日）の夜七時である。彼はフロイスに、トルレスの上洛を命じる正式の通達をもたらした。翌日、十字架が立てられ、キリシタンたちのためにミサが挙げられたのちに、フロイスの都行きが披露された。その時のことについて、彼は「日本史」において、「彼（フロイス）が彼らと共に一〇ヵ月そこにいたので、彼らはその話を深い悲しみと涙と嗚咽（おえつ）なしには聞くことができなかった」（五五章）と書いている。翌日、彼は別れを告げるため海岸にまで来た島民たちに見送られてアルメイダと一緒に平戸に向かった。

トルレス、フロイスに上洛を命じる

第四　京都・畿内宣教

一　上　洛

平戸から口之津へ

フロイスとアルメイダは、一五六四年一〇月二四日(火)に度島から平戸に渡り、同地に一八日間滞在したのち、アルメイダによると一一月のある木曜日、すなわち一一月九日に平戸を出帆して、翌金曜日の夜半に口之津(くちのつ)に着いた。フロイスはトルレス神父に横瀬浦港で別れて以来およそ一年ぶりに、共に元気な姿で再会した。彼は四日間同地に滞留し、一三日、アルメイダと共に同地から海路島原に着いた。アルメイダは、高齢のトルレス(当時五四歳)に代わって畿内地方のキリシタン教界の状況を視察する使命を帯びていた。

フロイスは、トルレスへの一一月一五日(水)付島原発信書翰で、同地滞留二日半の動静について記し、到着した日の夜に説教を三回行い、翌日の午前と午後に合わせて二三名に洗礼を授け、水曜日の二日目の夜八時か九時に二〇名に授洗したこと、またアルメイダが領主島原純茂を表敬訪問したのちに、純茂がフロイスを訪れて来て夜食を共にしたことを報じる。彼は書翰を夜半近くに書いており、明朝早く乗船しなければならない、と記す。彼は「日本史」で、彼の一行が島原から肥後の高瀬（熊本県玉名市）に到着した時にはすでに夜になっており、翌朝陸路四日の豊後へ旅立った、と報じる。アルメイダもまた一五六五年一〇月二五日付書翰で、「私たちは夜遅く着き、直ちに朝に豊後まで陸路出発しなければならなかったために、彼ら（若干のキリスト教徒）のもとに留まる時間はなかった」と述べている。このことからして、彼らが島原から高瀬に渡ったのは一六日（木）であったであろう。彼らは、一七日朝に高瀬を発って豊後府内に向かい、三日目に朽網（竹田市直入町）に着いて一泊し、翌二〇日に朽網から九レグアある府内に着いた。

豊後府内に滞在

府内の教会には、フロイスと共に日本に来たジョアン・バプティスタとフィゲイレドの二神父がいた。四日ないし七日後に、フロイスはアルメイダと一緒に府内から七レグア（三五キロ）の地にある臼杵の丹生島城に大友義鎮（宗麟）を表敬訪問して上洛する旨を伝え、彼からは都の主要な領主数名宛の推薦状 carta de fauor を与えられた。府内に戻った彼らは、風待ちのため府内と同地から一レグア離れた出港地との間を三回往復し、ほぼ一ヵ月間の逗留を強いられた。出港地は日出港と思われる。同地と府内の距離は

伊予堀江に着く

五・七キロであり、一レグア強に相当する。同港出発は、降誕祭の八日間の第一日（一二月二六日）で、第三日目の二八日に伊予の堀江（愛媛県松山市）に着いた。堀江は豊後・堺間の定期航路から外れていたが、堺への便船がなかったため、同地出身の船頭の船を利用した。八日間滞留した堀江で偶然にも京都のキリシタン数人に会った。その一人が一五六〇年にヴィレラから受洗した公家の陰陽師マノエル賀茂在昌（あきまさ）であった。彼は家族と一緒に豊後に下る途次にあった。フロイスは同地滞在中に六名に洗礼を授けた。

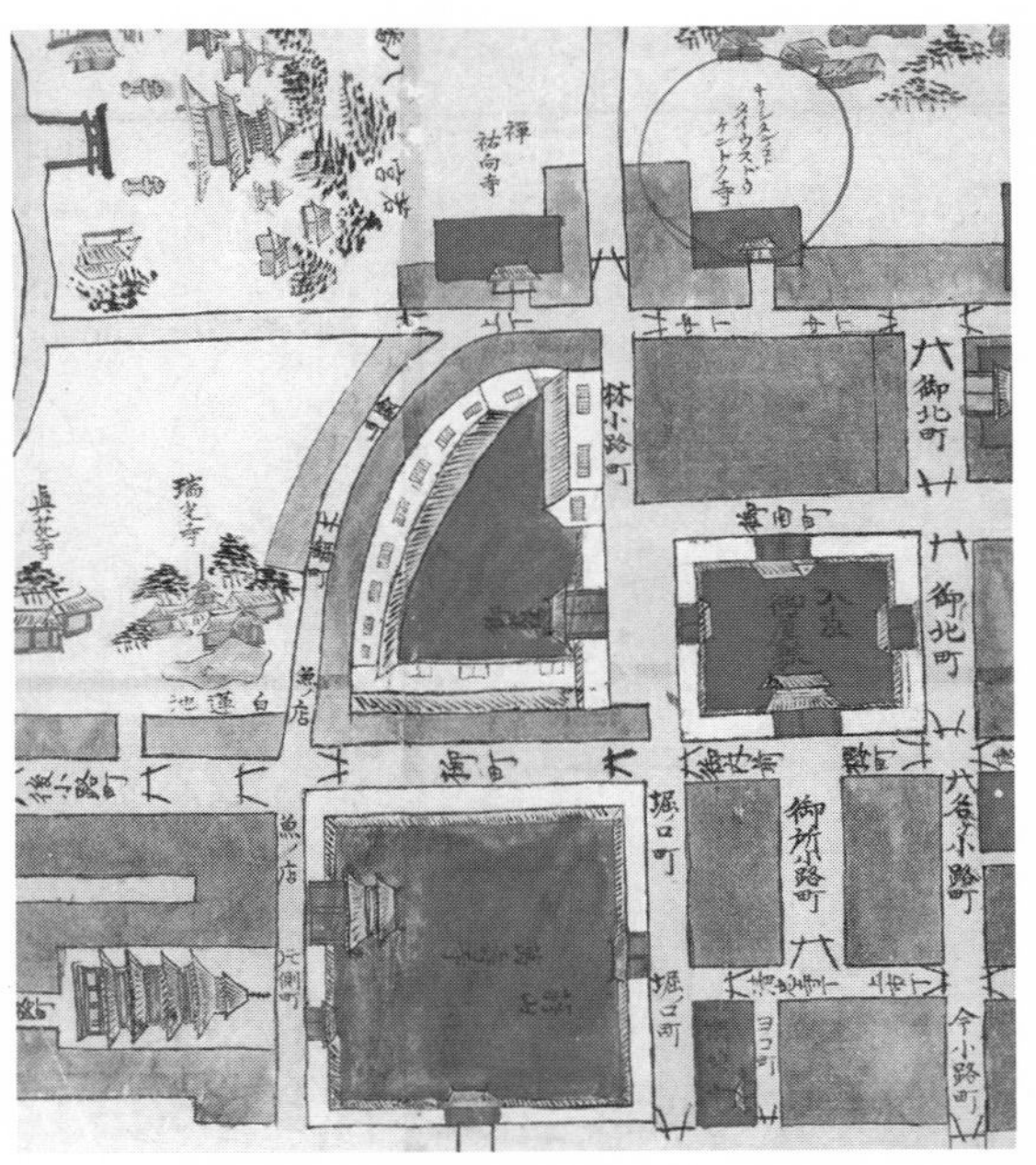

戦国時代の府内町絵図とタイウスドウ顕徳寺（大分市歴史資料館蔵）

堀江では、彼らが到着する六、七日前にあった補陀落渡りのことが話題になっていた。補陀落渡りの観音信仰は当時全国で流行していた。フロイスは一五六五年一月二〇日付書翰で、「悪魔に対する犠牲が、次のような方法で捧げられた。それはこれらの国々で甚だ流行っていて普通のことである」（J.S. 5. エヴォラ版「日本通信」では二月二〇日付となる）として、男性六人と女性二人が市中で寄進を集めて、それを懐に入れて新しい船に乗り、体に大きな石を縛り付けて、銃で三、四射程（一二〇〇～一六〇〇メートル）の沖合に出て海中に身を投じたこと、彼らの悪魔のために建てられた祠 templo に毎晩人びとが出かけている、と報じている。フロイスには生きたまま死ぬ行為は奇異なことであった。

塩飽から堺へ

フロイスの一行は、船頭の約束通り一五六五年一月五日に彼の船で堀江から塩飽に向かい、六日を要して一〇日に到着した。塩飽は「豊後から堺への道のりの半ばである」（日本史五六章）という。同島では便船を得られず、小舟を借りて海路一四レグアの距離にある播磨国坂越（兵庫県赤穂市）に渡った。塩飽では舟探しのため一両日同島に留まり、小舟は塩飽・坂越間をおそらく一日ないし一日半で乗り切った。とすれば、彼らは一二、三日に船出して坂越に一三、四日頃に到着し、同地に一二日間留まって堺行きの便船を待った。堺に渡航する大きく安全な船があったが、乗船中の商人たちから拒否されたた

警戒しながら大坂から京都に向う

め、フロイスらは別の船に乗った。おそらく二五日頃に坂越を出帆し、堺に着く前夜、堺の町が燃えるのを目撃した。およそ千戸の家が焼失した。彼らが堺に着いたのは二七日であった。アルメイダは前記書翰で、豊後から堺までの旅に四〇日を要したといい、フロイスも『日本史』で四〇日を費やしたとしているが、実際の所要日は三三日である。

堺に着いたフロイス一行は、豪商のディオゴ日比屋了珪（ひびやりようけい）宅に宿を取った。アルメイダ修道士は過労のため病気を併発し療養のため、了珪宅に二五日間逗留した。フロイスは翌日の日曜日、朝食後に堺を発って都に向かった。彼に同行したのは少年たちmeninos（日本人二人とインド人ロウレンソとシナ人アントニオ）とキリシタン五人で、その日の夜に堺から三レグアの大坂に入った。彼は当地のキリシタンの指示で宿を二度替えたが、夜半過ぎに外が騒しくなり、最初の宿近くで火災があったことを知った。火災は三、四時間で寺数軒と九百戸ほどを焼いた。フロイスらがいた宿に宿主の縁者が避難して来たため、彼らは夜明け方に宿を出された。彼に同行していた博多出身のジョアン・カントクが、ある門前で坂越の港から同じ船に乗り合わせた既婚者にたまたま出会い、彼の家にフロイスを泊めてもらうことにした。本願寺僧らによる警備が厳しかったため、彼らはフロイスに変装させ彼らの間に挟んで家に着き、天井の低い二階が彼に提供された。少年四人も一緒であった。二日後、銃器を持った僧兵や番人らが街を警戒するなか、家主はフロイスに頭巾を被らせ、商人の着物を着せて彼を市の門を通って市外に連れ出し、彼らのため馬を用意していた。しかし、これまで六〇年間経験がないという四、五パルモ（一パルモ二二センチ。八八ないし一一〇センチ）の積雪と降り続く雪のため、馬で行くことを諦め、午後ようやく残り二レグアの所で川舟を見つけた。舟は夜の暗闇のため浅瀬に乗り上げ、翌朝になって浅瀬を脱した。フロイス一行は、八時間も舟にあって厳しい寒さに耐えて京都に着いた。

京都に到着

フロイスは、前掲一五六五年一月二〇日付書翰で、京都到着を一月末日とし、三月六日付書翰でも一月末日と報じ、「今年、日本人たちの新年は［私たちの］二月一日に当たった」と記している。彼は一五八三年から執筆し始めた「日本史」（五六章）で、京都到着は、聖母マリアの清めの祝日（二月二日）の前日、二月一日である、とする。『言継卿記』永禄七年一二月二七日（一五六五年一月二九日）条に、「去夜々半より、大坂門跡を初め、悉く不残焼亡云々」とあり、『御湯殿上日記』（永禄七年）一二月二八日条に、「大さか、にはかにやけて源中納言（庭田重保）くたるよし申」とある。これらの記事から勘案すると、「日本史」の記す「二月一日」到着が有力である。しかし、「日本史」は、フロイスが上洛してほぼ一ヵ月後に書いた書翰に基づいて執筆され、同書翰に述べられていない事柄が大幅に加筆されている。事態の推移・時間的経過を整理していくと、一月三一日到着が妥当のように思われる。

二　最初の京都居住と将軍義輝弑逆

ヴィレラと再会

フロイスは、一〇年一〇ヵ月ぶりにヴィレラ神父に再会した。一五五五年四月一日に日本に渡航する同神父をマラッカで見送って以来のことである。彼はすでに四〇歳になっていた。フロイスが再会した彼の印象は、前記書翰一五六五年一月二〇日付書翰によると、「四〇歳であるにもかかわらず、彼は［頭髪が］すでにすべて白く、六〇歳であるかのようであった」（エヴォラ版所載の一五六五年二月二〇日付書翰では、「七〇歳であるかのようであった」となる）。ヴィレラが一五五九年一〇月末ないし一一月初めに京都でキリスト教を説き始めてから五年二ヵ月が経っていた。京言葉もかなり上達していたことは、フロイスの同書翰から知られる。

ヴィレラ、京言葉に上達

［彼は］日本全体で主要で最も洗練されている都 corte の言葉を甚だ流暢に話し、その言葉で説教し告解を聴いている。

当時、将軍足利義輝に強い影響力を持っていた権勢家の河内飯盛城主三好長慶（ながよし）は京都でのキリスト教宣教を容認していたが、その執政で所司代の松永久秀（霜台（そうだい）・弾正殿（だんじょうどの））は

結城忠正、清原枝賢、キリシタンとなる

本国寺の檀越で熱心な法華教徒であり、キリスト教を目の敵にして、宣教師を京都から追放しようとした。そのために、彼は室町幕府の奉公衆で、のち三好長慶に仕えて自分の配下にあった学者の結城山城守忠正と、儒学者の清原外記枝賢を起用した。彼らは日本人イルマンのロウレンソを奈良に招いてキリスト教について審問した。ところが、彼らは久秀の意向に反してヴィレラから洗礼を授かった。一五六三年六月頃である。これを機に、畿内の有識者や国人領主層の間に改宗者が続出するようになり、翌年には長慶の家臣七三名を含むおよそ五〇〇人がキリシタンとなった。こうした趨勢を見て上長トルレスは、ゴアから新たに司祭三名が来日したこともあって、フロイスをヴィレラ助勢のために京都に派遣した。

将軍義輝を訪問

河内飯盛城で告解を聴く

京都での宣教に大きな期待と希望を抱いて上洛したフロイスは、一三日後の二月一二日（月）に内膳頭進士美作守晴舎の介添えを得て、ヴィレラ神父と共に武衛陣街の二条御所を訪れ、将軍足利義輝に歳首を賀した。次いで同じ御所内にある義輝の母慶寿院の邸に行き、彼女から酒肴の饗応を受けた。彼女は自ら箸をとってオリーブの実のような肴を彼らに与えた（フロイス、一五六五年三月六日付書翰）。翌日、ヴィレラが将軍義輝に次ぐ第二の実力者である三好義重（のち義継）を表敬訪問するため、またその家臣団のキリシタンおよそ二〇〇人の告解を聴くために河内飯盛城に出発した。教会はフロイスに委ねられた。彼は教理の聴聞に来た将軍家の家臣たちや仏僧らとの対応に追われた。彼は特に、「死後に霊魂も何物もないとする仏僧である禅宗徒」について、彼らが、私たちの論点や理論的論証である哲学的な議論を欲せず、感覚をもって感取しうる証拠と実態しか望まない、と指摘する。なお、印刷されたエヴォラ版の書翰では、「動物のように生活している仏僧である禅宗徒」と改変されている。フロイスは同書翰において教理の説き方・教える方法を、以下のように説明している。

教理を授ける方法

カテシスモ（教理）を授ける際の方法について、最初、万物の創造主が存在し、世界に始めがあり、彼ら（日本人）が考えているように永遠なものではないこと、また日月が彼らの生ける被造物の神々でないことを彼らに証明する。次いで、すべての者が反論しているように、霊魂が肉体から離れて別々にいても、どのように永遠に生き続けるかと言うことを証明する。これについて理解した時には、彼らが提起する多くの疑問や自然現象に関する質問に答えてから、日本の諸宗派、殊に彼らが信奉するそれぞれの宗派について述べる。そして、明白な理由によって諸宗派のそれぞれの虚偽を彼らに示して反論する。これを理解した時に、世界の創造、ルシフェルの堕落、アダムの罪を説明し、それから、デウスの御子がこの世に下ったこと、その聖なる受難、死、復活と昇天、徳義と十字架の玄義、地獄における最後の審判、至福者たちの栄光について述べる。これを理解したのち、洗礼に先立ってデウスの教えの［十］戒とカトリック教会の誡めを詳しく彼らに説明する。そして、異教徒たちの儀式を嫌悪して、先ず彼らがデウスの教えに生きてこれに堪え、罪を痛悔することを勧めて、この［洗礼の］秘跡の必要性とその玄義についても説明してから、彼らに洗礼を授ける（J.S. 5）。

ザビエルの指図

フロイスは右の教理教育の進め方について、若干増補するかたちで「日本史」第一部五七章に再録し、それは、ザビエルの指図によるものであると明記している。ザビエルに心酔していたフロイスは、来日してこの方、ザビエルが決めた方法を遵守し続けた。また日本に来たイエズス会の同僚たちもまた同様であったように思われる。

日本語不足を痛感

フロイスの日本語力がまだ十分でなかったことは、彼が一五六五年八月三日付三箇発信の書翰で、「私はこの土地（京都）では新参者であり、またまだ言葉ができないため、［新事態に際して］彼（ヴィレラ）が居る必要があった」と述べているように、よく自覚していたことである。しかも、都言葉を理解することはまだできなかった。したがって、日本人伝道士ダミアンの助力が必須であった。一五五六年頃からイエズス会に奉仕していたダミアンはひとかどの教理説明者に成長していた。彼はフロイスに代わって説教し、また彼の言葉を代言した。

フロイスは前記三月六日付書翰で、「私たちは平戸を出発してから今まで、当地と道中で六〇名をキリスト教徒にした」と報じている。彼は上洛してから三月六日までの間に、数名の者に洗礼を授けた。さらに、この書翰執筆から四ヵ月半が経った七月二二日付書翰には、仏僧の洗礼についての記載がある。

仏僧に洗礼を授ける

今日、聖マリア・マダレナの日、私は一人の仏僧bonzoに洗礼を授けた。彼は私が日本で洗礼を授けた最初［の仏僧で］ある。また、三好殿のキリスト教徒である秘書（コスメ庄林）の家来criados二人に洗礼を授けた。

彼にとって、来日して初めて仏僧に授洗したこの日、七月二二日は記念すべき日となった。この授洗に先立つ六月一七日に将軍義輝が非業の死を遂げて以来、京都市中は混乱と喧騒の中にあり、法華宗の僧侶らがキリシタン宣教師と教会を襲うとの風評が飛び交って不安と恐怖の毎日であったから、彼にはなおさら感慨深い日となったであろう。

仏教勢力の大きさを痛感

彼は、いくつかの難事があったにもかかわらず一年六ヵ月をゆったりとした時間の流れの中で過ごした九州・下地方での生活に対して、堺・大坂の町を見たのちに居住した京都での生活では、めまぐるしく変転する政治状況に翻弄されて、時間の流れの速さと、仏教と仏教寺院勢力が日本社会に占める存在の大きさを痛感したようである。特にそのことは、彼が上洛後たいして日をおかずに書き認めた長文の二月二〇日付書翰の冒頭にある、「悪魔 demonio」が宗教（仏教）にかこつけて盛大な儀式や虚飾によって日本人の心に堕落をもたらすために巧みな術策と狡猾さを創出した、という一節から窺い知られる。彼は上洛後の見聞とヴィレラから得た情報に基づいて同書翰を作成したが、この書翰では、彼が初めて認識できたと思われる天皇（Vo 皇）と将軍（cubo o çama 公方様）が併存すること、天皇が教皇のように崇められている存在であることを特筆している。また、世俗の問題に関しては、すでに度々報告してきたこととしながらも、悪魔が日本人を騙すために用いている方法と、それに見られる日本人の信仰と崇拝に関して、悪魔がキリスト教の事柄に酷似するいくつかの点で外面的な儀式を日本人に与えるように仕向けたとして、阿弥陀が三位一体の一つであり、人類の救世主である釈迦が一二人の弟子と彼の生涯について記す年代記作者四人を有していたと言っている、と述べる。こうした指摘は、日本在住一〇年になるヴィレラから得られたことに基づいてなされたか、あるいは彼との会話の中で考えられた結果であったであろう。

法華経に言及

彼は、釈迦が書き著した最後の書物であるとする法華経 foquequio について言及し、それでは最も高度な教理（経典）が述べられていると言われているとし、「妙 meoo」の一語に一切が包括されており、このために、人びとの祈りはかような文字の名以外にはなく、したがって、引き続いてこれを唱え続けるように命じたと言われている、と記す。

彼がその理解のために法華経について学んだのはそれから七、八年後のことである。同書翰の後半部には、都における仏式の壮麗な葬儀に関する詳細な報告が見られる。葬列から始まって埋葬に至るまでの経過、およびその後の供養までが語られている（拙稿「キリシタンの葬礼と墓碑」）。彼が上洛してまもなく葬儀を実見したかのようであり、また周囲にいたキリシタンたちの見聞によって補足されたようである。当時、宣教師たちは、日本人の大多数が死後に子孫たちに名誉が伝えられることを望んでいるため豪華壮麗な葬儀が営まれる、と見ていた。

キリスト教式の葬儀を行う

ヴィレラは、京都のキリシタン教会でも仏式同様に荘厳なキリスト教式による葬儀を執り行うことを考えていたようである。その機会は、三好義継の有力家臣で結城忠正の嫡男アンタン（アントニオ）左衛門尉が毒殺されたことにより与えられた。同年六月頃のことである。ヴィレラはフロイスと相談して、彼に相応しく、かつ日本人に強く訴える壮麗な葬儀と葬礼を行うことに努め、京都で最初となるキリスト教式による公式の葬儀を執行した。その様子はフロイスが「日本史」一部六六章に詳述している。

寺院廻りを始める

フロイスが寺院廻りを始めたのは二月一八日（日）ないし二五日である。彼の三月六日付書翰によると、初めに訪れたのは市外一レグアの距離にあった一寺院（蓮華王院、三十三間堂）であった。「日本史」（五八章）では、距離について都の市外四分の一レグアの所にあると訂正されている。東山と称する峰に近い三十三間Sanjusanguenという寺院（堂）とされる。中央の大きな門の前面にこの堂に捧げられた阿弥陀像（千手観世音像）があり、バラモン風の座像であると説明する（同書翰）。彼はインドにあってバラモン教徒の改宗に努め、バラモンの寺院にも行っていたから、仏像に対しバラモン風と形容したのであろう。座像の廻りに三十体の立像があった。大勢の参詣者があり、祈るために足繁く通っている者が多い、という。次いで、同所からおよそ半レグアの所にある一種の僧院、あるいは古い大学を訪れた。「日本史」では、東福寺Tofucujiと記載される。僧院の敷地はリスボンのベレン、すなわちジェロニモ修道院よりも広大であるとの印象を述べる。境内に多数の寺院（塔頭）があった。その後に訪れた第三の所は、前記二寺院よりも高所にあって、「寺院の下方には太い木の柱以外にはなく、その上に建てられている」という。これは東福寺の山門を指すようである。フロイスらは、甚だ高い階段によって寺院に登ったが、扉が鍵で閉ざされていたため中にある物を見ることができなかった。さらに、その近くに位置する別の寺院を訪れた。ゴアの修練院の一倍半の大きさであった。境内にはその他の寺院がいくつかあったことからすると、当寺院は建仁寺であったようである。この日の寺廻りは東山地域を中心とし、いずれも参詣者の多い寺院であった。「日本史」では、巡礼者のよく訪れる寺院として祇園社と清水寺を挙げており、清水寺

ヴィレラとアルメイダを加えて寺院廻りを続ける

に近い祇園社にも足を延ばしたかも知れない。

復活祭（四月二二日）後の二四日に、フロイスは二回目の寺廻りをヴィレラおよび修道士アルメイダと一緒にした。その様子は彼の四月二七日付書翰に詳しい。アルメイダは堺の日比屋了珪宅で二五日間静養したあと三箇と飯盛に赴いてヴィレラに会い、優れない体調のまま上洛した。病気は悪化し二ヵ月間胃痛に苦しんだ。復活祭を迎える頃に健康は回復し、また西国に戻る日が近づいていたため、寺廻りに加わったようである。その日はまず将軍の二条邸内を見物したのち、御所（内裏）に向かう街路を直行して職人と商人の町々の真ん中に位置する阿弥陀の寺院を訪れた。「日本史」には、百万遍Fiacumanbenと称する阿弥陀の寺と見える。浄土宗の百万遍知恩寺である。都の市中で最も参詣者が多く、終日、殊に店仕舞した午後に多くの参拝者で賑わう、という（同書翰）。

彼らはキリシタンたちの案内で同寺から管領細川晴元の屋敷を訪れて庭を見たのち、半レグアほど離れた深い森にある寺院を訪れた。同寺院は五〇の僧院を抱え、各僧院の地所はゴアのコレジオほどの大きさで、中には二、三倍の規模のものがあるという。「日本史」には、禅宗の主要な門派principal religião dos genxusで、紫野Mura［sa］quinoと言われている、とある。大徳寺である。フロイスは、同寺は一般の人々に開かれたものではなく、日本の国主・領主のほぼ全員が信仰する宗派で、この宗派のめざすところは肉体についてのみ癒やし、瞑想によって自ずから一切の良心の呵責（かしゃく）を消し消滅させることであって、仏僧たちはこうした自由に身を置いて悪魔が勧めているあらゆる種類の悪習と罪悪に身を委ねている、と指摘する（同書翰）。

大友宗麟創建の瑞峯院

彼らは三つの僧院を見学したが、その一つは、大友義鎮（宗麟）が息子の上長昇任のため多額の金を与えて奉献された、という。宗麟が創建した塔頭瑞峯院がこれである（竹本弘文『大友宗麟』）。その造りは言葉で言い表せないほどに美麗であるが、他の二僧院には及ばないものであった。これら僧院の建物などに施された細工と庭の卓抜さについて的確に説明ができないとし、彼らが祈りを唱える家と、これに接する他の部屋は見るべき価値があり、私たちのそれがいかに豪華に装飾されているとしても模造品であるようにしか見えない、という。

地獄と極楽の壁画

さらに帰途に、「神々と地獄の裁判官（閻魔（えんま）王）」に捧げられた別の寺院（引接寺・千本閻魔堂）を見た。これは町堂ともいうべき庶民の寺院であった（『京都の歴史』三）。壁には地獄の責め苦の図があり、苦しみを受ける男女の絵や彼らを苦しめる悪魔の絵が多く描かれていた（同書翰）。

仏僧の説教を聴く

翌日、復活祭の八日目の最後の日である二五日にフロイスとヴィレラはキリシタンの勧めで、仏僧の説教を聴いて、その進め方などを知るためにある寺院に赴いた。美しい松の木のある道を通って行くと高所に位置する寺院に出た。フロイスは「日本史」で、「阿弥陀を拝んでいる人々である浄土宗徒たちの宗派の僧院」と報じる。知恩院を指しているようである。二千人ほどの信徒を前にして行われた説教は、ある書物（経典）の一節を読んだのち、それについて解説するものであったが、これを理解したヴィレラとその同行者のキリシタンたちは説教の仕方とその巧みさに驚嘆した。フロイスは、この説教を聴いて、キリシタンに行う説教の仕方に些かの教訓を得て有益であった、と述べる。同書翰の末尾に見えるザビエルに関する記載は、京都での生活がほぼ五ヵ月になろうとしていたフロイスが、同地の文化と習俗について認識を深めるなかで、ザビエルが世界の最果ての日本に、しかも創造主からかくも遠く離れた国民を探し求めることを切望して来たことに改めて瞠目させられたことを示す一節である。彼はザビエルがかつて語っていたことに関連して、京都の下・九州に対する文化的優位性を次のように見ていた。

京都の文化的優位性

パードレ・メストレ・フランシスコが述べていたように、彼ら（日本人）は文化、礼儀および習慣において多くの点でエスパーニャ人より遙かに優れているので、そのことを言うことは恥である。当地にシナから来る人々（ポルトガル人）は未だに日本を高く評価していないけれども、それは、商人たちや沿岸近くに居住している礼儀を知らない人々以外には［彼らの許に］やって来ないし、彼ら以外の者とも会話をしないからである。そして、この都の国の人々と比較するならば、彼らは王宮（リスボン）に対するベイラよりもさらに劣っている。このため、当地都では彼らを森の人（田舎者）gente de mato と呼んでいる。

フロイスは、四月二七日付書翰を擱筆するに当たって、「甚だ驚嘆すべきこと、またあらゆる善の作者（神）に限りある感謝を捧げるべきことは、かの至聖なる教えが日本の諸宗派の源である当市において受け入れられ始めるように、神の摂理がいかに不可思議に采配されたかを見ることである」と書き認めて、京都での宣教活動に大きな期待を抱いていた。しかし、その矢先の六月一七日（永禄八年五月一九日）に、将軍足利義輝が弑逆（しいぎゃく）される事件が起こった。

三好の反乱により将軍義輝殺さる

フロイスは同事件の二日後に書いた六月一九日付書翰で、三好殿（義継）が一万二千の兵を率いて公方様の邸を襲い、公方義輝が戦死し、義輝の母慶寿院が殺害され、教会の保護者進士晴舎が自害したこと、またこの事件により教会が存亡の危機に直面して修院の全員が総告解をして死を決意したこと、さらに三好殿の家臣であるキリシタン武士たちが死を賭して修院を警固していることなどについて報じた。彼は、三好殿の謀反の意図が阿波国に住む義輝の従兄弟（義栄）の擁立にあり、これを利用して権力を掌握することにあったという伝聞を伝える。フロイスはまた、三好氏よりも大きな勢力を持つ執政弾正殿（松永久秀）が息子（久通）と共に介在していることを示唆し、二人（三好・松永）の暴虐者が初期教会のカトリック教徒に対するローマ皇帝たちの迫害をありのままに演じているようである、と指摘する。ローマの皇帝がネロを指していることは、ヴィレラが同年八月二日付飯盛発信書翰で、「弾正殿と称した（残虐さと狡猾さにおいて第二のネロである）暴虐者」（J.S.5）と述べていることから知られる。松永久秀は、宣教師によれば日本のネロということになる。

謀反首謀者は松永久秀

教会への謀反の一報は、久秀の有力家臣のキリシタン武士によってなされ、彼はパードレたちが身の安全を図るように急報した。久秀がこの謀反の首謀者であるとし、彼と彼の主君（三好義継）が法華宗徒であるため、法華僧が若い義継を説得してこの混乱時に士卒を派遣して司祭たちを殺すこともあり得るということであった。その日の夜に、結城忠正が家臣の老キリシタンを遣わしてキリシタンたちと善後策について相談するようにと助言した。翌朝、司祭たちはキリシタンたちと談合して教会に留まることを決意した。

三好家中のキリシタン

三好家のキリシタン武士たちも修院を死守する覚悟であることを伝えた。その午後に三好氏の秘書コスメ庄林が祕かに司祭たちを訪れ、主君の謀反を唆（そそのか）した久秀を批判し、彼ら暴虐者が司祭たちについて話し合っていることを知るように努めると申し出た。

将軍邸破壊後の次の標的と考えられていた修院が破壊を免れることができたのは、フロイスの推測するように、三好家中にキリシタンの武士と士卒が多くいたためであった。

義輝殺害後の混乱時にアンタンの葬儀を執行

結城忠正の嫡子アンタン左衛門尉が死没し、キリスト教式による彼の葬儀は、フロイスの同年七月二二日付書翰によると、同書翰執筆の三週間前であった。この記載は、「国主（将軍）邸の次に破壊されるべき第二の建物は私たちがいる修院であるに違いないとされていた」という一節に続いて見られる。したがって、アンタンの葬儀は将軍義輝の死後、修院が襲われるかも知れないと不安におびえていた最中に覚悟の上で執り行われた。そうした状況下で、久秀は天皇が宣教師追放を命じるよう画策していた。「大うすはらひ」の女房奉書が七月三一日にどのような経緯で出されたかについて知る術のなかったフロイスは、八月三日付三箇発信の書翰で、奉書交付前後の彼らの対応と彼自身の京都退去の様子を述べるに過ぎない。京都に留まる決意であったヴィレラが、飯盛のキリシタンたちの懇請によって同地に出発したのは七月二七日（金）の朝であった。彼は出発に際し、皇（天皇）Vo ないし弾正殿の伝言が送られて来ないうちは教会を離れないようフロイスに命じた。その二日後、日曜日の午後に天皇が弾正殿（久秀）の勧めに従って宣教師の追放を許可したとの伝言がキリシタンによって彼にもたらされた。

天皇が宣教師追放を許可

翌三〇日の朝、宣教師に好意的であった三好三人衆の一人、日向殿（三好長逸）がフロ

フロイス、三好長逸の勧めにより三箇に移る

イスに家臣を遣わして堺行きを勧め、道中を保証する通行証と舟二艘を提供する旨が書かれた書状を与えた。彼は三一日（火）の朝にも伝言を送り、主君の義継と弾正殿、彼自身も居城に戻るため京都残留は危険が予想されるとして、フロイスに退去を促した。義継の秘書コスメ庄林は士卒を教会に派遣して警固させる一方で、自らは教会の大敵である異教徒の貴族（公家）fidalgo二人の許に赴いて、宣教師追放の布令を翌日まで出さないよう懇請した。フロイスはその日の午後三時に教会を離れ、二レグアの地鳥羽から三好長逸手配の舟で三箇に向かった。古いキリシタン三人が同地まで同行した。ジョウチン立佐（小西）、トメ（佐野）、ディオゴ（清水）である（日本史六七章）。追放令は翌八月一日に出た。異教徒の貴族二人とは、「日本史」（六六章）に見える竹内兄弟である。同書によると、「竹内三位」は法華宗の新派を作ることを望み、彼ら兄弟は宣教師追放のために六条本圀寺や本能寺の僧侶たちと画策して松永久秀を動かし、内裏から追放令を手に入れた。正三位竹内季治は永禄五年（一五六二）に正三位の位階に昇り、同一〇年（一五六七）に剃髪して真滴入道を称した（『京都の歴史』四）。彼は半僧半俗の立場でキリスト教を激しく糾弾し、宣教師追放の急先鋒であった。のち京都に復帰したフロイスの前に立ちはだかったのは彼である。

三　堺とその近在における宣教活動

飯盛城下でヴィレラと会う

京都のキリシタンたちは一レグア半の所までフロイスに同行した。そこで、彼は日本人伝道士ダミアンを介して説教し、彼が帰還するまで彼らが信仰を堅持するよう懇請した。フロイスらは枚方を経由して夜半には飯盛城下の小教会rimida（ermida）でヴィレラに会い、追放に至る経緯について説明した。同教会はアンタン結城左衛門尉（さえもんのじょう）が建てたものであった。その日、フロイスは同所から一レグア離れた聖母の小教会（祠）rimidaに赴いた。教会は三好氏の有力家臣サンチョ三箇頼照が建てたもので、池（深野池）に囲まれた小島の一つにあった。教会は甚だ狭く神父たちは携行していたミサ用聖具類のために身動きができないほどであった（日本史六七章）。このため、彼らは四日に堺に移動することを

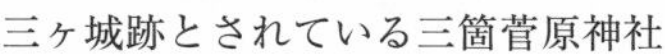

三ヶ城跡とされている三箇菅原神社

決断した（フロイス、八月三日付書翰）。ヴィレラは三日の時点で、京都帰還のために、三好長慶の後継選びと新将軍義栄擁立に尽力した実力者篠原長房に支援を求めて阿波国に赴く意向であった。同氏の許にはキリシタン数名が近侍し、彼はすでに三、四度教理を聴聞していた。

堺に移る

フロイスは三箇に七、八日滞在した。彼がほぼ一ヵ月後に堺から発信した一五六六年六月三〇日付書翰に、「当地方の貴人で主要なキリスト教徒が当地に造った私たちの聖母の小教会に、私たちは七ないし八日留まって、彼から多くの持て成しと親切を受けた」との記載がある。堺ではディオゴ日比屋了珪の家に止宿し、彼の協力を得て住家探しをした。彼らが内裏（天皇）によって都を逐われて来たため、またディオゴ了珪のように彼らを受け入れることができる有力なキリシタンが町内にいなかったため、家捜しは難儀したが、月二クルザド半（一クルザドは時代によって変動があったが、米ほぼ一俵に相当した）の粗末な一軒家を見つけることができた（日本史六七章）。司祭たちの借家と日比屋家とは、「その間に五軒しか離れていない」（同七四章）距離にあったので、彼らの住まいは日比屋家と同じ櫛屋町にあった。フロイスの前記書翰には、彼らの家は海から二、三町の近くの所にあり、彼らはアヴェ・マリアの時刻の明るい月明かりの日に数人のキリシタンと一緒に海岸に気晴らしに行くつもりでいる、と述べている。その理由は、「ガスパール・ヴィレラ神父と私の両人がたまたまある時に病気になって、何カ月も非常に暗い家にいたため」であった。彼らの住家がいかに劣悪であったかについては、「日本史」（六七章）に詳しい。

劣悪な住居

それは、非常に暗く、彼らが持ち物を置いていた小さな倉に入るには日中に蠟燭（ろうそく）を点さなければならないほどであった。屋根は古く腐っており、雨が降ると、泥濘（ぬかるみ）のため足駄 charipos（chiripos）を履いて家の中を歩き廻り、また時には傘を差して、持ち物を雨の少なく降った所に転々と移した。太陽は、台所の煙が出るために屋根に作られたいくつかの孔によってしか見られなかった。一方で、鼠（ねずみ）が彼らの所持していた粗末な物を喰いちぎったりかじったりした。その市には異常なほどの数の鼠がいたからである。他方で、家には絶えず入ってくる悪臭があったので、パードレ両人はそこでたちまち重い熱を出して頭痛になり、幾日も病臥した。

病に苦しむ

フロイスは一五六六年一月二四日付の書翰をゴアのコレジオにいる一司祭に書き送り、「私はおよそ二〇回病気のため死に瀕した。その病気は、私がマラッカからゴアに着いてすぐに尊師が見たものである。当地で病気になると、告解する時間も場所もない」と述べている。フロイスには持病があったのかも知れない。華奢（きゃしゃ）な身体であった彼は、マラッカからゴアに帰還した時に倒れ、マカオから横瀬浦に到着した直後にも病み、度島（たくしま）

在島中も四ヵ月間高熱と悪寒に苦しんだ病歴がある。堺での劣悪な生活環境が彼の余病を併発させたようである。彼は一五六六年六月三〇日付書翰で、ヴィレラの西下によって畿内地方の大任を任されたことに対して、自らが病体であることを嘆いた。

ヴィレラは豊後に下る

パードレ（ヴィレラ）は［一五］六六年四月末日に当地から豊後に出発した。私は今日までいつも病気であったのでたいそう衰弱しており、またパードレが当地方で私たちの主であるデウスの名誉と栄光のために、この新しい葡萄（ぶどう）畑の耕作時に堪え忍んできた多大な労苦をもってデウスへの奉仕のためにつねに見せた熱意に応えることができる力は、私には欠けている。

ヴィレラ西下により告解を聴く

フロイスの病気は、ヴィレラが九州に去った後も直ぐには回復せず、彼は病状が重かったにもかかわらず、自らを奮い立たせてキリシタン全員の告解を聴いた。彼がヴィレラと一緒に堺にいたのは九ヵ月間であったが、この間告解を聴いたのはヴィレラであった。京都ではミサを挙げるのはフロイスであり、告解はすべてヴィレラが聴いたように、その役割は堺に移っても変わらなかった。「私は都の当地方に来て以後、パードレ（ヴィレラ）が出発するまで告解を聴いたことがなかった。それは、この土地の習慣に不慣れであり、また言葉がたいへん洗練されていて複雑であるためほとんど知らなかったため」であったが、ヴィレラが九州に去った後、彼はキリシタンたちの懇請に応えて、病気を押して告解を聴いた（同書翰）。司祭の義務として聴かざるを得なかったのである。なお、同年九月五日付書翰の末尾に、眼病を患っていたため、視力不足もあって書いたものがほとんど読むことができず、他の病気も重なって医者たちからは書かないよう禁じられたため、同書翰をさらに長く書かなければとの強い願望があったが、さらに書き続けることを辞めた、と記している。「甚だ遺憾なことに com asas mortificação」の挿入句に彼の無念さが読み取れる（J.S. 6）。

身分ある武士に洗礼を授ける

ヴィレラは、病んでいた老齢（五六歳）の上長トルレスを補佐するため口之津に去ったが、フロイスが独り立ちできると確信して堺を発ったのであろう。ヴィレラの出発後ほどなく、彼は身分ある武士 fidalgo とその士卒一二ないし一五名、および他に四、五名の者に洗礼を授けた（同書翰）。八月二五日（日）フランス国王聖ルイの日に、坂東（関東）地方から来た禅僧リョウハク Rèofacu と彼の弟子で京都出身の武士三兄弟が洗礼を受けた。彼らがある城のキリシタン武将に案内されてフロイスの許を訪れたのは、彼が書翰を認めた九月五日より二五日前の八月一二日であった。禅僧は六〇歳で占星術に精通していた。彼は四日間にわたって教理を聴聞し、三兄弟に最後まで聴聞して内容についてよく吟味し、日本の諸宗派が教えるところと比較するように勧めた。三兄弟の長兄が士卒三、四人に教理聴聞を勧めて彼らをフロイスの許に導いたのは三日前の九月二日であった。翌三日には美濃国主（斎藤龍興カ）の元家臣で、のち上洛して将軍義輝に仕えていた武士が洗礼を受けた。彼は京都ですでにキリスト教について学び受洗を決意していたが、義輝への謀反事件が起きたため受洗の機会を逸していた。彼は受洗の数日前に堺に来て、教理について学び直し受洗した。フロイスが書翰を認めた五日の朝に、京都の元仏僧とその同伴者二人が受洗した。元仏僧は学識を深めたが、諸々の教えから良心を安らかにしえないとして寺領を捨てて兵士になったという。三人は教理を聴聞してデウスについて理解し受洗した。この他にも堺の四執政（頭人）regedor の一人の家臣一五ないし二〇名と彼の伯父が受洗した。

大友宗麟に支援を求める

右に見たように、フロイスの許を訪れてキリシタンになった者は堺の住民以外の者が多かった。彼は「およそ一ヵ月前からこの方、この家には朝から夜まで聴聞に来る人々で暇がない。しかし、全員が他所者であって、堺のこの市の出身者はいない」（同書翰）と報じている。ただし、九月三日に堺出身の富者で主要な町の一つの頭人（会合衆カ）が、キリシタンになることを決意して聴聞のために彼を訪れた。「日本史」（七五章）によると、彼の名は「タケナンガ」と称し、堺の評議会の四頭人の一人であった。彼は伯父や家臣たちの受洗に影響されたのかも知れない。

九州に下ったヴィレラは豊後到着後に臼杵（うすき）に大友義鎮（宗麟）を訪ね、フロイスが京都に帰還できるよう支援を求めた。彼はこれに応えて、都の有力者（大身）grande senhorに書状を書いて宣教師の庇護を要請した。「日本史」には「内裏の家の主要な領主の一人コンガドノ」とある。公家の久我大納言晴通が、義鎮の要請を受けてどのように動いたかについては定かでない。

降誕祭のミサを立てる

この年一二月二四日、フロイスは堺で二回目の降誕祭を迎え、夜のミサ前にキリシタンたちの告解を聴いた。前年の一五六五年の降誕祭では、ヴィレラが最初の歌ミサを含め三回のミサを挙げた（フロイス、一五六六年六月三〇日付書翰）。降誕祭のミサは、夜中のミサ、黎明のミサ、日中のミサに分かれ、第一のミサは光明よりの光明である永遠の聖父の独り子が世の暗（くらやみ）を照らすことを、第二のミサは降誕をもって真の太陽として人類の上に臨むキリストを象徴し、第三のミサは天主の聖子に対する礼拝讃美を捧げる、とされる（柳谷武夫訳『日本史』1、九章の註六）。フロイスは助祭を務め、歌ミサでは詩編などを歌ったようである。一五六六年の降誕祭には、彼はキリシタンたちの告解を聴き、ミサを三回挙げてそのたびに福音に関する説教をした。ミサには武士およそ七〇人が参列した（フロイス、一五六七年七月八日付書翰）。武士は敵対する三好三人衆と松永久秀の配下の者たちで、彼らはミサ祝祭の食卓に同席したのち、堺の町を出て戦場に戻った。両者の関係は将軍義輝を倒してのち間もなく決裂し、河内・大和両国で戦闘状態に入っていた。

サンチョ頼照の求めで三箇に赴く

降誕祭に家臣を伴って堺に来たサンチョ三箇頼照は、フロイスに三箇の教会で王たちの祭（公現の祝日、一月六日）を祝って欲しいと懇請した。彼はこれに応じて、一五六七年一月一日の割礼の祭を終えたのち三箇に赴いた。病気であった彼を出迎えるために、サンチョ頼照は一子を伴って自邸から一、二レグアの地まで船で来た（同書翰）。彼の三箇訪問は一年五ヵ月振りであった。頼照は飯盛城主三好義継の棄教命令を拒んで一五六五年八、九月頃に三箇を出て堺に一時隠遁していた。彼の邸は義継の命で破壊されたが、義継家臣のキリシタンたちが頼照復帰のために三好三人衆に働きかけた。特に三人衆の一人三好長逸の取り成しによって頼照は地位を回復して三箇に戻ったが、彼は一五六六年六月三〇日の時点で六ヵ月以上にわたって義継から引見を許されなかった（同日付の書翰）。フロイスはおよそ八日間（一月二日から九日までヵ）同地に滞在し、王たちの祝日のミサでキリシタンたちに聖体を授けた。

四旬節（灰の水曜日に始まる復活祭前の約四〇日間を指す）が近づくと、サンチョ頼照は灰を得るために三箇から堺を訪れた。この年の灰の日は二月一二日であった。この時、彼とフロイスの間で三箇の教会で復活祭を祝うことが話されたようである。三箇は、一五六五年八月以降、告解の機会がなかった都のキリシタンたちの要望に応えるために、同地と堺との中間地に当たり、また他のいずれの地からも集まりやすい位置にあった。フロイスは前記七月八日付書翰で、「聖週間が近づいたので、（中略）私たちは堺のキリスト教徒たちと聖週間および復活祭を祝うために三箇の教会に行くことを決めた」という。頼照はフロイスの要望に応えようとして、手狭の教会の拡張に努め、また、都、飯盛、堺、尼崎、鳥羽、その他の土地から来るキリシタンたちを彼の家臣たちの家に泊めるように割り振った。彼らが川を遡（さかのぼ）って来て教会で下船できるように船二、三艘を送り、他方で彼らが馬で来ることができるようにこれを遣わした。

聖木曜日に聖体を授ける

フロイスは枝の日曜日（三月二三日）に堺の家での務めを終えると、三箇に向かった。彼はこの時も重い病気に罹っていたが、到着すると直ぐに、昼夜にわたってキリシタンたちの告解を聴いた。それは、彼らが聖木曜日に聖体を授かることを習慣としていたためであった。火曜日に都のキリシタンおよそ五〇人が着いた。彼らは最も地位ある者たちで、幾人かは洗礼を受けさせようとして妻子を連れていた。フロイスは聖木曜日に聖体の秘跡に関して説教し、ミサが終わってから八〇人ほどに聖体を授けた。聖体をしまい終わった時に、堺から三箇氏宛の書状が届き、昨夜国主三好殿が敵と戦ったことを伝えた。『日本史』（七六章）では、三好殿がある擾乱のために除かれたという。真相は、三人衆の許を出奔した義継が堺にいた松永久秀と結んで三人衆を攻撃したことであった。復活祭（三月三〇日）を目前に控えて、キリシタンたちは不安のため動揺したが、サンチヨ頼照の落ち着いた対応によって平静を取り戻し、復活祭を迎えた。彼らは、夜明け前に聖体をもって川沿いの道を歩いて大十字架の立つところまで行列して行って祈りを捧げ、その後教会に戻ってミサに与った。ミサ終了後に、サンチョは深野池で一二ないし一五艘の大船にキリシタン全員を乗せて酒樽と調味料を用意し、網で引き上げた魚でもてなし、軽い食事を供した。サンチョは、それから五〇日後の五月一八日の聖霊降臨祭にもフロイスを三箇に招いた。彼は祝日の五、六日前に同地を訪れ、六名に授洗した。

復活祭を祝う

ヴィレラが堺を去って一年以上が経って、フロイスが洗礼を授けた者は百余人に達していた。そのうちの六〇人は全員が非常によく知られた貴人たち gente nobre と武士 fidalgos であった。六月二四日頃に武士二人が受洗し、その一人は五〇歳ほどの知名の医者で、弁舌雄弁で、教学に精通しており、今日明日にも播磨国の国主の許に医術を教えるために行くところであった（前記書翰）。改宗者のもう一人は、一五六六年六月に足利義栄を将軍にするために阿波国から兵庫に渡った三好家被官篠原長房の側近の一人であった。彼は、「タケンダ・イチダユ殿 Taaquenda Ychidayudono」（日本史七七章）と思われ、長房の信頼が厚かった。フロイスは彼を介して長房に会い、京都帰還のため斡旋を懇請した。彼は長房の同意を得て、京都復帰の可能性を期待して公方様を二度、三好殿を二、三度訪問した（同書翰）。義栄が将軍に任ぜられたのは永禄一一年二月（一五六八年三月）で

貴人ら百余人に洗礼を授ける

京都復帰を将軍義栄、三好義継に要望

あったから、将軍宣下を願い出る前、彼が摂津越水城に入った一五六六年九月以降に、フロイスは彼を訪問した。翌年一月にも摂津富田に再び義栄を訪れた。彼はまたキリシタンたちの勧めにより同地から芥川に三好殿（義継）を訪問した（同七七章）。義継はまもなく三好三人衆を嫌って松永久秀に呼応して一五六七年三月に高屋城を出て堺に移ったので、同地滞在中に、フロイスは一、二度彼を訪ねる機会があったようである。彼の懸命な努力にもかかわらず、京都帰還の目処は立たなかった。

公家は宣教師の京都復帰に反対

フロイスの前記七月八日付書翰によると、篠原長房は都の公家たちに二度書状を送って、宣教師の京都帰還のために天皇に取り成しを求めた。最初の書状に対する有力な公家の返書は、パードレが説く教えは悪魔の教えであり、彼らが人肉を喰い、彼らが触れた草木は枯れ、諸国が破壊されるため天皇に話すことは許されない、という内容であった。長房の庇護を求めるサンチョ三箇ら二五名のキリシタン武士は尼崎に参集して、長房および三人衆と会合してパードレの京都帰還を懇請した。長房は彼らの懇請に応じて三人衆の賛意を確認した。彼は再び公家衆に書状を送って天皇への働きかけを要請し、三人衆も同様の書状を書いた。しかし、五月に松永久秀と三好義継の軍勢が堺から大和奈良の多聞城に移動して三人衆の軍勢との間に臨戦体制に入ったため、公家衆は静観して返書を延期した。なお、フロイスが秘かに尼崎を訪れたのは、サンチョ三箇ら畿内のキリシタン武士二五人が篠原長房・三好三人衆と会見したのちであった。同地には数名のキリシタン武士がいて、彼らはその家族と親者、友人たちに洗礼を受けさせようとしていた。法華宗と一向宗の寺域が明確に二分されていた尼崎では、公然たる宣教活動はできず、彼は夜にキリシタン武士の家で説教して朝早くにミサを挙げ、洗礼を授けて、夜に船で同地を出発して堺に戻った（日本史七六章）。

堺を拠点に宣教を続ける

フロイスは、他方で新しい将軍擁立の動きが急速に進められていたこと、それが自分にどのように関わってくるかということを知る由もなく、一年以上が経過していった。彼は一五六八年の復活祭（四月一八日）も三箇の教会で迎えた。それは、彼が教会にしていた堺の家が狭くて多くのキリシタンを収容できず、またサンチョ頼照が自費で以前よりも大きな教会を建てたためであった（フロイス、一五六八年一〇月四日付書翰）。彼の教会建設は三度目で、パードレとイルマン用の居室が付いていた（日本史七九章）。フロイスはこの一五六八年に二度尼崎に赴いた。彼の宣教活動は堺を拠点にして三箇と尼崎で展開していた。八月、彼は知行五、六千クルザドのキリシタン武士の依頼によりダミアン修道士を伴ってサンチョ三箇の船で尼崎に行き、同地に一〇日滞在して一〇名に授洗した。堺に戻って一〇ないし一二日後に、別の船が彼を迎えに来たため、彼は聖母ご誕生の祝日（九月八日）の時期であったことからミサの祭具を携えて尼崎を再訪し、約四〇名に授洗した。彼はさらにコスメと称する武士の招きによって同地から八レグア離れた郡山に赴いた。信仰書数点を所持していたコスメは、畿内地方ではサンチョ三箇に次ぐ主要なキリシタン武士であった。家臣三、四名とコスメの姉妹二人に洗礼を授けた。

京都派遣のダミアン、洗礼を授ける

聖霊降臨の祝日（六月六日）後に、都のキリシタンたちが日本人修道士の派遣を懇望したため、フロイスはダミアンを遣わした。同地の慈悲の組の組頭 mordomo としてキリシタンたちを指導していた堺の元仏僧トマが病死したことが、修道士の招請となったようである（拙著『キリシタン信仰史の研究』）。ダミアンは約四〇日間滞在して、およそ三〇名に洗礼を授けた。一五六五年八月に松永久秀によって閉鎖された都の教会は近所に住む者に与えられて改造されていたが（日本史七七章）、フロイスは、一五六八年一〇月四日（永禄一一年九月一四日）付書翰で、篠原氏の尽力により教会がキリシタンたちに返還され、「彼らは以前のように祈るために教会に通っている」とし、篠原殿が都の国主 elRei に新たな伝言を送ってパードレの帰還を強請したと伝える。さらにその文末に、「突然五、六日前に、尾張の国主が六万の軍隊を率いて同じ都で殺害された公方様の兄弟を武力によって「公方に」就かせるために都に上ってきた」と報じる。尾張の国主織田信長が、

織田信長が足利義昭を伴って入京

前将軍の弟義昭を奉じて入京したのは、永禄一一年九月二六日（陽暦一〇月一六日）であり、それに先立つ岐阜発向は九月七日（同九月二七日）であった（『大日本史料』第十編之一）。五、六

日前に尾張の国主が入京したとのフロイスの報知は、岐阜を発向したとの報せが直ちに堺にもたらされたと思われることから、入京と推断されたのであろうか。義昭が征夷大将軍に就いたのは一〇月一八日（陽暦一一月六日）であった。摂津富田にあった義栄は三好三人衆や篠原長房らに擁せられて義昭・信長と対決しようとしたが、九月ないし一〇月初めに病死した。

ダリオ高山友照、和田惟政を教会に誘う

なお、信長上洛の先陣として九月二三日（陽暦一〇月一三日）に、細川藤孝と和田惟政（これまさ）の軍勢一万余りが京都に入った（同書）。フロイスの一五七六年八月二〇日付、臼杵発信書翰によると、惟政の軍勢の中にダリオ高山飛驒守友照がいた。惟政は、「日本史」六七章によると、ダリオ高山の案内で一度だけ京都の教会を訪れて一時間ほど説教を聴聞した、という。その時期についてヨハネス・ラウレス師は「一五六四年（永禄七）から翌年にかけての冬」（『高山右近の生涯』）と推定する。海老沢有道氏は永禄七年末とする（『高山右近』）。永禄七年一二月一日は陽暦では一五六五年一月三日に当たる。惟政は近江国甲賀郡和田の武士で「永禄六年諸役人付」によると、将軍義輝の御伴衆（奉公衆）であった。ダリオ高山は摂津高山の国衆で、三好長慶の配下にあって彼が大和侵攻に着手した永禄三年（一五六〇）に松永久秀の与力となり、久秀が同年一一月に大和全域を平定すると、宇陀・沢城の城主となった。ダリオ高山が惟政と一緒に京都の教会を訪れたのは一五六四年の降誕祭頃であったろう。ダリオは受洗して一年以上が経ち信仰を深めていた時期である。彼らの教会訪問は、フロイスが上洛する一ヵ月ほど前のことであった。

和田惟政、説教者の派遣を要請

惟政は沢城主のダリオ高山を介して堺に追放されていたパードレたちに説教者の派遣を要請した。修道士ダミアンが早速甲賀の和田城に赴いたが、惟政は不在であった（日本史六七章）。彼はその時期、義輝の弟で、興福寺一乗院門跡であった覚慶（のち義昭）を和田城に迎え、彼を将軍に擁立しようとしていた。彼が不在であったのは、義昭擁立のために細川藤孝と共に尾張に信長を訪ねていたためであった。フロイスはダミアンが惟政に会えなかったことについて、惟政が義昭擁立交渉のために旅立ったと記載しているが、彼は一五六五、六年の時点でまだ惟政出立の意図を知ることはなかった。惟政出立の時期は、永禄八年八月（一五六五年八月）から翌年四月（一五六六年四月）頃である。

松永氏と三好三人衆の合戦

一方、義輝を倒した松永氏と三好三人衆との関係はその後どのように展開していったのであろうか。両者の間には次第に齟齬が生じ対立が表面化した。上洛を急ぐ義栄が永禄八年一一月に三人衆に久秀追討を命じ、久秀は多聞山城にあって三人衆の軍勢と対峙した。彼は翌年二月に多聞山城外で三人衆の軍を破ったが、和泉上之芝で敗北し、五月には堺に移って挽回を図ろうとした（『戦国武将合戦事典』）。永禄一〇年二月一六日に、既述したように三好義継が三人衆の許を逃れて久秀方に奔（はし）った。四月、久秀は義継を擁して信貴山城を経て多聞山城に籠もり、一〇月に東大寺に陣取る三人衆を攻めた。大仏が焼失したのはこの時である。信長は大和で孤立しつつあった久秀を支援した。一二月一日、信長の意向を受けた和田惟政が大和に赴いて国衆たちに義昭入京の助力を要請し、併せて久秀への加勢を求めた（谷口克広著『織田信長家臣人名辞典』）。ダリオ高山がこの時惟政に会ったのか、依然として久秀の与力として沢城を守備していたのか、そして永禄一一年九月二三日に惟政が入京した時、ダリオが沢城、あるいは沢城以外の地を発向して惟政の軍に合流・随行したのか、明らかでない。

信長、摂津・和泉に矢銭を課す

入京した信長は一〇月二日（陽暦一〇月二二日）摂津・和泉に矢銭（軍資金）を課し、堺の町衆には二万貫を課したが、堺衆は三好三人衆に味方していたためこれを拒んだ。義昭は同一四日に摂津芥川城から帰洛して六条本圀寺に入り、一八日に将軍宣下を受けた。二四日、彼は和田惟政、伊丹親興、池田勝正の三人を召して和協するよう諭した。彼ら三人は摂津守護になり、惟政は芥川城に入った。フロイスは一五六九年六月一日付書翰で、彼を「山城の国の執政ないし副王 regedor , ou Visorei」と記し、「日本史」八五章では「都の副王 V. Rey do Miaco」と記載する。「山城の国」・「都」とは摂津国のことであり、摂津の副王となるのであろう。彼は摂津守護の一人であった。信長は一〇月二六日に京都を発って美濃国岐阜に帰った。

三好義継上京し、三好三人衆を敗走させる

フロイス、尼崎に逃れる

いったん阿波に退いた三好方は、信長が美濃に帰国すると堺で軍備を整え、永禄一二年正月四日（一五六九年一月二〇日）に堺から京都に上って、翌五日に義昭が宿舎としていた六条本圀寺を攻めた。警固の諸士の奮闘と池田・伊丹の摂津衆や三好義継らの助勢によって、三人衆は六日に敗走した（『大日本史料』第十編之一）。この日、信長は岐阜を出立して一〇日（同二六日）に入京した。彼は堺に使者を遣わして町衆が三人衆を救援したことを責め威嚇した。堺の会合衆は信長の要求に答え、今後一切浪人を抱えないこと、三好方に味方しないことを受け入れ、矢銭二万貫の要求に応じた。『細川両家記』によると、堺の市民は根来（ねごろ）、粉川（こかわ）、槇尾（まきのお）などに避難したとの風評が立った（同史料）。フロイスは、この様子を見て「市民は信長の部下が略奪を働くのではと恐れて町の半分以上はすでに立ち退いている」と伝えている。彼もまた僅かな所持品とミサの道具をもって堺から海路五レグアの尼崎に避難することを決意して、伝道士（同宿）一人とキリシタン一人を同行して海路尼崎に向かった（日本史八五章）。船は途中で海賊船に追跡されたが、突然の濃霧によって危機を脱して尼崎に着いた。同地ではジュリアンと称するキリシタンの家に三日滞留したのち、同じ摂津のダリオ高山殿の山地 as serras de Tacayamandono へ行った。高山氏の本貫地、東能勢（のせ）の高山である。尼崎が信長の矢銭要求を拒絶したため、尾張衆約三千人は二月二八日（陽暦三月一五日）に行動を起こし、三月に入って四町を悉く焼いた（前記大日本史料）。

信長の奉行衆が堺を接収するため同地に下ったのは二月一一日（陽暦二月二〇日）であった。奉行衆は佐久間信盛、柴田勝家、森可成（よしなり）などからなり、和田惟政もその一人であった。ダリオ高山は惟政に随行していた。彼が常々フロイスの京都帰還について惟政に話していたため、惟政はダリオにフロイスを堺に呼び戻すよう指示した。その頃、イルマン・ロウレンソが豊後から堺に着いた。フロイスはダリオの伝言を得て直ちに山間地の高山から堺に戻った。その時期は陽暦三月一〇日頃であった。ダリオ高山はフロイスが着くと直ぐに彼とロウレンソを伴って惟政を訪れた。惟政は彼らを丁重に迎え、ロウレンソが柴田勝家ら奉行衆の前でデウスの教えについてゆっくり説教してくれるよう求めた。これは、勝家がこの教えについて理解して、惟政が信長の面前でパードレのために斡旋するのを援助してくれるよう期待してのことであった（日本史八五章）。説教は二時間近くに及んだ。

ロウレンソ堺に来る

フロイス、堺に帰還

翌日の午後、惟政はフロイスを伴って奉行衆の諸将の許を訪れ、彼の京都帰還のために支援してくれるよう彼らに頼んだ。その後、彼は堺に滞在した七、八日間に、二、三度櫛屋（くしや）町にフロイスを訪ねた。それは、惟政が彼を頻繁に訪れることによって、傲慢な堺の住民が外国人神父に抱いていた偏見を取り除き、これを軽蔑して不敬を働かないよう、

フロイス、堺より都に向かう

配慮したためであった、とフロイスは受けとめていた（同八五章）。惟政は帰京して数日後に、ダリオに命じて彼自らが赴いてパードレを訪ねて都に連れ帰るように言った。三月二六日の土曜日、ダリオはフロイスに徒士 gente sua de pé と乗馬と家人のための馬を遣わして、惟政が信長から京都帰還のための許可を得てパードレを呼び寄せ、八レグアの所でパードレを待っているので出発準備をするよう伝えてきた。このため、フロイスは急ぎキリシタンたちの告解を日中と夜に聴いて聖体の秘跡を授けたのち、堺を発った。当日は富田に留まった。翌二七日（日）、ダリオ高山は同所から一レグアの天神の馬場でフロイス一行を出迎えた。天気が悪くなって雨が予想されたため、ダリオは一、二レグア離れた芥川城にフロイスらを導いた（フロイス、フィゲイレド宛一五六九年六月一日付書翰）。ダリオは当城の守将 capitão で、城主惟政の城代であった。

四　京都帰還・信長の知遇

フロイス、京都に帰還

フロイスは堺出立時に都のキリシタンたちに使者を遣わし、明日曜日に帰還する旨を伝えた。当日、キリシタンたちは出迎えのため都から三レグア離れた山崎まで赴いたが、雨のため戻り、翌二八日、都から二レグアの「桂川という川の辺りで」フロイスに会っ

南蛮帽子（南蛮笠）

た。彼は輿に乗り、彼を出迎えた二五〇人以上のキリシタンと一緒に都に入った。三年八ヵ月振りであった。教会には三河国主（松平家康）の伯父（水野信元）が宿営として居たため、フロイスはソイ・アンタン Soy Antão の家に泊まった。当家に一二〇日間滞在した。フロイスは惟政の許に使者を遣わして到着の旨を伝えた（日本史八五章）。翌日二九日、惟政は伝言を送って、信長を訪問するのでその準備をしておくよう指図した。彼はフロイスの信長訪問について設定し、三〇日（水）にフロイ

フロイス、訪問するも信長は対面せず

スを信長の宿舎妙覚寺に案内した。フロイスの前記書翰に「城 fortaleza」とある。彼はこの時信長への贈物四点を持参した。ヨーロッパ製の大鏡、孔雀の尾、黒い天鵞絨の帽子とベンガル産の杖であった。信長は奥の間で音楽を聴いていて彼を引見しなかった。遠目に彼を観察していたようである（同八五章）。贈物については帽子のみを受取り、他は返却した。帽子は「黒き南蛮笠」と称された。この時から一二年経った天正九年（一

五八二）正月一五日の御馬場入りに際して、信長が「黒き南蛮笠」を召したことが知られる（『信長公記』）。彼はフロイスを引見しなかったことについて、その接遇に当たった佐久間信盛と和田惟政に、教えを説くために日本に来た異国人に尽くすべき礼を知らないし、また人目のない所で会えば、彼が洗礼を授けるために来たと思う者があり得るためと語った、という。外国人処遇に苦慮云々は口実に過ぎないだろうが、彼は上洛して、キリスト教と宣教師に対する内裏・公家・町衆の批判的な世評を知って慎重になっていたようである。信長に従っていた松永久秀はフロイスの京都帰還を知って、いち早く信長に宣教師の行くところは悉く争乱が起き破壊されると言って、彼の再追放を求めていた。

正親町天皇、義昭に宣教師追放を命じる

フロイスが信長の宿舎に赴いたことを知った正親町（おおぎまち）天皇は、その夜将軍義昭に伝言を送って、信長が彼を引見せず、直ちに追放を命じるよう、伝えた。ラザロの日（金曜日）の朝、フロイスに伝言が届き、彼の止宿しているアンタンの家を壊わすという内裏の使者が来る前に、彼が急ぎ退去するようにとのことであった。このため、フロイスは同家を一時退去したが、翌日には戻った。ロウレンソを佐久間、和田、高山各氏の許に遣わして事態の解決を計った成果であった。その後、復活祭（四月一〇日）を迎えるために祭壇が設えられた。同地での復活祭のミサは一五六五年以来であった。ミサ後の午餐時に、

「狂言Quiogenと称する日本人のいつもの舞踊や音楽」があった。復活祭後の八日間の第一日（四月一七日）に、信長の命令と和田殿の好意で、フロイスは主要なキリシタンを

将軍義昭を訪問

伴って六条の僧院（本圀寺）に公方様（義昭）を訪れた。持参した土産は、取っ手が毀れたガラス製品と絹一反であった。彼は病気であるためにフロイスを引見しなかったが、代わって彼の乳母に接待を任せた。そのあと、彼は今後の便宜を考慮してその政庁にいた有力諸侯数名を訪ねた。

和田惟政の支援

和田惟政は献身的にフロイスを支援した。義昭も信長もフロイスを接見しなかったことは、彼の沽券に関わることであった。彼は義昭の将軍擁立の立役者の一人として、また彼ら二人の仲介者としての働きを自負していたはずである。彼は毎日フロイスを信長に謁見させるための機会を伺い、ついにその時機を捉えることができた。一九日（陰暦四月三日）頃と推定される。彼は二、三十騎を伴ってフロイスを訪れ、信長が陣頭指揮に当たっていた義昭の御所（二条城）の工事現場に赴いた。惟政はフロイスを輿に乗せ、自らはその前を歩いた。佐久間信盛が同行した。フロイスは金平糖入りのガラス瓶一つと蠟燭数本を土産として持参した。信長が義昭のために二条城の普請に着手したのは二月

信長と対面

一七日（陰暦二月二日）である。彼はフロイスを堀橋の上で迎え、そこで一時間半か二時間（日本史八六章では「二時間ほど」となる）彼と語った。フロイスは信長との対話内容を語る

に先立ち、当書翰（一五六九年六月一日付）の宛人フィゲイレド神父に対して、同神父の当地方における将来の宣教に裨益しうるとして、先ず信長に会った印象や人となりについて述べる。

信長の印象

この尾張の国主は齢三七歳ほど（実際には三五歳）で、長身で痩せており、髭は少なく、声が良く通る。過度に軍事的鍛錬に耽り、不撓不屈の人である。正義と慈悲の所業に心を傾け、不遜でこよなく名誉を愛する。決断ごとは極秘とし、戦略にかけては甚だ巧緻にして、規律および家臣たちの進言には僅か、あるいはほとんど従わない。すべての者から極度に畏敬されている。酒は飲まない。その処遇には厳格で日本の諸侯 Reis & Principes をことごとく軽蔑し、自らの部下に対するように肩越しに彼らに話している。諸人は異常なことに絶対君主に対するように服従している。優れた理解力と明晰な判断力を具え、神仏やあらゆる種類の偶像、異教的な占いのすべてを軽蔑している。名目上は法華宗であると見せかけているが、宇宙の創造者はなく霊魂の不滅もなく死後には何物もないと言明している。甚だ清廉にして、協議では入念で、自らの仕事には完璧であり、人と話す際には遷延やくだくだした前置きを憎む。いかなる人物も領主も刀を携えて彼の前に出ることはない。

右の信長に関する記載は、最初の謁見から六月一日までに都合四回会見し、また惟政や信長に近侍していた人々からの情報によって得られた結果である。このような詳細な人物描写は、日本の諸文献には見ることができない。観察力に優れ、書記としての資質に恵まれたフロイスならでは書き得ないことであろう。謁見は、信長が一方的にフロイスに質問するかたちで進行した。信長は会うと直ぐに質した、と彼は記している。何歳になるか（三八歳であった）、ポルトガルやインドから日本に来てどのくらいになるか、どれほどの期間学んだか、親たちはポルトガルで再会することを期待しているか、毎年かのキリシタン教界から書翰を受け取っているか、当地までどれほどの距離であるか、日本に居たいと思っているかという、さほど重要でない前置きとなる質問をしたのち、デウスの教えが当地で広まらない時にはインドに戻るのかと尋ねた。フロイスは例えキリシタンが一人だけであっても、その者を守るためにいずれかのパードレが生涯ここに留まるであろうと答えた。信長はなぜ都で教えが繁盛 Fanjo しないのかと問うた。イルマン・ロウレンソがこれに答え、貴人がキリシタンになるのを仏僧たちが嫌って、パードレを追放すべくあらゆる手段に訴えており、そのため、多くの者はキリシタンになる意志を持っているが、こうした妨害を見て延期している、と述べた。

信長の関心事

信長に宗論と朱印状下付を要請

信長が仏僧について言及したのを機に、フロイスはロウレンソを介して仏僧との宗論の場を設けてくれるよう願い出た。また、都に自由に居住できるための許可状すなわち朱印状goxuimを付与してくれよう願った。そして、朱印状の交付により信長の気高さと寛容さの評判が、彼について知られていない国々で知られることになると言って、信長の自尊心をくすぐったようである。それは、いかにもフロイスらしい言い草ではあったが、ヨーロッパ人特有の外交的センスの表れでもあろう。信長は「満足した表情を浮かべただけに過ぎなかった」とフロイスは記す。なお、信長が仏僧について語った時に発した声は、特に高音であった。直訳すると「信長は異常なオルガンの音を持っていたので、声を高めた」（日本史八六章）となる。意訳すると「オルガンの音のような異常な声」となる。確かに高い声の持ち主で良く響いたようである。

朱印状は居住と安全を保証

信長の朱印状は、二四日（永禄一二年四月八日）に交付された。その文面は「パードレに都に居るための許可を与えた」との文言で始まる。それは、将軍義輝が一五六〇年（永禄三）にヴィレラに与えた「禁制」三ヵ条をほぼ踏襲していた。家は「領主らの」宿泊に取られることはなく、町の務めと義務は免除された。また信長の領国内での居住を保証し、パードレを苦しめる者があれば、これを罰するという内容であった。朱印状は惟政からダリオ高山に託されてフロイスに届けられた。惟政は他日彼を伴って信長にお礼に行く旨伝えさせ、そのための支度を促した。翌二五日、彼はフロイスを伴い二条城の普請場（ふしんば）に信長を訪れた。フロイスは進物に砂時計一個と駝鳥の卵一個を持参した。信長は普請場で彼を迎え、惟政に前回同様に工事中の城内を見せるよう指示した。彼はフロイスを案内して歩きながら、今回および他の場合に信長と話す際の方法について指南し、建物とその壮麗さを称讃し、殿下（信長）が施された恩恵をインドとポルトガルで知らせるために許可状の写しが送付されることを、彼に話すよう智恵を授けた。

将軍義昭を訪問

信長に謁見した二日後、おそらく二一日にフロイスは将軍義昭を訪問した。この訪問は和田惟政が信長の了解のもとに実現させた。義昭は惟政に配慮してフロイスに盃を与えた。惟政は義昭からも信長同様の許可状を入手することに努め、信長に働きかけたようである。「信長は公方様に対して、自分はすでにパードレに朱印を与えたので、殿下もまた制札 Xeisat と言われている許可状を彼に与えるのが良いであろうと伝えさせた」（日本史八六章）。

義昭の制札発給される

義昭の制札がフロイスに発給されたのは五月一日（同四月一五日）である。制札には、「パードレが都に居住し、また彼が住みたいと望むいずれの国および場所」と明記されている。この制札によって、パードレは日本全国いずれの地にも住むことを保証されたことになる。フロイスが信長と義昭から許可状を入手できたのは、ひとえに惟政の心配りと尽力によるものであった。彼は信長とフロイスの仲を取りもとうとして腐心していた。フロイスの手許に目覚まし時計があるのを知ると、これを信長に献上させてフロイスを親近させようとした。彼はフロイスに時計を持たせて信長を訪ねた。これを見た信長は驚き、所望するが、その調整が難しいため自分の手許では無駄になってしまうので望まないと言って、辞退した。この時、信長は自らの茶碗でフロイスに茶を二度出すことを命じ、二時間にわたってヨーロッパとインドのことについて尋ねた。辞去の際に、信長は自国に帰還予定であるため、その出立前に来訪するように、そして公方様の屋敷に行った時のようにポルトガルの衣服を携えてくるように、と言った。フロイスの三回目の信長訪問は五月三、四日頃であった。

信長、岐阜に帰還

信長は京都出発に先立つ五月一日（陰暦四月一五日）に、三好三人衆に味方していた摂津国高槻の城主入江春景を討って、同城に和田惟政を入れた。このため、ダリオ高山は芥川城の城代として引き続き同城を守備した。同月六日（同四月二〇日）に、フロイスは暇乞い（いとまごい）のため信長を訪ねた。信長出立の前日で四回目の訪問であった。惟政の取次で信長の許に招かれたのは夕暮れ時であった。彼は例の衣服についてフロイスに質し、早速着て見せるよう求めた。彼は、オルムス製のダマスコ織りで作った短くて古い灌水用のマントに古い金襴の飾りが付いた祭服を着用し、黒い縁なし帽子を身につけた。信長はこれをじっくり見つめてその風体を称讃した。フロイスはロウレンソを介してすぐに辞去する旨を伝えたが、信長は大事ないと言って彼らを強いて引き留めた、とフロイスは記す（前記書翰）。

フロイス、信長に暇乞いに訪れる

フロイスは辞去の挨拶をした際に、幾人かの仏僧が自分たちの教えとの違いのために何か不当なことを信長に中傷することがありうるので、自分に聞かずに信用しないよう請い、また信長が当地を去った後は、和田殿を自分の保護者となるために彼に自分のことを委ねて欲しいと願った。それは、信長の許で禁裏修理奉行に就いていた朝山日乗上人が、前日信長にフロイスの追放を要求したことを惟政から知らされていたためであった。法華宗に帰依して僧侶になった日乗は皇室復興のために尽力した功績で天皇から上人号を賜っていた。この日乗が、松永久秀に代わってあらたにフロイスの前に立ちはだかることになる。

日乗と議論

日乗が同座していることをフロイスは知らなかった。「国主（信長）の前でこの日乗は話さずに、私の傍［近くに］にいた。彼について私もロウレンソも知らなかった」（フロイス、前記書翰）。信長がフロイスに、仏僧たちが彼に抱いている憎悪の理由を尋ねると、ロウレンソが「私たちと彼らとの間にある相違は徳と不徳の間にある相違である」と言い、信長が神仏を敬うかと尋ねたのに対して、「それら（神仏）は私たちと変わらない人間そのものであるので敬うことはない。彼らは自らを救うことも死から免れることもできず、人間を救うことはなおさらできない」と答えた。ここで信長は「日乗上人はこれに対して何と言うか、何かを尋ねよ」と促した。これを機に、両者の間に議論が始まり二時間に及んだ。「日本史」(八七章)には、両者の対論が詳細に語られる。対話が一時間半くらい経って、ロウレンソが疲れて少し気分が優れなかったので(前記書翰には、「ロウレンソが病気であるため、すでに長い話しに疲れていたため」とある)、フロイスが引き継いで対論した。対論の最中に、日乗は信長に再三追放を迫ったようである。

日乗、信長に宣教師追放を迫る

事態が動いたのは、フロイスが、肉体の死後にも霊魂は不滅であるとして説明した時である。日乗は存在するという霊魂を今ここに見せるよう迫り、弟子のロウレンソの首を斬ると言って、部屋の隅にあった信長の長刀 Nanguināta を取って鞘を抜いたことである。日乗の失態について、フロイスは「私の考えでは、国主は内裏のことを考えて彼を許した」(前記書翰)とする。面目を失った日乗は、翌日出発前の信長を訪れてあらためてフロイスの追放を懇請したが、信長は彼を叱責し、途中まで見送った惟政に対して、パードレに何ら恐れることはなく安心するように言うよう語った(同書翰)。

天皇、「ばてれん」追放の綸旨を出す

信長が岐阜に発って五日後の一一日に、正親町天皇は再び「ばてれん」追放の綸旨を出した。「はてれん、けふりんしいたされて、むろまちとのへ申され候」(『御湯殿上日記』永禄一二年四月二十五日条)。日乗が綸旨を入手したとの報知は、翌一二日午後二時に御所近くに住んでいたアンリケ結城忠正からロウレンソにもたらされた。体調の優れない彼は、この報せを姥柳町の教会補修のために出かけていたフロイスに伝えた。彼は遠隔の妙蓮

日乗、義昭に神父追放を要求

寺を宿舎としていた惟政にロウレンソを遣わし、また忠正に返書をもたせた。同日午後、日乗は公家の一人を伴って公方義昭を訪れてパードレの追放を要求した。フロイスにすでに制札を発給していた義昭は、「内裏に告げられよ。誰かを［都に］入れたり追放するのは陛下にではなく、むしろ私に関わることである」と言って、日乗を一蹴した。これについてフロイスは、義昭が自分を庇護すれば、惟政が彼に恩義を感じることを念頭においての発言と見ていた。翌一三日午後、日乗は懲りずに義昭の許を尋ねて再度フロイスに追放を命じるよう要求した。彼の執拗な言動には、天皇の意向が強く働いていたのであろう。

和田惟政の配慮

六月一日付書翰にまったく言及されていないが、フロイスは一五日に堺に赴いた。彼がのちに執筆した「日本史」（八八章）によれば、数日が過ぎても綸旨（りんじ）について何も話されなかったため、彼は堺に置いてきた所持品や教会用具を取りに行こうとした。しかし、彼が家を出て一街区 rua ばかり進んだ時、元仏僧のジョアンと称する老キリシタンが追いかけて来て、日乗が内裏の許可状（綸旨）を教会のある町 rua に通達してきたことを伝えた。彼は教会に戻ってキリシタンたちと協議し、ロウレンソと元仏僧のジョアンを和田惟政の許に遣わして指示を仰いだ。惟政は、ロウレンソが在京しているので十分であり、日乗に対する厄介ごとは自分が責任を取ると言って、彼に堺行きを勧めた。フロイスは一八日頃には帰京したが、この間の動静は、ロウレンソが書状で彼に報せた。すなわち、一五日に日乗配下の者たちが町に来てパードレが帰京した経緯について厳しく質したこと、ロウレンソがこのことを惟政に報告すると日乗の要求を無視するよう言われたこと、彼が佐久間信盛に一書を認めて庇護を要請したこと、また教会がある異教徒のみが住む街区の住民に書状を送って日乗の出す触れを無視するように、もしもこれに反することをした場合には街区を破壊することになること、また日乗による騒擾が収まるまではフロイスが美濃の信長の許へ行くべきではないと言ったこと等々であった。

和田惟政、日乗に書状を送る　日乗すぐに返事を発信

堺から戻ったフロイスは、一九日（木）に昇天祭、二九日（日）に聖霊降臨祭を祝った。惟政の働きかけによって小康状態が保たれていた期間であった。彼は三月二八日の帰京から六月一日までの二ヵ月間に二〇名に洗礼を授けた。二九日、惟政は都を発って摂津国の所領巡見のため高槻城に行った際に、ダリオ高山の勧めによって二通の書状を認めた。日乗に宛てた書状では、パードレへの迫害を止めるよう懇請し、将軍義昭の家臣三名宛書状では、パードレの庇護を要請した。日乗への書状は六月一日に届けられた。日乗は直ちに返書を書き、その日の夜に惟政に発送した。返書はフロイスの目に触れることを意図したごとく、彼の傍近くにいた者に届けられた。二葉からなる返書で、彼は、内裏が五年前にパードレを追放したにもかかわらず、惟政が内裏に反対してパードレを

都に復帰させ、また内裏・公方様および信長に背いて悪魔の教えを庇護しようとしているると批判し、山城と摂津両国の副王である惟政がそのような不正の者を支持し保護しようとすることは信長を怒らせること疑いないとし、信長が不正はすべて知らせることを自分に委ねたため彼を背くことはできず、また、自分の宗教が説く慈悲と憐れみの教えのゆえに惟政に助言する、と述べる（フロイス、一五六九年七月一二日付書翰）。

フロイスはキリシタンたちと善後策について話し合い、彼らの求めによって明朝彼が高槻城にいるダリオ高山に日乗の書状を持参し、そこから越水城の惟政に書状を届け、彼の書状を得てのち、尾張（美濃）の信長を訪ねて一件の報告をする、という段取りになった。彼はロウレンソと日本人伝道士コスメと共に発つことになった。彼は六月一日付書翰の末尾で、「ロウレンソは自分と同じく病気で、あるいはもっと病んでいるが、私に不便をかけているために自らの病気を残念に思っている」と記録に留めている。病気がちであった彼は、同書翰の中で他に二回もロウレンソの病気について言及している。彼に対する気遣いのほどが知られる。フロイスが六月一日付の書翰を書き終わったのは、すでに夜中の二時であった。

六月二日の朝四時、フロイスは高槻ではなく近江の坂本に向かい、そこで惟政に会いに行くロウレンソの帰りを待つことにした。坂本にはジョウチン小西がその子と共に同

惟政、日乗の返信に激怒、信長近臣に書状を送る

行し、宿の交渉に当たった。同じ朝、ロウレンソは日乗の返書を携えて惟政の許に赴いた。惟政は日乗の返書を読んで床に投げつけ、書状二通を彼に与えた。一通は信長の寵臣の領主に、もう一通は岐阜の町の宿主宛であった。また彼はこの頃美濃に向かった柴田勝家にもパードレの庇護を願った。ロウレンソは三日に都に戻り、琵琶湖を渡るための船を手配するジョウチン小西と共に坂本に赴いた。フロイスは同地に五日間逗留したと言うから、六日頃にロウレンソらと会ったことになる。フロイス一行は都のキリシタン、ルイスの案内で七日早暁に乗船して夕刻に朝妻（米原市）に着いて一泊し、翌日陸路で美濃に入った。二日を要して岐阜には八日の夜に到着したようである。

惟政がロウレンソに与えた書状の宛人は尾張国に行っていて不在であった。頼るべき佐久間信盛と柴田勝家が京都から戻ったのは二日後である。三日目の一一日の朝、彼らを訪ねて信長への取次を願った。その午後、両武将は信長を訪れた際に、フロイスが岐阜に来て謁見を願っている由を伝えた。フロイスは豊後府内にいたフィゲイレド神父宛七月一二日付書翰では、信長がその時直ぐに彼を引見したか否かについては何も語っていない。信長は信盛と勝家にフロイスの置かれていた状況を思いやって彼に同情していることを述べたようである。彼はあえて火中の栗を拾うことはしなかった。すぐにフロイスを引見する気はなかったようである。彼はその後、造築中の新しい御殿（岐阜城）

フロイス、信長に会い岐阜城に同行

paços に行こうとして、外に出た時に、両武将とフロイスに出くわした。彼はしばらく立ち止まってフロイスと会話し、来訪をたいへん喜び、遠方のこの地にまで訪れて来るとは思いもよらなかった、と言った。彼は信盛・勝家の両武将と公方様の家臣三名、法華宗徒の竹内季治ら八ないし一〇名を伴って御殿に入った。フロイスも従った。彼は、御殿とその内部が、自分がこれまでポルトガル、インドおよび日本で見てきた中でこれに並ぶものは一つもない、と書翰の中で絶賛する。

大津伝十郎、フロイスに善処を約束

その二、三日後の一三、一四日頃に、和田惟政が書状を送った信長の寵臣（大津伝十郎）が尾張国より戻り、フロイスとロウレンソは書状を彼に届けた。彼はフロイスに速やかに善処することを約した。その前日、信長は「佐久間殿と柴田殿に対して、私の件について内裏と公方様に他意がなければ、私が都にいられるように私を庇護することを望んでいる」と表明していた。この報せはすぐにフロイスに伝えられた。彼はこの朗報を都のキリシタンと和田惟政に報じるためルイスを遣わした。翌日、大津伝十郎は信長の許に行き、フロイスとロウレンソが作成した四、五条項からなる草稿を持参した。信長はそれを修正し、内裏と公方様に神父の庇護を求めた別の書状を祐筆（ゆうひつ）（武井夕庵）に作成させた。伝十郎がこの書状に国主の印を押してフロイスに与えた。彼はまた惟政と日乗宛の書状を認めて信長のフロイスに対する庇護について報じた。彼が再び戦場に戻ったため、フロイスは信長に謁見するための斡旋を勝家に依頼し、再び信長に会うことができた。信長は公家衆を含む都の多数の貴人 fidalgos の面前で、「すべてが自分の権力下にあるので、内裏にも公方様にも意を払うことはない。余がそなたに言うことのみを行い、そなたは望むところに居られよ」と言った。彼はフロイスに帰京について問い、翌朝に城を見せたいのでもう二日滞在を延ばすように求めた。

信長、食膳をもたらす

翌日は雨であったが、勝家の案内で山上の岐阜城に登った。信長はフロイスとロウレンソに茶を振る舞って二時間半ないし三時間会話し、元素（四大、地・水・火・風の四元素）、日月星辰、寒い土地と暑い土地の特性、国の習慣について質した。家臣たちを驚かせたのは、信長自身がフロイスに晩餐を供するために食膳を持って来たことであった。ロウレンソには第二子の若様（信雄）Vacaxem が食膳を運んできた。食後、信長は彼らに衣服と帷子（かたびら）を与え、自分をたびたび訪ねて美濃に来るように言った。フロイスは信長から厚くもてなされ、しかも宣教活動のための強力な後ろ盾を得たことによって貴重な教訓を得た。彼はフィゲイレド宛書翰で、「貴人や庶民の中で成果を収めるには、初めに国を治める王侯 Reis & Principes の意志をとらえることが不可欠で、至って必要なことである。このため、人々は彼らが私たちに抱く愛、評判そして信用を明確な証拠によって知る」と報じている。

フロイス帰京、キリシタンたちは安堵

フロイスは岐阜に八日間滞在し、その間、夜には信長の家臣や町の人々にデウスの教えについて説教した。一六日頃に岐阜を発って、雨でぬかるんだ道を通って一七、八日に帰京したはずである。彼らの帰還は都のキリシタンたちを安堵させた。ロウレンソは帰京したその日に、兵庫に滞在中の惟政に信長の書状をもって出発した。惟政は同所からロウレンソと共に高槻城に戻って彼の説教を聴聞した。彼はロウレンソとダリオ高山と話し合って、日乗にパードレが信長を訪れて庇護を得たことを知らせる書状を認め、これを彼宛の大津伝十郎と信長の祐筆夕庵 Xequiam secretario の書状と一緒に送った。

日乗の攻撃続く

日乗のパードレ追放要求と惟政に対する批判・懐柔は続いた。彼は惟政に再び返書して、パードレが悪魔の教えの説法者であり、日本の教えの危険極まりない阻止者であり、神々の礼拝の破壊者であることを惟政が知って、甚だ有害な人物の擁護者となるなら、拙僧には日本全国にある一切のことに利益と能力が有るので、いっそう強固な道理に基づいて自分の擁護者となるべきであるとし、神仏の教えの弘布を望む、と述べた（フロイス、一五六九年七月一二日付書翰）。この返書発送から五、六日して、日乗は信長に会うために美濃に発った。『言継卿記』（三十）によると永禄一二年閏五月一八日（陽暦七月二日）であった。フロイスは日乗の出発を知ってロウレンソを高槻に遣わして、惟政が勝家と伝十郎宛に書状を送って保護を依頼してくれるよう願った。彼は早速書状を認めた。フ

日乗、美濃に向う

ロイスは書状を携えた若者を七月八日（閏五月二十四日）に美濃に遣わした。彼はその返書が二〇日までに届くことを期待していた。ロウレンソの到着時に病臥していた惟政は、美濃からもたらされる返事の内容次第では信長に会うため岐阜に赴くことを考えていた（日本史九〇章）。なお、ヴィレラ神父が日本からインドに戻ってすぐにポルトガルに送った一五七一年二月四日付書翰には、彼が日本出発前にフロイスから一五六九年八月二〇日付の書翰を受け取ったとあり、それによると、都は平穏であり、キリシタンは堅信であるという。フロイスのこの書翰は現存しない。ヴィレラが日本を出発したのは一五七〇年一〇月である。

信長、日乗に同意せず叱責する

岐阜に赴いた日乗はどのような成果を得たのであろうか。フロイスは、一五七〇年一二月一日付のゴア在住イルマン、ペドロ・デ・アルカソヴァ宛書翰で、「［一五］六九年の前の書翰で、私は日乗上人と称するあの仏僧が私と日本のキリスト教界全体に対して、内裏から得た特許状を信長に見せるために美濃国に出発した次第を書き認めた。これについての結果は以下のようであった」として、信長は彼の請願に同意せず、むしろ遠国から来た異国人に対する強情を叱責した、と述べている。このため、フロイスとキリシタンたちは平穏な信仰生活を約束されると思ったようである。しかし、日乗は和田惟政

日乗、惟政の失脚をはかる

の失脚を図って信長の面前で彼を中傷したため、惟政は一時信長の不興を買った。『言

継卿記』元亀元年三月二四日（一五七〇年四月二九日）条によると、去年秋より信長の勘気を受けていた惟政が信長に対面した。フロイスは、前記一五七〇年一二月一日付書翰で、惟政の不遇は一〇ないし一二ヵ月続いて彼とその家臣二〇〇名以上が剃髪し、のち五、六ヵ月前（一五七〇年五、六月頃ヵ）信長上洛の折、惟政が一五日前に入京して信長に謁見して米四万俵（二万石）を加増され、信長の近江出陣に従った、と報じる。高槻に蟄居（ちっきょ）していた惟政が上洛して信長に謁したのは、元亀元年四月二〇日（陽暦五月二四日）に信長が越前の朝倉攻めのため京都を進発した時である（『大日本史料』第十編之四）。惟政の復帰はフロイスと都のキリシタンたちには朗報であった。惟政が信長の許に伺候した際に、フロイスも彼に同行して一年二ヵ月振りに信長に会ったようである。

惟政、許され復帰する

この年、一五七〇年六月一八日に、新任の日本布教長フランシスコ・カブラル神父が天草島志岐にポルトガル人のジャンク船で到着した。イタリア人神父ニェッキ・ソルド・オルガンティーノも一緒であった。七月、カブラルの主宰によって志岐で開催された宣教師会議でオルガンティーノの配属先が京都とされ、彼は八月頃に同地を出発したようである。京都に留まっていたフロイスは彼を出迎えるためにロウレンソを堺に遣わした。彼の前記一二月一日付書翰によると、ロウレンソは二ヵ月以上前に堺に赴き、オルガンティーノと一緒にいた。彼らは、三好三人衆が反攻して信長方と戦っていたため

日本布教長カブラル、天草志岐に着く

オルガンティーノを京都に配属

に上京できないでいた。三好長逸ら三人衆が挙兵して阿波から摂津に入って中島に出陣したのは七月二一日（陽暦八月二二日）である。彼らは八月一七日（同九月一六日）に三好義継の居城河内古橋城を攻めた。このため、信長は岐阜を発って二三日（同二二日）下京本能寺に入り、二五日河内枚方に進んで二六日に天王寺に居陣した。九月三日（同一〇月二日）に公方義昭が中島の典厩（てんきゅう）城に動座した。三好三人衆勢と信長・義昭勢が戦火を交えるなか、九月一二日（同一一日）、大坂の本願寺光佐は三好三人衆に通じて兵を挙げ、諸国の本願寺宗徒に檄して信長への攻撃を命じた。

三好三人衆と信長・義昭が合戦

堺に赴いていたロウレンソは、宿主ディオゴ日比屋了珪が三好義継の祐筆コスメ庄林から得た情報をフロイスに送った。それは、阿波の三人衆が寄合った際に、パードレについて話題となり、彼らがいる国ではどこでも直ちに戦乱・謀反・不和・その他の災いが起き、彼らを庇護する諸侯は皆、名誉、領国、知行および生命を失うと言って、自分たちが勝利した時にはパードレを即刻都から追放するのが良いと言っていることであった。これは、篠原長房家臣のキリシタンから伝えられた。フロイスは、前記書翰執筆の八、一〇日前にこの情報をロウレンソから得た。これは彼には痛手であった。それは、信長と和田惟政が敗北した場合には三好長逸や篠原長房らの庇護が得られるとの思いが彼にあったからである。しかし、ロウレンソはフロイスへの書状で次のように助言した。

三人衆はキリシタン追放の意向

三人衆が勝利すれば、彼らは大坂の仏僧（本願寺）同様にキリシタンを憎んでいるためパードレを都から追放することが必然であるからと言って、豊後に戻るべきではない。信長が生きていれば、美濃国で彼の庇護のもとに宣教を続けることができるし、デウスが彼に勝利を与えて彼が都に戻る時には、自分たちは彼によって容易に都に復帰することができる、と（前記書翰）。

京都にも戦渦が及ぶ

京都の情勢もまた戦乱の影響を受けて混乱していた。浅井・朝倉両氏が本願寺に呼応して南近江に兵を出し、九月二〇日（陽暦一〇月一九日）に信長の属城宇佐山を攻めたのち、山城山科と醍醐寺などを焼き、翌日伏見・鳥羽に放火した。フロイスは、街道筋が押さえられて交通は遮断されて都の人々が食糧不足に苦しみ、彼自身も祭具類や家財の一部をキリシタンたちの家に預けた、と報じる。それでも、彼はシナ人と日本人の若者（小者）と共にあって、日々キリシタンのためにミサを挙げ、日曜日と祝日には説教をしていた。堺に二ヵ月間逗留していたオルガンティーノがロウレンソと共に都に着いたのは、割礼の祝日（一月一日）の前日、一五七〇年一二月三一日（元亀元年一二月五日）であった（フロイス、一五七一年三月二〇日付書翰）。

オルガンティーノ入京

フロイスは彼が上洛すると間を置かずに、惟政に引き合わすために高槻城に彼を同行した。フロイスの同年九月二八日付書翰によると、「一五七一年の初めにパードレ・オルガンティーノと私は、前述したように、当地から七レグアある高槻に彼を訪ねた。彼は病気であったにもかかわらず、彼とその家臣たちから言葉に尽くせない持て成しを受けた。」

和田惟政戦死

一五七一年八月、フロイスはロウレンソを伴って戦死したダリオ高山の子息の葬儀を執り行うために摂津に赴いた。当時、ダリオは芥川城の城代（城将）であったので、葬儀は芥川城で行われたようである。フロイスは同地からロウレンソを高槻城の惟政に遣わして彼の来訪を伝えたのち、彼を訪れた。これは惟政訪問の最後となった。それから一ヵ月もしない九月一七日（和暦八月二八日）に、彼は隣領の池田知正と戦って茨木で戦死した。高槻城には義昭の家臣三淵藤英が兵を率いて入り嫡男の和田惟長を救援した。

惟政に対する追悼

フロイスはその日の午後に三箇の教会で惟政の訃報を受け取った。彼には思いもよらぬ悲報であった。惟政がフロイスの京都における宣教再開を全面的に後見して来ただけに、その死は彼に大きな衝撃を与えた。彼がその一〇日後にゴアの管区長アントニオ・クァドロスに書き送った一五七一年九月二八日付の長文の書翰は、彼がフロイスのために様々な局面で配慮し尽力したことを余すところなく書いて追悼しており、その行間に彼への感謝の気持ちが読み取れる。彼は、十数年後に執筆した「日本史」に、「和田殿がパードレとキリスト教徒たちに施した好意、および彼の不運な死について」（九四章）の一章を設けてインド管区長宛の前記書翰の前文を収載し、惟政を追悼している。

信長、比叡山を焼き討ち

オルガンティーノを伴って信長を訪問

惟政についての悲報をゴアに報じたフロイスは、その六日後に認めた管区長宛一〇月四日付書翰で、「副王和田殿の死後一〇ないし一二日して、日本では予期しない相応しくないある事態が発生した。それは、悪魔が最も根付いていて、その信仰が最も強い愛着をもって崇敬されている土地である当地方で、デウスの教えを今後最も容易に弘布することができるためである」(J.S. 7)、と書き認めた。信長による比叡山の焼き討ち事件は、フロイスにはキリスト教弘布のために朗報であった。九月七日(和暦八月十八日)に近江の横山城に入った信長は、浅井長政を小谷城に攻め、さらに坂本を焼いた。同三〇日(同九月一二日)、越前の朝倉義景や浅井長政と結ぶ延暦寺衆徒の殲滅(せんめつ)を計って、比叡山の根本中堂・三王二十一社を始めとして、霊仏・霊社、僧坊などを悉く焼き、僧俗・児童らの首を斬った。延暦寺衆徒が朝倉・浅井両氏に協力して信長に対抗したのは、美濃・近江にある寺領を永禄一二年(一五六九)頃にほとんど没収され、朝廷に寺領還付を願い出て信長に綸旨が交付されたにもかかわらず、成果が得られなかったためであった(『京都の歴史』四)。翌日一〇月一日、信長は公方義昭を訪問するために上洛して妙覚寺に逗留し、六日(和暦九月一八日)に同地を発って岐阜に戻った。フロイスは、一日から三日の間に、オルガンティーノ神父を伴って信長を訪ねた。訪問の目的は、同神父を引き合わすことにあった。彼の前記書翰によると、彼らは信長から厚遇され、長く談話した。

信長の庇護に期待

これに関しては、同書翰よりも長文の書翰を書くことができるが、冗漫になり、さらに書く余地のない状況にあるとして、歯切れの悪い表記になっている。しかし、同書翰が信長訪問の日ではなく、「栄光のサン・フランシスコの日、一〇月四日」に書かれたことに、管区長クァドロスに対するアピールがあったのかも知れない。彼は書翰の冒頭で、延暦寺の天台座主から京都での宣教許可を得ようとして果たせなかったザビエルとヴィレラについて、意図的に言及する。そして、彼を庇護する信長によって日本で起こりえないことが起きて、宣教活動における大きな障害が除去されたことは、デウスが当地方での宣教弘布のために計画されたことである、と指摘する。したがって、彼はアッシジの聖フランシスコの祝日である一〇月四日の日付で同書翰を執筆することに大きな意義を感じていたようである。彼は信長による比叡山焼き討ちを知って、畿内地方、特に都における将来の宣教活動に、それまで抱くことのできなかった希望をかすかにもつことができたかのようである。彼は都および畿内の宣教活動が遅遅として進まなかったために、信長による比叡山焼き打ちが神デウスの計らいによってなされたことと思いたかったのであろう。信長との接触を重ね深めることの必要性を痛感していたはずである。信長の政治権力は未だ不安定であったが、ロウレンソの説くように、フロイスは信長の強運を信じて彼に秘かに期待していた。

竹内季治殺害される

フロイスが一〇月四日付の書翰を認めた二日後の六日（和暦九月一八日）、信長は京都を発って岐阜に下向の途次、近江永原で公家の竹内季治を義昭の命によって殺害した（大日本史料一〇之六）。フロイスは一五七二年八月八日（元亀三年六月三〇日）付書翰で、竹内三位の死を伝える。彼は「私たちの大敵である年長者の兄弟の一人 hum destes Irmãos o mais velho estranho inimigo nosso」であった。彼は一五六五年にパードレ追放の綸旨交付を策した立役者で、寺を建てて説教し、キリスト教を非難した人物であったが、義昭の面前で信長を中傷したため、信長は彼を連行して首を斬った。デウスの教えの敵であった彼の兄弟も、その三日後に堺で病死したことで、デウスの教えを迫害する者たちが死んだ、と伝える（J.S. 7 III）。彼を精神的にもいっそう信長に傾斜させる事件が相続いて起こったと言えそうである。

五　上長カブラルの上洛とフロイス

カブラル、堺に到着

カブラル神父は、日本のイエズス会の総責任者として畿内地方の同会の活動とキリシタン教界の実情を把握することを責務とした。彼は山口出身の通事イルマン・ジョアン・デ・トルレスと博多出身の元仏僧ジョアン・ケンゼンの二人のみを連れて、一五七一年九月に長崎を発って豊後に至り、ヒラリオの祝日である一〇月二一日に臼杵を出発して伊予・土佐清水を経由して、紀伊の某港に着き、根来を訪れたのち、一二月一五日に堺に到着した。木綿の質素なスータン（修道服）を着ていた彼を出迎えたのは、絹の着物を身につけたオルガンティーノ神父とロウレンソ修道士であった。

絹の修道服を禁止

絹の修道服着用が宗教者に相応しくないとするインドの管区長の意向を受けたカブラルは、前年志岐で開かれた宣教師会議でこれを禁止した。フロイスは仏僧が公家や領主ら貴人を訪問する時や祭日に絹の袈裟を着用している日本の習慣に注目して、外出時や貴人の訪問には絹の修道服着用が必須であると考えていたため、オルガンティーノは彼の対応を尊重したようである。カブラルは畿内から戻ってから書いた一五七二年九月二三日付長崎発信書翰で、自分がみすぼらしい服装であったにもかかわらず、オルガンティーノとロウレンソは絹の衣服を着用していた、と執拗に述べている（マドリード、王立歴史学士院図書館所蔵、ヘスイタス文書）。カブラルは河内三箇で降誕祭を祝い、一月四日に同地から高槻に赴いた。淀川を渡った所で高槻城代ダリオ高山の子息ジュスト彦五郎（右近）の出迎えを受けて城に入り、和田惟長とダリオ高山に対面した。翌日、同地を発って京都に至り、フロイスに迎えられた。二人の再会はゴア以来およそ九年八ヵ月振りであった。

カブラル、フロイスと京都で再会

カブラルは京都着後三、四日して、フロイスおよびオルガンティーノと衣服の改変、すなわち絹から木綿の修道服着用に改変する件について協議した。オルガンティーノとロウレンソが絹の修道服を着て出迎えたことに屈辱を感じたと思われるカブラルは、三箇で領主サンチョ頼照に衣服改変の是非を問い、賛同を得ていた。協議ののち、彼は直ちに全員のために新たな修道服 sotana（長衣）を作らせ、イエズス会の者が絹衣を着用することを禁じた。その後間もなく、彼は絹衣を脱いだ両神父を同行して将軍義昭を表

将軍義昭を訪問

敬訪問した。義昭は盃と肴でもてなし、彼に盃を与えた。また、肴の代わりに絹の衣服を持ってこさせて彼に与えた。こうしたことは、仏僧には決してなされない名誉であった、とカブラルは記す。義昭はさらに彼の身なりについて質した。彼は長衣がよく見えるようにフロイスにマント（外衣）を取らせボタンを外させた。会見は親しく二時間続いた。フロイスが通訳した。カブラルは義昭の饗応に関し、「これはあまりにも法外な名誉で、私たちの主が貧相な新しい衣服にするのを望まれた、と私は確信している」（前記書翰）と述べて、衣服改変の成果を誇示している。

義昭訪問後、カブラルは信長訪問のためフロイスとロウレンソを伴って、京都から四日路の美濃に向かった。「この土地では、一月は雪と寒さが非常に厳しいため、甚だ厄介な時期であった」と述懐し、実際に岐阜に着くまでの四日間は雪が深かったという。彼らは琵琶湖を船で渡ったが、フロイスが一五六九年に利用した坂本・朝妻の船路であ

岐阜城で信長に面会

ったようである。岐阜到着の翌朝、彼は信長に来着を告げさせたのち、食事に招かれて登城した。彼は岐阜城を豪華な御殿palacioと表記している。カブラルは、御殿の一室に通された際に、絹でなく粗野な衣服を着た二、三十人の者がそこにいたため、彼らが武士の用人であると思ったが、フロイスは彼ら全員が有力な武将であると彼に告げた。信長は彼らを引見した際にすぐに衣服に目を留めて、それまでのように「あの衣服」を着用しないのかと尋ねた。カブラルはこの衣服は自分たち修道者がインドで着用しているものであって、日本にいる同僚が絹の衣服を着用しないように命じた、と答えた。信長の質問は、フロイスとロウレンソが以前に着用していた衣服と異なることに気づいたためであった。彼は絹衣を与えようとしたが、彼らが黒衣であるのを見て、その代わりに書札用の紙八〇丁の束をいくつか与えた。カブラルは、信長がキリスト教の教えに従う服装で来訪したことを評価した、と自賛する。カブラルのインド管区長宛書翰では、彼が使命の一つとした衣服改変問題に拘った記載が際立っている。それは、彼自身の宗教者としての矜持のためであり、また同問題の成り行きについて詳細に報じて、管区長の意向を忠実に遂行したことを示そうとしたためでもあったろう。彼は信長との会見の成功を強調して、信長が彼に肉食や魚を食べるかと質問し、彼が禁じられた日を除けば肉と魚を区別することなくいつも食べると答えたのに対して、信長は柏手を強く打って「この者たちは、余が求めている清廉で正直な人々である」と言い、また信長は日本の邪悪な仏僧たちbonzosが虚言に従っていて人々を騙していると非難した、と伝える。

カブラル、京都に戻る

カブラルは美濃から京都に戻ると、丹波国のキリシタン武士の求めに応じてイルマン・ロウレンソを遣わした。彼は八日間同地に留まって三三人に洗礼を授けた。その中に八木（南丹市）の城主ジョアン内藤貞弘（忠俊、如安・徳庵）の兄弟二人が含まれていた。ジョアン内藤が京都でフロイスから受洗したのは一五六九年である。カブラルは京都を発つ前に、フロイス、オルガンティーノ、ロウレンソの三人を伴って将軍義昭に暇乞いした（日本史九五章）。翌日、彼は側近の上野殿（秀政）Vyendonoを修院に遣わして金の扇で充ちた大きな板（蒔絵カ）を贈った（前記書翰）。カブラルは西下する途次、三箇の教会で復活祭（四月六日）を祝うこととし、同地で四旬節を過ごすためフロイスを伴って京都を出発した。四旬節の始まる灰の水曜日が二月二〇日であったので、彼らは二月末ないし三月上旬に三箇に至った。同地の教会では復活祭前の聖週間に、棄教者を含む六〇人が受洗した。復活祭には堺のキリシタンや高槻のダリオ高山の家臣らが参加した。カブ

カブラル、豊後に発つ

ラルは四月末に堺を出帆する船で豊後に発ち、フロイスは帰京した。カブラルは、管区長クァドロスに「尊師は都のこの地がデウスを知るために最も準備ができていることを信じられよ」と述べて、諸領主が偶像（仏像）や仏僧たちへの信心を失い、また人々に

京都宣教に手応え

は十分な理解力がある、と指摘する。彼はこの巡歴を経験して畿内地方での宣教に確かな手応え（てごた）を感じ取ったようである。

信長と義昭不和、京都混乱

しかし、畿内を中心とした政治状況はカブラルが去ったあと、さらに混迷を深めた。信長と将軍義昭との協調関係に次第に軋（きし）みが生じ、ついに信長が「異見十七箇条」をもって義昭を諌めたことによって、両者の関係は不和になった。彼が諌言したのは元亀三年九月（一五七二年一〇月七日〜一一月五日）である（『大日本史料』第十之十）。義昭は彼の諌言を考慮したかのように、三好三人衆方の安宅信康が降伏を請うた扱いについて信長に諮（はか）り、同年一一月一三日（同一二月一七日）に、信長の了解を得た（同書）。彼はこの頃まではまだ信長の意を迎えていたようである。彼が挙兵の意志を示したのは翌年の元亀四年二月一三日（一五七三年三月一六日）であり、浅井長政と朝倉義景に信長討取りの御内書を送り、二月二六日（同三月二九日）、一向宗徒をも誘って今堅田で挙兵したが、二九日に柴田勝家・明智光秀らに攻められて、城は落ちた（同書十之十四）。

オルガンティーノら三箇で復活祭を祝う

フロイスは一五七三年四月二〇日付書翰において、カブラルが西国に戻ったのちの一年間に反乱、戦い、および諸領国で変動が起きたため彼に報告することが困難なほどであった、と報じる。そうした状況の中、降誕祭が近づいていた一五七二年一二月一二日に、オルガンティーノはロウレンソと伝道士マテウスを伴って三箇に赴いた。彼らはサンチョ三箇の要望もあって越年して復活祭（一五七三年三月二二日）を同地で祝った。彼らが帰京したのはそれから二ヵ月と一八日後の六月九日である（フロイス、一五七三年六月一七日付書翰）。彼らの三箇滞在中に、フロイスは在京して降誕祭を祝い、翌年二月二三日に義昭に謁見した。彼が信長に反旗を翻す二〇日ほど前のことである。その日、彼は高槻城に和田惟長を訪れ、さらに同地から三箇に向かった。ロウレンソが同行したというから、彼は三箇から高槻にフロイスを迎えに来たようである。翌二四日の使徒聖マティアスの祝日に、彼は三箇のキリシタンたちに説教し、彼らの告解も聴いた（フロイス、一五七三年四月二〇日付書翰）。二日後の二六日に帰京した。京都の教会には同地出身の伝道士コスメ（高井）がいた。彼は、フロイスの『日本史』一〇二章によると、カブラル神父が二度目に上洛した時、霊操を行ったのちにイエズス会に受け入れられて修道士となった。彼の入会は一五七四年である。

尾張のコンスタンティーノ上洛

聖週間の初め（三月一六日）、尾張国花正のコンスタンティーノがキリシタン三人と共に復活祭に与るために上洛した。彼はダリオ高山に仕えていた一五六四年に大和国沢城でロウレンソから受洗し、沢城陥落後に郷里に戻っていた。彼は教理を説き、信者が死去するとこれを埋葬するなどして看坊（かんぼう）の如き役割を務めていた。同行者の二人は彼から受洗した元禅宗徒と元一向宗徒であった。フロイスは彼らを修院に留めて毎日二回教理について説教し、コンスタンティーノには尾張のキリシタンのためにメダイやコンタツを供与し、葬祭用の古い修道服と蠟燭一束を与えた（同書翰）。

京都の戦乱により聖具を丹波に送る

京都市中は、信長と義昭との戦いの影響を受けて混乱し、信長方が義昭を牽制して町を焼くと脅かしをかけたため、フロイスはジョアン内藤の再三の勧めに従ってミサの道具や教会の備品を丹波の八木城に送った。ジョアン内藤自身は義昭の二条城警固のため四月一三日に二千の士卒を伴って上洛し、フロイスに丹波に避難するよう勧めた。ダリオ高山もまた高槻に避難するよう書信を送ってきた。その前日の一二日（和暦三月一一日）、

和田惟長、高山父子の殺害に失敗

摂津高槻において城主和田惟長と家老高山父子との間に争闘が生じ、傷ついた惟長は細川兵部（藤孝）の斡旋で山城伏見城に退き、一六日に同城で死去した（同書翰）。フロイスは「不可思議な事件」として、惟長が叔父の主膳殿（惟増）を殺害した後に家臣の進言によって高山父子の殺害を企て、これを知った高山が惟長の敵である荒木村重の支持を取り付けて一二日の日暮れ時に入城して惟長と戦った、と報じる。『兼見卿記』には「鷹（高）山別心」とあり、「年代記抄節」には「荒木信濃守高山ヲ相カタラヒ」とある（『大日本史料』十之十四）。

四月二八日、信長が近江に到着して数日中に入洛するとの噂が立つと、義昭は二条城の防備を固め、ジョアン内藤の他に池田・伊丹両氏の軍勢が城に入った。フロイスは避

難の準備を始め家財を梱包した。信長が東山の知恩院に着陣したのは、主の昇天の祝日に当たる三〇日である。その日の午後、フロイスはイルマン・コスメと共にジョウチン小西の家に立ち寄ったのち、九条村のキリシタンの家に避難した。ジョウチン小西には信長に持参してくれるようカブラルの書翰とポルトガル産円楯を託した。彼自身は聖フエリーペ・聖ヤコボ（サンティアゴ）の祝日（五月一日）に信長の許を訪れた。フロイスは二、三日後に再びジョウチンを信長に遣わし、土産として一瓶の金平糖 hum frasco de confeitos を贈った。

信長、京都を焼き払う

この時、信長と義昭の間で四日間にわたって和議交渉が進められていたが交渉は決裂し、すでに上京の三分の一を焼いていた信長は、聖モニカの祝日に当たる五月四日（和暦四月四日）の朝、焼失を免れていた地域も焼き払った。フロイスが確認できただけでも主要な寺院二〇が焼け、小寺院や庵の焼失は八〇以上とされた。下京も三町が焼けた（一五七三年五月二七日付書翰、『大日本史料』十之十五）。信長は勅命により五月八日（和暦四月七日）義昭と和議を結び、翌日京都を発ったが、途中で近江鯰江城に六角義治を攻め、百済寺を焼いた。信長が出発した日、フロイスは東寺村から下京の教会に戻った。ミサの聖具類を丹波に送っていたため、彼は聖霊降臨祭の主日（五月一〇日）に紙に描かれた御像を一キリシタンから借りてミサを挙げた。

戦乱の中、宣教活動を続ける

右のような状況の中で、フロイスの宣教活動は続いた。聖体の祝日（五月二一日）に、教理説教を一五回も聴いていた内藤土佐殿に洗礼を授け、ドン・トマスの洗礼名を与えた。またジョアン内藤の長兄が五月一〇日頃から説教を聴聞し始め、六月七日に受洗してドン・ジュリアンを名乗った。彼の家臣二人と息子も洗礼を受け、息子はベントと称した。フロイスはジョアン内藤の要請を受けて、三箇から帰ったばかりのロウレンソを六月一五日に丹波八木城に遣わした。フロイスによると、義昭は信長を恐れて一四日頃に再び武装兵を率いて二条城を出ようとしたが、再び自重し（六月一七日付書翰）、七月三一日（和暦七月三日）に二条城を上野信秀・三淵藤英らに守備させて、山城槙島城に入った。このため、信長は近江佐和山城から上洛して二条城を囲んで信秀・藤英らを降伏させ、八月一五日（同七月一八日）、槙島城を攻略した。助命された義昭は子の義尋を人質に出して山城枇杷（びわ）庄に退き、さらに三好義継の居城河内若江城に下った（『大日本史料』十之十六）。

キリシタン減少の理由

一五六五年に発生した義輝弑逆以降、混迷を続けた京都を中心とした政治状況が信長によって次第に終息に向かいつつあった中で、キリスト教の宣教活動は一進一退し、むしろキリシタンは減少していた。上京して七年になっていたフロイスは、一五七一年五月二五日付書翰の一節で、その実態と宣教活動の困難な背景について述べている。

当地方におけるキリスト教徒の数は、現在極めて少数である。しかもこの小さな羊（キリスト教徒）の群れのほぼ三分の一は、私が七年前に当地に来たのちに死没している。彼らの大多数は戦さで、他の者は様々の病気のためであり、彼らの郷里から逐い出された者たちである。これが日本の生活であり習慣であるためである。私たちが新たに他の者に宣教してこれを改宗させることよりも、都の当地方ですでに改宗した者たちを信仰において良く教化し根付かせることを拠り所としている理由は、当地が日本全国のいずれの地におけるよりも［信仰を］持続するには強力で猛烈な障害と妨害があるためである。

ゴアに一五七一年に戻ったヴィレラ神父は、同年一一月三日付書翰で「都およびその周辺」のキリシタンが七〇〇〇人と報じている（J.S.7）。これは彼が日本を発った一五七〇年一〇月当時の彼の認識であったが、一五七三年頃の京都とその周辺地方のキリシタンは推定七～八〇〇〇人ほどであった。

カブラル、再度上京

畿内巡歴を成功裏に終えたと確信していた上長カブラルは、イエズス会の会憲の定めに則って一年に一度は全管轄領域を視察することを使命と考え、一五七三年九月七日、修道士のジョアン・デ・トルレス一人を伴って肥前口之津を発って再び上京した。豊後・山口を経由し、途中持病のため海賊クロエモン（九郎右衛門カ）の郷里である安芸川尻に二〇日間逗留したのち、塩飽を経て、翌年四月二日（天正二年三月一一日）に堺に着いた（カブラル、一五七四年五月三一日付都発信書翰『大日本史料』十之十九）。フロイスは一五七四年九月八日付堺発信書翰で、カブラルが「予期していなかった時期、四旬節の終わりに堺に着いた。彼は枝の日曜日の二日前に、堺に教会がなかったので、直ちに三箇に出発した」（J.S.7）と述べる。カブラルは堺到着後すぐに三箇に向かったようである。三箇の教会には、復活祭を祝うためにオルガンティーノがロウレンソと共に京都から来ていた。三箇到着の翌日、彼は若江城の三武将の一人池田丹後守教正の一子の葬儀を同教会で執行した（フロイス、無年紀の書翰、J.S.6）。なお、フロイスの無年紀の書翰は、彼の一五七四年九月八日付ポルトガル語書翰とほぼ同内容のイタリア語文であり、追加記事や若干詳しい記載が見られる。

カブラル、信長を訪問

復活祭（四月一一日）後、カブラルはオルガンティーノと二人のイルマン、ロウレンソとジョアンを伴って同地を発ち、京都に三日目に着いた。カブラルは、織田信長が美濃から上洛していることを知って、数日後に彼を表敬訪問した。信長は八日（和暦三月一七日）に上洛して相国寺に寄宿していた。その訪問は、信長が一九日（同二八日）に奈良に下っているので、一五日から一八日の間になされたようである。記載はないが、当然、フロイスも同行したであろう。彼は「信長が当地にいたこの全期間に、私たちの家（修院）には人々がいつも頻繁にやって来ていた」と報じる。あたかも信長が宣教師たちの活動の後ろ楯となっているとの印象を与えるような書きぶりである。彼の在京中に、公家の烏丸殿（光康）や有力な地位ある人物五、六人が説教聴聞のために来た。その内の一人、裕福で老人（イタリア語文では「初老」と記載。当時六一歳で、権大納言であった）の烏丸殿は、多くの時間説教を聴いて理解し納得したが、受洗の決断に至らなかった、という。その時期の受洗者には、細川殿の主要な武士もいた。フロイスは、京都での改宗者が少ないことについて、これまで何度も書いてきたように驚かないようにと言い、京都は日本全体の首都であるためキリシタンになるには多くの障害があり、一人のキリシタンは他の土地の二〇人に相当する、と指摘する。

公家が説教聴聞

神父・修道士に霊操・苦行を命ず

カブラルは信長訪問後、神父と修道士全員に対して、一週間の霊操と総告解をさせ、誓願を新たにするための準備として苦行と公のジシピリナ（笞打ちの業）をするよう命じた。その後、彼は丹波八木の城将ジョアン内藤の懇請を受けて、フロイスとロウレンソを丹波に遣わした。熱病のため体調不良であったフロイスは、まもなく回復して山間の地に赴いた。彼はキリシタンたちの告解を聴き、その数は八日間に兵卒だけで七〇名に達した。ロウレンソは毎日二回説教した。朝のミサ後に、そして夕方は未信者たちに教理を説いたのちに説教があった。受洗者は一四名であった。カブラルは西国に戻る前に、

ダリオ高山父子を訪問

ダリオ高山父子に暇乞いするために高槻に寄ることを決断し、八月二〇日前後に同地を訪れた。修道士トルレスの他に、フロイスとロウレンソを伴った。父ダリオは彼に何回

か書状を送っており、自分を継いで城主となったジュスト右近のために教理説教を要請していたようである。息子のジュストがキリシタンとして、またキリシタン領主として の自覚を深めることを期待したのであろう。カブラルはダリオとその家族、全体で二〇名ほどになるキリシタンの告解を聴いた。ダリオが城の鐘を打ち鳴らして集めた主要な家臣たちのために、ロウレンソが説教をした。説教は四、五日続き、四四名が使徒聖バルトロメウの日（八月二四日）にカブラルから洗礼を授かった。

新たな受洗者四四名

荒木村重の支援を得て堺に着く

カブラルの一行は、荒木信濃（しなの）（村重）を表敬訪問するために高槻から池田領の彼の城（伊丹・有岡城）に赴いた。ダリオ高山が同行した。フロイスは前記九月八日付書翰で、村重は「津の国（摂津）の領主である」と述べ、無年紀の書翰には、「津の国の国主および領主」と記す。村重は、カブラル一行が同地から尼崎に下る道中のために乗馬と士卒三〇名を与え、尼崎から堺への渡航船一艘を手配させた。カブラルは村重の居城から尼崎を経由して、四、五日で堺に着いた。九月一日前後であった。彼は堺では日比屋了珪宅に滞在し、各地からやって来たキリシタンのために毎日四、五回の説教を行い、告解を聴き、聖体の秘跡を与え、七人に洗礼を授けた（フロイス前掲書翰）。カブラルは五ヵ月間にわたる畿内巡見を終え、九月六日に便船を得て豊後に出発した。フロイスは下（しも）地方の同僚たちに、彼のこの畿内訪問によって過去三年間になかった成果があり、本年の改宗

カブラル、豊後に戻る

者は全体で一七〇人であり、さらに増加する状況にある、と報じている（前記九月八日付書翰）。フロイスは彼の出発後もロウレンソと共に堺に留まって、キリシタンたちの告解を聴き、カブラルが彼に委ねた仕事に従事した。

フロイス、法華経を学ぶ

フロイスは、一五七四年の事績として「日本史」一〇二章で、オルガンティーノと共に一年間、法華経八巻を講読したことを述べている。彼は一五六五年に上洛して以来、仏僧と接触し彼らと対話する中で、仏典について学び、その知識がなければ彼らをキリスト教に改宗させることは難しいと痛感し、また一方でキリスト教の独自性を保つことができないと考えていた。彼は、一五六七年七月八日付堺発信書翰で、「特に、仏僧たちはその言葉に説得力があって巧みであり、彼らの教法が根拠とする直接の原理について知識がなければ、彼らが弁護していることと、私たちが反駁していることが同じであると、彼らにはしばしば思われることになろう」（Cartas. I）と指摘している。そのような折、彼は足利学校で修学して俗間にあった三〇歳位の仏僧から法華経について学ぶ機会を得た。彼らは仏僧の指導で毎日二時間、漢訳の経典をポルトガル語に翻訳し、さらに彼から一時間その解説を聞いた（一〇二章）。フロイスらの法華経についての勉強は、一五七三、四年頃になされたようである。仏典の講読を通じて得られた知見は彼らの畿内地方での宣教活動、殊に仏僧・仏教徒との宗論に有効に活用されていった。

「教理説教」の草稿

なお、フロイスが作成した「教理説教」に関する草稿の一部が残っている。同草稿は、第三日の「第一章、人間の創造について」、「第二章、霊魂について」、「第三章、霊魂の不滅について」と、第四日の「第一章、アダムの家族の始まりについて」、「「第二章、天使の創造について」（前欠）」、「第三章、天使の堕落について」、「第四章、偶像崇拝について」からなる（Wicki,HISTORIA.IV.Apéndice 1）。これは、教理の説明と説教が一週間前後行われたうちの三日目と四日目の二日分である。チースリク師は、四日目の第二〜四章は五日目のものであるかも知れない、とする（「東西思想の出会いに関する一史料—ルイス・フロイスの教理説教ノートより—」季刊『日本思想史』6　ぺりかん社、一九七八年）。「偶像崇拝」に関しては、フロイスが上洛してから得られた知識であり、「仏の司祭、坊主 os bonzos,que são sacerdotes dos fotoqes」に加えて、「神々の社人 os xanins dos camis」について初めて言及し、神社信仰をも悪魔の所業として批判している。法華経についての言及も所見も見られないことから見て、この原稿は彼がオルガンティーノ神父と共に法華経を学ぶ以前に作成されたようである。

六　南蛮寺建立とフロイス

フロイス、三箇、若江、高槻で宣教活動

カブラルが堺から西下した九月六日以降、京都を中心とした畿内地方の宣教活動は、オルガンティーノが京都に留まり、フロイスはロウレンソと共に三箇、若江および高槻を担当した。フロイスは高槻で一五七四年の降誕祭を祝った。同行のロウレンソと共に引き続き同地に滞在し、イエズスの御名の祝日である一月二日に、地位ある者およそ七〇人に洗礼を授けた。その後、彼は前年に痛めた膝の状態がまだ悪かったが、ロウレンソを伴ってジュノヤマ Junoyama に赴いて多数の未信者に二、三度説教したのち、帰京した。ロウレンソも体調が悪く歩き回ることができない程であった（フロイス、カブラル宛一五七五年五月四日付堺発信書翰、J.S. 7I）。ダリオ高山は、フロイスに一五七五年の復活祭（四月三日）を同地で祝ってくれるよう懇請した。しかし、彼は復活祭を三箇で祝うこととし、まだ病気が癒えていなかったロウレンソと共に、四旬節の始まる二日前（二月一四日）に京都を発った。灰の水曜日（同一六日）に、若江のシメアン（シモン）池田教正がキリシタン多数を引き連れて灰を受け取るために三箇に来た。四旬節の最初の日曜日（同二〇日）に、フロイスとロウレンソは摂津を訪れ、淀の川縁でダリオ高山に会い、彼の案内で伊丹の有岡城に荒木村重を訪れ、「正月の礼 Rei de Xoguachi」をしたのち、高槻城に赴いた。彼らは同地に八日間滞在し、ほぼ毎日三回の説教をした。その結果三五人が受洗したが、オルガンティーノが助力のため京都から駆け付けた。フロイスらが三箇に戻る三月二七日の三日前であった。

フロイス、上京して信長と面会

翌週、フロイスはロウレンソと共に三箇から若江に赴いてキリシタン八〇人の告解を聴き、三〇人以上の者に洗礼を授けた。生後間もない池田教正の幼児も含まれていた。三箇に戻った彼は、各地から来た約三〇〇人の告解を聴いた。甲可（甲可郷・四條畷市）Coca、若江、田原 Tauara、堺、フィンガ Finga、その他の者たちであった。フロイスは復活祭を三箇で迎えたのち、一週間後に堺と烏帽子形（えぼしがた）城 fortaleza de Yeboxigata のキリシタン訪問を予定していたが、オルガンティーノと京都のキリシタンから信長の上洛が近いため帰京するようにとの連絡を受けて予定を変更し、病気のロウレンソを三箇に残して京都に向かった（前記書翰）。信長が上洛して相国寺慈照院に寄宿したのは、四月一三日（天正三年三月三日）である（『大日本史料』十編之二十八）。フロイスはその同じ日に京都に着き、「礼 rei」をするためにオルガンティーノと一緒に彼を訪れた。信長は彼らを迎え、「肴 Sacanas」を彼らに振る舞った。フロイスは、近国の武将たちがのちに進物を以て信長を表敬訪問したとして、キリシタン武将の名を列記している。池田丹後殿、マンシヨ三箇（頼連）、ジョアン結城殿、レイモン田原ら、いずれも河内国の諸領主である。フロイスは一〇日程して四月二三日に三箇に戻ったが、その間に、彼は復活祭に与るため上洛していた尾張花正のコンスタンティーノに再会した。彼はすでに六〇歳で、復活祭には毎年上洛し、今回も三、四人のキリシタンを伴い、フロイスが三箇に発つ三日前に帰郷した。フロイスは四月末に堺を訪れ、キリシタンたちの告解を聴き始めた。

古い寺を見に行く

フロイスは三箇に戻る前に決断して、オルガンティーノ、マンショ三箇、シストらのキリシタンを伴って、東福寺に属する古い寺（塔頭）を見に行った。これは、フロイスの一五七七年九月九日付書翰によると、一仏僧が「都の外に所有していた木造寺院」で、キリシタンたちは僧と交渉して買い取ることにしていた（J.S. 8 II. Cartas. I. エヴォラ版「日本通信」では九月一九日付となる）。信長による比叡山の焼き討ち後に、上京（かみきょう）が焼かれて寺院も焼け、寺院を手放す者が出ていた。彼らは、購入する寺院を解体して現住する姥柳町に移築し、教会として再利用しようとした。ヴィレラが一五六〇年に仏僧から土地付きで購入した一軒屋は、すでに老朽化が進んでみすぼらしく、風が吹けば戸外に出る必要があった（同書）。仏僧との購入交渉は価格の面で折り合いがつかなかった。フロイスは交渉中止について、カブラル宛の前記一五七五年五月四日付書翰で、以下のように報じている。

寺院の購入・移築を断念

〔寺院は〕老朽化していて、これを壊して再び建て直すとなると、新たに別の物を造る以上に費用がかかるように、私たちには思われた。キリスト教徒全員が熱意に溢れて自費で都の教会を建造しようとしているために、彼らを思い留めさせて時間が延ばされるならば、私たちが、この間に、援助を得るようにするために、その土地の購入を彼らに断念させることが適切であり、また、むしろ新たに別の教会を造る方が良いと思われた。この件がすでに実行されたことについては、尊師に書き認めている。

奉加帳を廻して寄進をつのる

キリシタンたちは、教会の組親（監事）mordomos のジュスト・ミョウサンとリアン（レアン）清水の説得によって名簿（奉加帳）に登録した。寄進額は、十四、五人で九四タエス（両）に達した。当時、米一石はほぼ一タエスであった。ミョウサンは八六タエス、清水は四三タエスを寄進した。教会新築についての話し合いは、キリシタンたちの間で一五七五年の四旬節前の二月に始まって復活祭頃にはかなり具体化していたため、フロイスが信長訪問のため三箇から一時帰京した時に、東福寺の塔頭を下見することになった。フロイスはその経緯について逐一カブラルに報告した。教会新築の協議と決定は、フロイス、オルガンティーノの両神父と重立ったキリシタンたちによってなされ、その承認と資金の助成について、当時豊後府内にいた上長カブラルに請願された。彼はこの

カブラル、六〇〇タエスを出費、寄進額は二五〇〇クルザド

新築計画を承認して六〇〇タエスを建築資金として供出した。キリシタンと京都周辺のキリシタン領主たちが金銀と米で寄進した額は二五〇〇クルザドであった（日本史一〇五章）。教会建築の総経費はほぼ三〇〇〇クルザドと見積もられていた（フロイス、前記九月九日付書翰）。なお、三〇〇〇クルザドは約二〇〇〇タエスに相当した。

教会建設に着手

教会建設に当たって、積極的にこれに参加したのはダリオ高山であった。フロイスの一五七七年八月二〇日付豊後発信書翰によると、彼は「神父たちや大工たちと図面を描くためにわざわざそこ（京都）に赴いた」（J.S. 8 II）。「神父たち」の一人について、フロイスは一五七七年九月九日付書翰で、「イタリア人のオルガンティーノ神父の建築上の工夫がこの工事にいっそうの光彩を与えるのに大いに、またほぼ全面的に助けとなった」と述べて、彼の工事における役割を高く評価している（同文書）。彼は日本人大工棟梁やダリオ高山と一緒に設計図の作成から教会の竣工まで関わっていた。敷地が狭かったため、教会の上に二階を上げることが決まった。工事は一五七五年の秋に着工され、翌年の聖週間（四月一五日）頃に一階（実質上の二階）の梁まで上げられていた（一〇五章）。このため、下京の主要な住民たちが高い建物に反対して、信長家臣の京都所司代村井貞勝に告訴して工事の差し止めを要求した。しかし、貞勝が彼らの要求を認めなかったため、彼らは仏僧たちと協議して、岐阜から安土山に移っていた信長に強訴（ごうそ）に行く勢であった。

南蛮寺全景

聖水曜日（四月一九日）に、このことを知らされたフロイスは、早速に修道士のコスメ髙井を安土に遣わして、信長から工事続行の保証を得た。

教会はまだ未完成であったが、被昇天の聖母マリアの祝日である八月一五日に、オルガンティーノによって初ミサが上げられた。この日はザビエルが鹿児島に着いた記念の日でもあった。新教会は被昇天の聖母に捧げられ、被昇天の聖母教会と称された。教会の上階に居室六つがあり、どの方向からも京都の街が見わたされ、田圃や郊外の寺院が眺望された。教会は南蛮寺と通称され、狩野永徳の弟元秀（宗秀）による名所図会「扇面洛中洛外図」六一面の五〇番目に「なんはんとう（南蛮堂）」として描かれた。その外観は三階建の和様建築であるが、一階の教会内部はイタリア風の要素が多く採用されたであろう。フロイスは、新教会建造の意義をゴアおよびヨーロッパに向けて高らかに発信している。

新教会建造の意義

都は偶像の信仰と崇拝において、また諸教学の源泉かつ主要な政庁があるため、日本の諸国全体の頭である。当市にはキリスト教徒は少なく、また日常的に仏僧たちや悪魔のその他の多数の媒介者が私たちに根強い憎悪を抱いているので、行きずりの者（巡礼者）で、異国人でもあるパードレが二人しか当地にいないのにもかかわらず、多数の敵の意思に逆らって、かくも美しく立派に飾りつけられた教会を当地に建造することは、二人のモーロ人（イスラム教徒）がローマかリスボンで、わざと私たちの教会の傍にメスキータ（回教寺院）mesquita を建てるのを、今私たちが見るようなものである（前記九月九日付書翰）。

都の名所となり見物人を集める

南蛮堂、南蛮寺の評判はすこぶる良かったようであり、都の名所の一つに選ばれて描かれただけのことはあった。フロイスは前記書翰で、毎日多くの見物人があり、諸国の人々が教会を見に来ることによって、教会は「異教徒たちが説教を聴くための網の役割を果たしている」と指摘する。教会前に、見物人をあてにした南蛮帽を売る店が立った。フロイスは、教会は一五七六年の降誕祭にはほとんど完成していたとし、その前日、夜の七時にイタリア人神父ジョアン・フランシスコ・ステファーノが京都に到着した、と伝える。その彼が、上洛後八ヵ月後に、ゴアに滞在中の東インド管区巡察師アレシャンドロ・ヴァリニャーノ宛一五七七年七月二四日付書翰で、新教会の存在が、南蛮人の商人・船乗りと同様に、畿内の人々から無視され、あるいは胡散臭く見られていた宣教師に対する従来の評価を改める契機になった旨を報じている。すなわち、「新教会はほぼ完成し、甚だ美しい。日本人皆がこれに大いに満足している。それは、これまで彼らが私たちを浅はかで知識の欠けた人間と見なしていたからである。信長自身、彼が人と私たちの教会について話した際、私たちがかような立派で大変美しい教会を建てたことは、大いに配慮すべきことであると公言した」(J.S. 8 I)。

フロイス、都地方の責任者をオルガンティーノに引き継いで西下

フロイスは、都地方の責任者としての役務をオルガンティーノ神父に引き渡し、一五七六年一二月三一日に京都を発って高槻に至り、高山父子に暇乞いした。翌一月一日、彼はロウレンソと共に伊丹の有岡城に赴いて荒木村重にカブラルの書状を届けた。その日は同地にあったジュスト右近の屋敷に泊まった。二日にロウレンソは帰京し、フロイスは兵庫に行き、翌三日に同地で乗船した。二人の日本人が同行した。一人は彼に十二、三年仕えていた小者 moço da casa であり、他の一人は堺の住人ミゲルであった(フロイス、一五七八年九月三〇日付書翰)。彼の京都・畿内地方での宣教活動は一五六五年から一二年間に及んだ。

日本における宣教の難しさ

彼は日本における宣教活動の難しさを、京都を中心とする畿内地方の宣教を通じて改

めて痛感した。彼はその困難さについて、二五年前に日本から一時帰還したザビエルがゴアのコレジオでの講話において語っていたことをようやく納得することができた。彼は一五七六年一月一七日付都発信書翰で、その時のザビエルの言葉をコインブラの同僚たちに、書き送った。「親愛なる我が神父（パードレ）と修道士（イルマン）たちよ、私はあなた方の何人かを日本に送りたいと願っている。しかしながら、日本のための役割と適正と能力をあなた方の誰にも見出していないことを、あなた方に心底から断言する。」フロイスは京都・畿内地方での一二年間の宣教活動を経験して、彼の言葉の意味するところに思い至ったようである。

ザビエルの言葉に思い当る

当時、私はまだ若く経験も浅かったので、そこに居合わせたけれども、あのように完璧な人物が言い表そうとしていたあの僅かの言葉の中に、その本質と根幹を熟考する能力も思考力もなかった。しかし、その後、日本に着いて多年を経て、すぐに日が陰って逆風が吹き始め、私の中に多くの惨めさと弱さと数多の困窮を経験し始めた時、遅かったが、コンパーニャ（イエズス会）の者たちの中で、この航海の最初の発見者である、あの思慮深く良き航海士（ザビエル）が、心底から言わんとしたことを私に思い起こさせた（マドリード歴史学士院図書館所蔵、コルテス文書）。

信長の助けにより宣教の基礎を固める

上洛半年にして追放され、ヴィレラの後継者して小舟で荒海を航海し続け、信長の大船に助けられて、同地方における宣教の基礎をようやく固めることができたフロイスは、窮地にあってしばしば信長に助けを求め、少なくとも一二回は彼に面会した。信長もこの異国人の話す異国の政治と社会と生活に耳を傾けた。ステファーノ神父がオルガンティーノの案内で信長に妙覚寺で謁見したのは、彼が一五七七年二月一日（天正五年一月一四日）に安土から上京して間もなくのことであった。彼の書翰によると、訪問前日にフロイスが豊後に発ったことは伝えられていた。翌日の謁見時に、信長はロウレンソがフロイスに随行したか否かについて尋ねた、とステファーノは語るが、それ以外に、フロイスについて尋ねたとの記載はない。

第五　豊後赴任と宗麟の改宗

一　豊後への転任

豊後の地を踏む

フロイスは、途次、瀬戸内海の塩飽(しわく)諸島に八日間滞留したのち、日本の新年の前日に当たる一五七七年一月一八日に豊後に到着した。兵庫からは一五日間を要した。彼が再び豊後の地を踏んだのは一五六四年一二月以来のことである。府内(ふない)の修院には修道士二人がいるだけで、ジョアン・バウティスタ・モンテ神父は臼杵(うすき)に行っていたので、直ちに臼杵に赴いて彼に再会した。その数日後に、布教長カブラルが肥前から到着した（フロイス前掲書翰）。大友宗麟(そうりん)に再会するのも一二年ぶりである。カブラルが彼を京都から臼杵に転住させたことについて、シュールハメル師は「日本史」のドイツ語訳本の解説で、彼の健康を考慮したためであろう、と言う。フロイスの京都での一二年間が、一つには病気との闘いでもあったことは、すでにたびたび言及した。彼が数々の病歴を重ねてきたことを考えると、同師の見解は妥当である。彼の一五七七年八月二〇日付臼杵発信書翰によると、彼はロウレンソと共に一五七六年七月下旬頃に河内宣教のため出かけ、九月中旬頃まで滞在したが、彼は三日熱 terção のため同地で二ヵ月間病床にあった（J.S.8 III）。彼は帰京時に、三箇および岡山でキリシタンたちと十字架を立てたが、病状が好転しなかったため他所への予定を取りやめて帰洛した。彼の病状は悪化した。ダリオ高山は彼の病状を知って、堺の良医が高槻城にいることを伝えて同城での療養を彼に勧めた。フロイスは同年の秋の大部分を高槻城で過ごし、回復して京都に戻った（同書翰）。

フロイスの健康状態を配慮

カブラルはそうしたフロイスの健康状態を配慮して、京都の厳しい冬を避けるため、温暖な豊後臼杵への転地を命じ、彼の代わりに若いステファーノ神父を派遣したようである。彼は一五七四年に来日し、京都に到着した時には三六歳であった。一五七〇年に赴任したオルガンティーノはすでに同地の事情に通じており、告解を十分に聴聞できるようになっていて、キリシタンたちとの交流でも円滑を欠くことはなかったようである（日本史二一二章）。

豊後のキリシタン教界

豊後には、当時、三つの中心的なキリシタン教界があった。一つは、一五五三年に建造された教会のあった府内であり、同教会の領域には二つの病院、一五五七年に建った病院と一五五九年に新築された病院があった。会員一二名からなる慈悲の組（ミゼリコルディア）が病院の管理・運営に当たっていた。二つ目は、直入郡朽網（なおいりぐんくたみ）の国衆朽網鑑康の老臣ルカスが一五五五年に建てた教会にできた信仰共同体で、宣教師は府内から巡回していた。三つ目は、一五六七年に教会が建てられた宗麟の城下町臼杵である。フロイスが西下する以前、臼杵の教会では一五七五・七六年に顕著な動きがあった。

上長カブラルはすでに言及したように、二回上洛したが、その度に豊後を通過し、臼杵に宗麟を表敬訪問していた。二度目の上洛の帰路には、一五七四年九月六日に堺を発って豊後府内に至り、翌一五七五年の復活祭（四月三日）頃までの七ヵ月間豊後に長期滞在した（ミゲル・ヴァス、一五七五年八月三日付長崎発信書翰。コルテス文書）。カブラルは豊後滞在のほとんどを臼杵の教会にあって、土佐国司で宗麟の女婿一条兼定に教理を説いていた。

一条兼定受洗

兼定は土佐の長宗我部氏に逐われて臼杵に亡命し、再起のため帰国予定であった。彼は一五七五年一月から三ヵ月間カブラル神父の教理説教を聴聞し、同神父が豊後から肥前に出発する前に再三洗礼を願い出ていた。カブラルはこれを延期し、府内のモンテ神父には兼定が病気になるか、土佐に帰国する時になって洗礼を授けるよう指示して肥前に発った。カブラルは、モンテ神父が帰国する兼定に洗礼を授けたとの報告を長崎で受信した（カブラル、一五七五年九月一二日付長崎発信書翰）。

カブラルはそれから間もなくして宗麟からの書状を得て臼杵に赴いた。九月末ないし一〇月初旬頃であった。宗麟は寿林禅院に出家させようとした次子親家（ちかいえ）がこれを嫌って

大友親家受洗

いたため、兄義統に従わせる方策としてキリシタンに改宗させて彼を教会に委ねたいとの意向であった（カブラル、一五七六年九月九日付口之津発信書翰）。親家がまだ一四歳になっていなかったことから、カブラルは十分な教理教育ののちに洗礼を授けたいと思っていたが、宗麟がたびたび彼の洗礼を要望したため、教理を簡略して親家に説明したのち洗礼を授けた。その日は、降誕祭前の一二月二〇日頃で、洗礼名はドン・セバスティアンと称した（同書翰）。その洗礼名はポルトガル国王ドン・セバスティアンにあやかってつけられたようである。フロイスによると、宗麟は親家の洗礼に立ち会い、洗礼前に親家が主君に対する服従について話すのを聞いたと言う（一五七七年六月五日付書翰）。なお、聖セバスティアンは三世紀にローマで殉教した武人である。

親家の母は宮司の女

ドン・セバスティアン親家の改宗は、母親には決して許容できることではなかった。彼女は奈多八幡宮（杵築市）の大宮司奈多鑑基の女であり、キリスト教に強い憎しみを抱いていたために、宣教師からはイザベルと渾名されていた。イザベルはイスラエルの王アハブの王妃でバアル信仰を批判した預言者エリヤを迫害したとされる。夫の宗麟が一貫して宣教師を保護し援助を与えてきたことが、彼女と宗麟の間に溝を作らせたようである。親家受洗後に、臼杵のキリシタン教界の存亡に関わる事件が起きた。母の影響を強く受けていた世子の義統もキリスト教を疎ましく思っていたようであり、彼は親家受洗後にキリスト教に改宗した若者エステヴァンに不快感を抱き、彼を都の一貴人senhor（公家久我三休）に嫁していた彼の姉妹に仕えさえた。エステヴァンはある偶像の絵を捜してくるようにとの主君の命をキリシタンであるとの理由で謝絶した。数日後、母の奈多氏がエステヴァンを呼んで仏寺にマボリ mamboris と称する偶像の聖遺物を求めに行くよう命じたところ、彼は同じ理由で断った。彼女は世子義統にこのことを報じて彼を殺し、デウスの教えを禁じるよう促した。このため、義統はエステヴァンの殺害を口外したが、カブラルからの伝言を得て殺害を留保し、父宗麟との会見後に、エステヴァンを赦した。この結着を見るまでに臼杵のキリシタンたちは殉教を覚悟していた（カブラル、一五七六年九月九日付書翰）。

一五七五年に養父田原親賢に連れられて臼杵の教会を訪れた一四歳の少年がいた。少年は親虎と称した。公家柳原家の出で、九、一〇歳の時に豊前の田原氏の養子になった。親賢は宗麟の正室奈多氏の兄であり、親虎が教会に通い始めると、これを嫌い、彼を田原本家の国東の浦辺（武蔵郷）に移した（日本史一一三章）。肥前にいたカブラルは親虎が臼杵を去ったことを知ると、秘かに書状を送って彼を励ました。親虎が一六歳になって臼杵に出仕した時には、カブラルは臼杵に来住していた。親虎の受洗問題がその後どのように推移したかについては、一五七七年一月以降臼杵に居住していたフロイスが、その経緯を同年六月五日付書翰において詳述しているので、彼の書翰によってその成り行きを見ることにする。

田原親虎受洗

親虎は書状と伝言をカブラルに遣わして、受洗の希望を伝え、宗麟には直接養父の彼への対応について訴え、受洗の意志を述べた。これに対して、養父親賢は彼の受洗が親や主君への服従を説くデウスの教えに反するとして、日本人修道士のジョアン・デ・トルレスに親虎説得を依頼した。しかし、親虎の決意は堅く、カブラルは福音史家聖マルコの祝日（四月二五日）の前日に彼に洗礼を授け、親虎自らが選んだシモンの洗礼名を与えた。彼に近侍していた若者三人も受洗した。フロイスはこの洗礼式に立ち会い、二九日の日曜日にはカブラルと修道士トルレスが府内に行って不在であったため、ミサはフロイスが司式した。シモン親虎は、前日雨の中を宗麟父子がいた狩場から四レグアの臼杵に戻って来て、ミサに出席した。フロイスは彼が信仰を堅固にして、デウスへの愛のために現世での小さな労苦に対して、来世で与えられる永遠の報いを彼の眼前に示す意図のもとに説教するよう努めた。親虎の洗礼を巡って、彼と養父親賢とのせめぎ合いは、六月初めまで続いた。

養父親賢は棄教を迫る

養父親賢は養子親虎の受洗を知って、彼を監視下に置き、彼の追放と宗麟女との婚約解消をちらつかせて棄教を迫った。彼と一緒に受洗した付き人を先ず放逐した。シモン親虎は、デウスへの愛と自らの救霊のために一切を捨てる覚悟であると述べて意志を貫いた。そのため、親賢はカブラルに伝言を送って、彼が支配する豊前国には神仏の堂宇が多く、親虎がキリシタンになれば神仏が破壊されるとの危機感を述べ、親虎が棄教すれば、彼がキリシタンとなったと同然の便宜を宣教師に与えるとの懐柔策を提示した。

親賢、カブラルに懐柔策を提示

親賢には「自分が当主である田原家は、戦いの神々である八幡（宇佐八幡）Fachiman に従属している」（『日本史』同）との自負があった。カブラルはこれに反論した書状を返して、パードレたちの生命が失われ、日本と世界にあるすべての教会がなくなってもキリシタンに信仰を棄てるようにとの助言は決してしないと謝絶の意を伝えた。シモン親虎はカブラルに秘かに書状を送って宗麟に斡旋の労をとってもらうよう要請した。神父は修道士トルレスを狩場にいた宗麟の許に遣わして、親賢への説得を依頼した。親賢がシモンを教会に連れて行った経緯を知っていた宗麟は、「教えの問題は自由であるために、各人が自分に最も良いと思われるものを選ぶことができる」と言って、今は知らない風を決め込んで時いたらば介入することになろう、と伝えた。フロイスは、宗麟の対応が義兄弟親賢の本性を知っているためであると指摘する。

カブラル反論、大友宗麟に斡旋を要請

親賢は再度カブラルに伝言を送ってシモン親虎の棄教を要求し、それが入れられない時には教会を破壊し教会にいる者すべてを殺し、国主（宗麟）がこれに憤慨すれば彼は

親賢、再度棄教を要求

死ぬことになると脅迫した。彼がカブラルに対して高圧的であったのは、彼の姉妹である宗麟正室がシモン親虎に女を嫁がせる条件として彼の棄教を強く要求していたためであった。カブラルは親賢のこの伝言についても宗麟に報じた。彼は、親賢には洗礼は一旦受けたのちにはこれを再び放棄することができないと答えるようカブラルに言い、教会については自分に属するものと見なして保護する旨を伝えた。シモン親虎は秘かにセバスティアン親家に会って養父との義絶について述べて、彼の支持を得た。親賢は親虎を堕落させたのは親家であると見て彼に不快感を持っていた。宗麟は次子親家には沈黙するよう命じた。

緊迫した状況が続く

　親賢が神父たちを殺害し教会を破壊するとの噂が広まると、キリシタン武士らが殉教を覚悟して集まり、一方で教会破壊を防ぐとして武器を携帯した。カブラルは祈りと告解を武器として対処するとして総告解をした。フロイスは、自らの罪のために殉教の至福を受けるに値しないと述べてはいる。彼らは非常事態に備えて教会の聖具類を府内教会に送る手はずを整えた。緊迫した状況は二〇日以上続き、その頂点は二昼夜であったと言う。その最初の夜に宗麟からの書状がカブラルに届いた。彼は、自分の妻が騒擾(そうじょう)を仕組んだと理解しており、同神父が肥前への出発を早め、彼女が諸悪の根元と見ていた修道士トルレスを同行すれば、事態は鎮静化するとし、教会を保護する立場にか

宗麟妻病臥

宗麟庇護を表明

ロウレンソ・ペレイラに再会

わりないことを伝えた。これに対して、カブラルは返信して自らの宣教師としての立場・役割・使命を説明して、殉教を厭わないと答えた。宗麟は再び伝言を送り、シモン親虎が養父から逐い出された時には彼を庇護し、幼少の女を彼に嫁がせる旨を伝えた。この伝言が届けられたのは、五月下旬頃であったようである。宗麟の正妻が突然病臥したことに関わるのかも知れない。彼女は聖霊降臨祭の祝日（五月二六日）の前日二五日に突如ひどい痛みのため床につき狂乱状態が続いてこれが治まった時に、彼女は教会については何事も起こらないので安心するように言った、という。宗麟の書状は、正妻の変化を見据えた上でなされたのであろう。なお、この伝言をもたらしたのは、二六年前にゴアで受洗したロウレンソ・ペレイラであった。彼はすでに五〇歳以上であり、宗麟に近侍していた。フロイスは臼杵に住んだ一月以降ほどなく彼に再会していたであろう。カブラルは宗麟の書状の内容についてシモン親虎に伝え、宗麟も彼に伝言を送ったが、彼は信仰についての本心を隠すことはできないと返答した。

世子義統はカブラルに使者を遣わして、引き続き教会に保護を与えること、弟セバスティアン親家がシモン親虎を庇護し援助していることを理解している旨を伝えた。六月二日の日曜日、三位一体の祝日に臼杵の教会では青年武士とその家族ら二三名がカブラルから洗礼を授かった。その前夜の夜更けにセバスティアンとシモンが一緒に教会を訪れたが、シモンは「厳しい苦悩と難儀のために大変痩せ細って衰弱していた」。カブラルは六月にはポルトガル商船の来港する長崎に赴くことになっていたが（フロイス、一五七七年九月一日付書翰 J.S. 8 I）、四日の朝、宗麟から朗報がもたらされた。それは、シモン親虎と養父親賢が和解し、従来通り家督を相続する旨を伝える伝言であった。宗麟が両者に対し懸命に説得した結果であろうか。その日、シモンからもカブラルに伝言があり、事が落着し、養父が軟化の兆しであることを伝えてきた。カブラルはその日の午後ないし翌朝に臼杵を出発した。旅路についた神父に、世子は親虎の事柄と教会の庇護については心配しないようにとの伝言を送って馬一頭を遣わした。カブラルは府内に立ち寄って肥前に向かった。

親虎と親賢和解

二　宗麟の改宗とフロイス

フロイスは、臼杵に赴任して以降、カブラルが対応していた田原親虎の受洗問題に深く関わることはなかったようである。彼が関与できる余地はなかったのであろう。カブラルが肥前に下ったのち、彼は豊後地方の上長として、また臼杵の聖母教会の主任司祭として動き出すことになる。彼は一五七七年六月以降、カブラルが肥前に出発したのち

臼杵を中心に巡回宣教

ほどなくして、彼の要請に応えて、修道士ロケを伴って同地から九ないし一〇レグア離れた土地に赴いた。大野川を遡(さかのぼ)って志賀（竹田）辺りまで訪れたようである。長期にわたる巡回宣教であり、彼は一五日を過ぎて病気になり説教ができなくなった。それでも六六人の改宗者を得た（一五七八年九月三〇日付書翰）。

長い書翰を執筆

八月に入って体調は回復し、精神的にも時間的にも少し余裕ができたようであり、聖務の傍ら比較的長い書翰を執筆している。八・九月の二ヵ月間に執筆した四通が現存しているが、二通は、彼がまだ京都・畿内で活動していた時の報告である。繁忙と病気のために執筆できなかったことを不本意に思っていたのであろう。彼は、九月九日付書翰で、京都の新教会建造に関して、教会建造に貢献した指導的キリシタン六、七名の事跡と教会建造の経緯・過程と教会の景観等について述べている。指導的キリシタンのダリオ高山とその子ジュストについては、「本書翰と一緒に行くエヴォラ・コレジオのパードレ数名に宛てた長文の書翰に、特に彼らについてのみ書いているので、ここでは何も言及しない」と断っている。

その別の書翰は、すでに八月二〇日付で書かれた。一五九八年編纂・印刷のエヴォラ版「日本書翰集」では、年紀が一五七六年となっているが、原文書（Jap. Sin. 8 II）では「一五七七年」と明記される。フロイスは一五七七年八月二〇日付書翰において、高山

ダリオ高山受洗の事実を曲げる

父子が畿内のキリシタン教界の指導的立場にあったことを、彼らの受洗の発端から始めて特筆している。彼はダリオ高山の宣教における寄与を評価するあまり、彼の受洗について事実を曲げて報告した。あるいは単なる誤記であった可能性もある。すでに「第二二」において略述したことであるが、一五六三年に松永久秀の指図で学者の結城山城守忠正と清原外記枝賢が修道士ロウレンソを奈良に招いてキリストについて審問し、ついで彼らが洗礼の意向を示したためヴィレラ神父が堺から同地を訪れて洗礼を授けた経緯は、修道士フェルナンデスが「都のこと」のみを報じた一五六四年一〇月九日付平戸発信書翰から知られる。同書翰にはダリオ高山に関する記載はない。しかし、フロイスは、前記一五七七年八月二〇日付書翰では、高山が主導的立場にあって二人の貴人(結城・清原)と一緒にロウレンソを欺いて招いて審問したこと、教理に納得した高山が先ずキリシタンになり、彼に続いて他の二人が家族と一緒にキリスト教に改宗した、と報じる。彼らの受洗から一〇年後に書かれた記事が、ヴィレラとロウレンソ、あるいは高山本人からの伝聞に拠ったことは確かであるが、フロイスは、キリシタン教界に対するダリオ高山の献身的な姿勢を印象づけるためにその伝聞を都合良く改変したこともありえる。彼はその一〇年後に執筆した「日本史」一部三七章で、ロウレンソと結城との対論について述べ、三八章で、ダリオ高山について初めて言及して、結城・清原両氏の受洗を聞き知った高山が沢城から駆け付けて教理説教を聴き受洗した、と事実を語っている。彼は「日本史」執筆に当たり、フェルナンデスの前記書翰を読んで一五七七年八月二〇日付書翰における自らの誤りに気付き、「日本史」三八章において、修正せざるを得なくなったのであろう。

豊後に転任の理由

ところで、カブラルがフロイスを「豊後の上長」の立場で転任させたのは、単に彼の健康問題だけが理由ではなかったようである。彼は、前述したように、二回目の上洛後の帰路には一五七四年九月六日に堺を発って豊後に到着以来、翌一五七五年の復活祭(四月三日)頃まで六ヵ月余り同地に滞在し、その大部分は臼杵の教会にいた。その間に、土佐の一条兼定に教理を説いて彼の改宗を準備し、同年一二月には宗麟の次子親家に洗礼を授けた。その前後にエステヴァン事件が起こり、同事件を巡って宗麟の対応が注目された。さらに、重臣田原親賢の養子親虎のキリスト教への親近・傾倒が見られた。カブラルはポルトガル船が来航する六、七月には肥前に戻っていた。フロイスは「日本史」

宗麟・義統の改宗を期待

において、カブラルが日本の布教長であるために職務柄豊後で冬を過ごすために来ており、それは同地で得られた成果によって、宗麟に従っている五ヵ国においてそれ以上の成果が期待されているからである(二部一章)、と指摘する。カブラルがさらに視野に入れていたのは、宗麟とその子義統の改宗であったのではなかろうか。次子親家と女婿一条兼定の改宗、そして田原親賢の養子親虎のキリスト教への親近の状況を踏まえて、ザビエルとの出会い以来一貫してキリスト教とイエズス会宣教師を保護してきたことをよりどころにして、カブラルは宗麟改宗の可能性を強く感じるようになっていたのかも知れない。

宗麟改宗のため転任

彼が宗麟改宗のために考えついた秘策が、フロイスの臼杵転任であったように思われる。京都における苦難続きの宣教活動のなかで、信長との関係を維持して宣教の基盤を築いた彼の力量に期待したのではなかろうか。彼はジョアン・バプティスタ・モンテ神父と並んで日本では最古参であり、日本の諸事情や日本人の機微に通じていた。カブラルはフロイスが畿内地方の政情に敏感であった宗麟の要望にも十分に対応できると判断したようである。宗麟もまた中央の諸事に精通した貴重な情報源として、彼の臼杵転住を好意的に受けとめたであろう。

フロイスは臼杵居住後、すぐに宗麟に会い、幾度か接触の機会があったと思われるが、カブラル神父が田原親虎の受洗問題にかかり切っていたため、彼の報告には同問題が中心に扱われ、彼が宗麟に直接対面したとの記載は見られない。しかし、ゴアにおいて一五七八年一〇月二〇日付で「一五七七年のインド年報」を作成したゴメス・ヴァス神父は、日本からの通信に基づいて、「パードレ・フランシスコ・カブラルは言葉の師匠としてパードレ・ルイス・フロエスを随伴している」（インド文書一一巻）と報じる。臼杵に赴任したフロイスは、同地では日本語を十分に話せなかったカブラルの通訳を務める立場にあったようである。カブラルは宗麟に面謁する際にはいつも彼を同行していたのであろう。フロイスが「日本史」二部の冒頭から三章において豊後における新事態、すなわち、宗麟の受洗問題について言及した意味は重い。彼には、宗麟の改宗を日本教会における偉大なる成果として印象づける狙いがあったと言えよう。なお、一五七七年には、宗麟は四七歳、フロイスは四六歳、カブラルは四四歳くらいであった。

宗麟、正妻を離別

宗麟と正妻奈多氏の間には義統・親家・親盛の三人を含む多くの子女がいたが、親家と田原親虎らのキリスト教への改宗、宗麟の同教への傾斜が強まるのに反比例するかたちで、両者の間は冷えていった。彼はついに正妻奈多氏を離別して城外の五味浦という町外れの海岸近くに家を新築して移り、そこに正妻の侍女頭を務め、すでに四〇歳を過ぎて、多少病弱であった女性を妻として迎えた。彼女は宗麟の次子セバスティアン親家の義母でもあった。宗麟は彼女のためにキリスト教の教理を説いてくれるよう修道士ジヨアン・デ・トルレスの派遣をカブラルに要請した（フロイス、一五七八年一〇月一六日付書翰、日本史二部二章）。その時期は一五七八年の春三月頃であったようである。イルマン・トル

宗麟夫妻に教理を説く

レスは新邸を夕方のアヴェ・マリアの時刻前に訪れて説教を始めた。宗麟も聴聞するこ

とを望み、毎晩、教理についての説教が終わると、宗麟は一〇時あるいは一一時まで教理について語った、とされる。説教の聴聞がすべて終わると、宗麟が病弱の新妻のために邸内での洗礼式をカブラルに依頼したため、急遽、祭壇が設えられた。カブラルは彼女の洗礼に先立って、宗麟に対して彼女がキリシタンとなるからには彼が異教徒であっても、命ある限り彼女と共に暮らす決心が必要であり、別れた最初の妻との復縁は許されない、と説諭した。宗麟はこれを了解し、洗礼式が執行され、彼女はジュリアの洗礼名を与えられ、彼女と一緒に教理を聴いた親家の妻である娘も受洗して、キンタ Quinta（コインタ Cointa）と称した。

宗麟の新妻が受洗

洗礼式後、イルマン・トルレスは宗麟の求めによって毎日曜日の午後、説教をするため彼の許を訪れた。それは五、六ヵ月続いた。この間にキリスト教への改宗を固めたと思われる宗麟は、祈りを唱えるためにラテン語文の主の祈り（パーテル・ノステル）やアヴェ・マリア、使徒信経などを日本語にしたノートをトルレスを介してカブラルに求め、それを暗記して暗誦した。彼は毎日曜日説教のために訪れていたトルレスに、彼を通じてカブラルに話してもらうために、自分はデウスの教えをパードレたちによって日本に弘められた当初から良き教えとして認めていたにもかかわらず、多年にわたってキリスト教徒になることを延ばしてきた理由を語った。フロイスはトルレスからそのことを二、

宗麟が洗礼をためらった理由

三度聞いたとして、前記一〇月一六日付書翰で報じている。すなわち、一つには、それ（改宗）に相応しい機会が与えられるよう願っても、それは簡単であるはずはなく、長きにわたって準備する必要があったが、世子がすでに年齢に達したことによって領国の政治を彼に譲り、今やその機会を得たので、自らについてよりいっそう熟考できる立場になった。二つには、日本の諸宗派の完全さ、奥義および学理がどの程度まで達成されるのか見極めたいと願っていたが、諸宗派の方法は禅宗のそれと同じで、これを悟った時には他の宗派について知りうることをすぐに理解したので、多額の出費をして僧院を建て、学者たちから学ぼうとして都から彼らを招いて、多年彼らの瞑想の業を続けた。しかし真実は、禅宗の奥義に入れば入るほどますます秘儀や深遠さが薄れ、むしろ心は不安定になり理解力がさらに混乱したことである、とする。

宗麟はデウスの教えの根源についてかなり聴聞してきたとして、肥前に行っていたカブラルから受洗したいので一ヵ月以内に豊後に戻って欲しい旨の伝言を送った。カブラルがシモ（肥前）地方に下ったのは六月末か七月初旬であったと思われる。彼と入れ代わりに、フロイスが府内から臼杵に戻り、その翌日の午後に、宗麟の訪問を受けた。彼は日暮れ時まで二時間余り修院に留まって教皇の選挙や巡察師の日本訪問などについて質問した。その後、フロイスが使徒サンティアゴの日（七月二五日）に宗麟を自邸に訪ねた際に、彼は特に教会における礼拝方法や祈りの回数などに関して質問した。ザビエルが同じことをキリシタンに尋ねられて助言を与えたとフロイスが話したところ、宗麟はそれを日本の文字で書いて小冊子にしてくれるよう頼んだ。フロイスはこの機をとらえて長い講話をした。すなわち、宗麟がデウスから賜った恵みの大きさと、彼の改宗のために主が彼をそうした状況に導こうとして二五年以上もの間、いかに多くのミサが立てられたか、またそのためにカブラル神父がミサをあげ、他の神父たちにミサを上げさせる時にどれほど特別な配慮を払ってきたか、そして、彼の救［霊］を願望する以外には何も望まない、という内容であった。彼の「日本史」には、「言葉（日本語）を相当に話すことができたパードレが、絶好の機会を与えられて長い講話をした」（二部三章）とある。ただし、この一節は前記一〇月一六日付書翰には見られない。フロイスの講話の眼目は、「彼の改宗は人間の業・所作 obra や人間的な創意 inuenção によるのではなく、デウスの摂理 prouidencia、すべてを采配し適切に統べ給うデウスの絶対的な御慈悲 misericordia である」ということを、宗麟に納得させることにあった。フロイスが辞去した後、宗麟は古参の日本人修道士ダミアンを呼んで、言い忘れたことをフロイスに伝えて欲しいと言って、彼とキリスト教との出会いについて語った。

宗麟の改宗を願うミサ

宗麟、カブラルから受洗

宗麟がカブラルから臼杵の教会で洗礼を授かったのは、博士聖アウグスティノの祝日

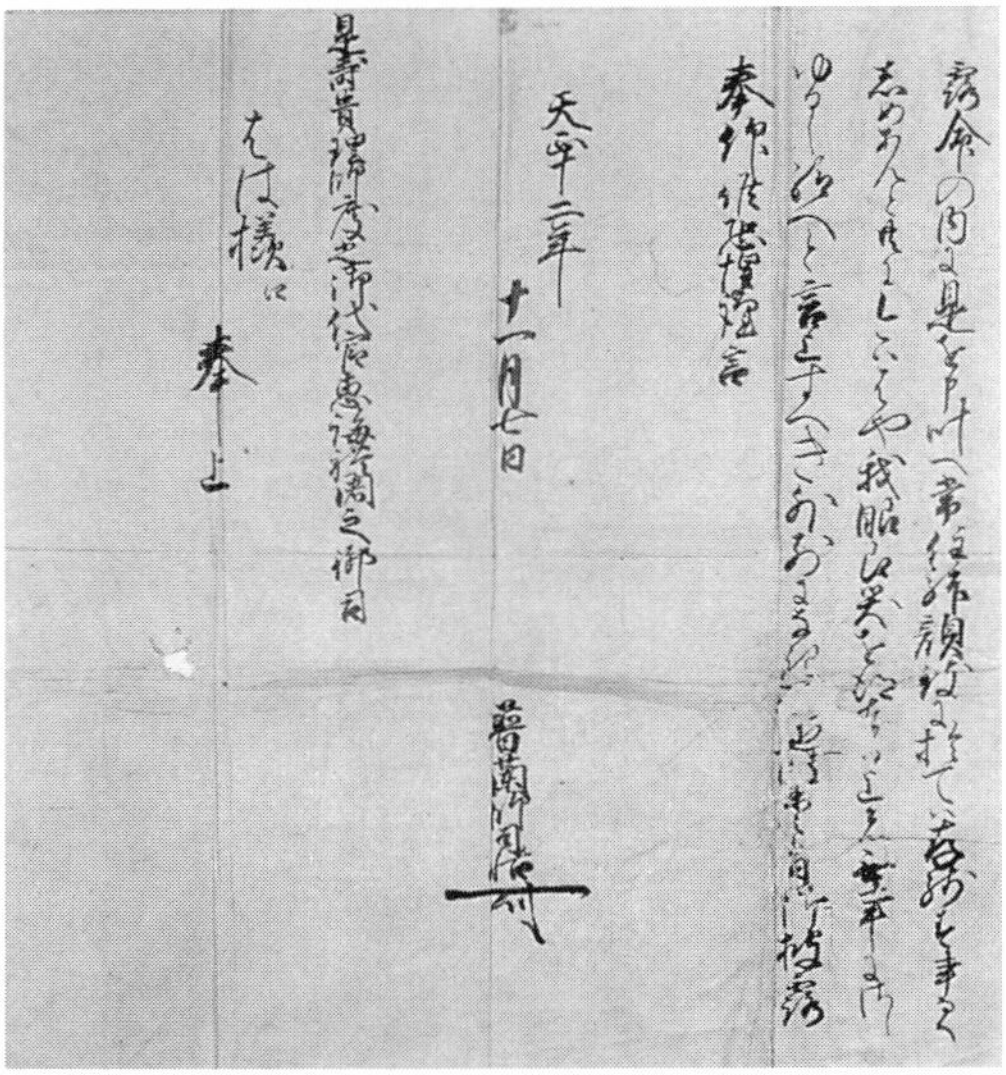

普蘭師怙（大友宗麟）書状（津久見市教育委員会）

（八月二八日）の午前である。ザビエルに会ってからすでに二七年が経過していた。洗礼名フランシスコは、ザビエルに思いを致して彼自身が選んだ。

世子義統もキリスト教に好意を示す

　宗麟は一五七三年（天正元）に世子義統に家督を譲って彼を後見していた。フロイスは前記一五七八年一〇月一六日付書翰において、「彼は諸国をすでに統治し、二年以上になる。彼は現在二二歳前後であろう」と報じる。フロイスが臼杵に転住した前後から、義統の政治力は顕著に発揮されていたようである。彼は中央の政治動向に関心を払い、信長の仏教寺院に対する高圧的政策に強く影響されるところがあり、寺院および仏僧らに対して距離を置き始めていたことがフロイスの書翰から知られる。彼はイエズス会が豊後にコレジオ（学院）を設置する計画のあることを知って、臼杵から半レグアの地に広大な地所を与えた。一五七八年一月のことであった。彼の権力基盤の強化と、父宗麟が一貫してイエズス会宣教師たちに保護を与えてきたことが、彼に宣教師を許容させたのであろうか。彼は復活祭（三月三〇日）前に司祭（カブラル）に伝言を送って、彼の近侍者をキリシタンにする意向を伝えてきたことから、カブラルはイルマンを遣わして説教を始めた。それは、宗麟の要請によってイルマン・トルレスが新妻（ジュリア）に説教を始めた時期に相前後していたようである。しかし、義統は前年一二月に日向から避難・亡命してきていた伊東義祐父子の旧領回復のため、突如、四月二四日（和暦三月一八日）に士卒三万を率いて日向土持に出陣したため、説教は中断された。彼は五月一六日（同四月一〇日）に土持親成の居城松尾城（延岡）を攻略した。

義統、妻と一緒に説教を聴く

義統が自らキリシタン教理の説教を聴聞したいとして、イルマン・トルレスの派遣をカブラルに要請したのは、宗麟が洗礼を受けてから数日後の九月初めであった。彼は、人目を避けた部屋で夜間に妻と一緒に説教を聴いた。他日には、夜一一時頃にフロイスをトルレスと一緒に招き、知りたいと思っていたヨーロッパのことやザビエルの生涯について尋ね、夜明けまで話し続けた（「日本史」二部四章）。フロイスが自分の立場を「日本史」に、「豊後の上長 Superior em Bungo 」（二部四章）と記載したのは、この時が初めて

豊後の上長

である。他の日にも、義統はフロイスとカブラルを招き、彼らが持参した日本語の著述についての説明を受けた。それには、日本の教えの誤り、神仏の虚偽、デウスの教えの真理・公正・完全なることが書かれていた。彼は家臣たちに話すためにこの著述とカテキズモ（公教要理）を日本の文字に写すことを彼らに求めた。

宗麟、荘厳ミサに与る

一方、宗麟は日向の土持に住んで、そこをキリシタンの土地にすることを考えていたようである。フロイスは「日本史」（二部二章）で、彼が、自分はキリシタンの家臣三〇〇名を伴って日向に行くことを決めており、そこに築くことを決断した都市は日本のそれとは異なる新しい法と制度によって治められなければならないとカブラルに述べた、と伝える。彼は妻ジュリアと教理を聴聞するうちに、義統が回復した伊東氏の旧領地を新しい生活の地にしようとしたようである。彼は日向への出発を前にして、助祭と副助祭が参加した荘厳ミサに与りたいと願った。このため、府内からも修道士たちがやって来た。当時同地に居た修道士一三名のうち何名が参加したかは明らかでない。臼杵には、司祭のカブラルとフロイスの他に、アルメイダや日本人のトルレスとダミアンら六名の修道士が居た。ミサは使徒聖マテウス（マテオ）の日（九月二一日）に上げられた。宗麟の首途のために捧げられたミサであった。このミサは彼の嫡子義統の心を揺さぶったようである。

義統、受洗を希望

その数日後、宗麟出発の八日ないし一〇日前というから九月二五日か二七日に、義統はカブラルに修道士の派遣を求め、妻と共にキリシタンになる決心をした旨の伝言を送った。両者の間にさらに伝言が交わされ、カブラルは、教理の聴聞を重ね、祈りについてさらに学んで準備することが主への奉仕となるとして、彼が望むように来年の初めには受洗できるであろう、と答えた。一〇月四日、アッシジの聖フランシスコの祝日に宗麟は妻ジュリアを同行して臼杵を出帆した。カブラルは別の船に乗り、土持に教会を建てるために三人の修道士、トルレスとアルメイダおよびアンドレ・ドウリアを伴った。この日、義統は臼杵から七レグアの保戸島まで宗麟の船と同航した（日本史二部五章）。フロイスは彼に同行し、彼と夜に長時間話した。その会話の中で、義統は巡察師の来日についで何度も尋ね、彼の洗礼式への出席を願望しており、また彼の妻をすぐにもキリシタンにしたい、と語った。フロイスは巡察師が来年間違いなく来ると思っていると述べ、彼の妻の洗礼についてはカブラル神父による洗礼を待つのがいいであろう、と答えた。

義統、島津氏との戦闘準備に忙殺される

臼杵に戻った義統は、日向での島津氏との戦闘準備に忙殺される中、福音史家聖ルカの祝日の前夜、すなわち一〇月一七日にフロイスを城に招き、翌朝の五時頃まで彼と話し合った。フロイスは、その会話の内容、特に彼の洗礼と、彼が自分に与えられることになる洗礼名に関心を持っていることなどについて、早速、日向滞在中のカブラルに知らせた（一〇月一八日付書翰）。フロイスは「日本史」で、宗麟が日向に赴いたのちの義統について、「世子は公然と自らの救［霊］のことを語り始めた。このため、頻繁にパードレを呼び寄せ、彼からデウスのことを聴き、同じ望みを持っていた夫人princezaも聴聞した」（二部六章）、と記す。義統はフロイスに会ったのちの日曜日（二〇日）の夜に、再び彼を招いた。彼が開口一番に話したことは、直ちに出陣しなければならなくなったために、キリシタンになることを望んでいる妻に洗礼を授けるため聖洗礼の水と道具をすぐに取りに行かせるように、ということであった。フロイスは彼の要望に理解を示し、妻女と話す必要があるとして、かつて話した説教を要約して彼女に一時間ほど話し、その後に彼女の質問に答えた。彼女は洗礼を願ったが、フロイスは日本の諸宗派の誤謬とキリストについての理解を今少し深め、必要な方法によって準備がなされたならば直ちに洗礼を授けるであろうと答え、それは、国主elrei、世子principeおよび王妃（世子夫人）rainhaが、今後悉くキリシタンになるすべての王侯たちos reis e principesの模範となり鑑となる必要があるためである、と説明した（フロイス、カブラル宛一五七八年一〇月［二一〜二二日］付書翰）。義統は夫人の洗礼に拘（こだわ）った。彼は出陣を控えていて、夫人も伴がなく教会に行くことができなかったので、フロイスが可とするなら、明朝、携帯式の祭壇を邸内に設けて、そこで洗礼が受けられればということであった。フロイスはこの時、

邸内に礼拝堂を設ける

彼が望んでいた別のことに彼らを導こうとして、ヨーロッパの諸侯たちの習慣に倣って邸内に礼拝堂を設けてはと話して、義統の同意を得た。彼は、邸内に礼拝堂が完成したのちになされる夫人の受洗には、出陣先から駆け付けるということで納得した（同書翰、日本史同章）。彼の母奈多氏は、礼拝堂が彼女の住まい近くに造られることを知って激怒した。

義統、陣所野津に修道士派遣を要請

日向野尻に出陣した島津義久の軍勢が、伊東義祐配下の長倉左衛門の石城を攻めたのは一〇月一七日（天正六年九月一七日）であり、長倉氏は豊後に敗走した。臼杵を出発した義統は野津に陣所を置いて前進せずに長逗留した。陣屋は祖父義鑑が寺小路に建てた到明寺であったようである（平山喜英「キリシタンの街「野津」」）。彼は野津逗留中に、家臣たちに説教をしてくれるよう修道士一人の派遣をフロイスに要請した。野津に赴いたダミアンは毎日三通りの説教をした。義統の面前で彼の家臣たちに二回、ダミアンの宿舎で数回、領主たちの屋敷で数回なされた。説教の対象は階層毎に行われ、ダミアンの宿舎での聴聞者は庄屋や有力農民であったようである。教理教育を終えた洗礼志願者のためにフロイスが臼杵から呼ばれた。彼は一一月一七日（日）に土持に行く修道士のクリストヴァン・モレイラを伴って臼杵を発ち、翌一八日、一八名の武士 fidalgos に洗礼を授けた。彼が新しいキリシタンたちのために持参したロザリオが義統の手から彼らに与えら

フロイス、野津に行き洗礼を授ける

臼杵市野津の下藤キリシタン墓地（臼杵市教育委員会蔵）

れた（日本史同章）。その二日後に二回目の洗礼式が義統の出席のもとに行われ、武士と貴人 gente nobre 一四名が受洗した（同七章）。

野津の有力者リンセイは、同地の管理人 feitor ないし責任者 superintendente の立場にあり、すでに臼杵で三度説教を聴いていた。彼は家の者一二〇名以上に説教を聴かせようとして、イルマン・ダミアンが一回目の洗礼式後に八ないし一〇日間、自邸に滞在する許可を義統から得た。教理教育がなされ洗礼の準備が整うと、フロイスは修道士二人を伴って野津に行き、リンセイ夫婦と身内の一一三人に洗礼を授けた。リンセイはリアン（レアン）、妻はマリアの洗礼名を与えられた（同八章）。野津のキリシタン教界はこの時に始まった。リアン・リンセイの使徒的な活動によって二回目の洗礼式が同地で行われたのは一五七九年二月で、フロイスが臼杵から来ておよそ五〇人に洗礼を授けた（同一六章）。

大友軍大敗、豊後に退却

大友軍の先遣隊を率いる佐伯・田北両氏は、一二月八日（天正六年一一月一〇日）に島津義久の城将山田有信が守る日向高城を奪還するため動き、翌日、同城を包囲し攻撃したが、一二日の激戦で敗れ、主力の武将多数を失う大敗北を喫し、一〇日には追撃されて耳川で多数の死傷者を出した。加判衆田原紹忍（親賢）は耳川から逃れて務志賀に至った。宗麟は一二日に同地を発って陸路臼杵に敗走した。カブラルも宗麟からの伝言を得て直ちに同地を退却した。新教会と、これに付属する品々の多くは放置された。彼は、臼杵への途上で、野津に滞陣していた義統の使命を帯びて宗麟に会うために宇目に向かっていたフロイスに出会った（同一二章）。一五日頃であった。義統は、南下していた南郡衆と肥後衆に帰国を命じて、臼杵に戻った。宗麟は臼杵には戻らずに、津久見に行き、寺院を宿とした。彼はカブラルに対して、同地に定住し、教会を建てるつもりであるので、司祭一人が居住するように配慮して頂きたいこと、また息子の世子（義統）がその良き意向を持ち続けるように熱意を奮い立たせるつもりである、と伝えた（同一三章）。

フロイス、宇目に向う

宗麟、降誕祭の夜に告解し信仰を守ることを誓う

宗麟は、津久見に落ち着いた数日後、降誕祭を間近に控えて、ミサを立ててもらうためフロイスを臼杵から招いた。降誕祭の夜、宗麟は妻ジュリアと共に告解したのち、聖体の至聖なる秘跡についての説教を彼らにしてくれるようフロイスに願った。真夜中になってミサが立てられ、夜明けの三番目のミサののち、彼らは聖体に与った。ミサとそ

敗戦により宗麟の威信衰え、家中に反キリシタンの気運高まる

れに続く連禱が終わったあと、宗麟は祭壇前の床に顔をつけてひれ伏して跪(ひざまず)いたまま フロイスに話した。それは、彼が日向の陣所において自らが誓約したことであった。一つに、デウスがその恩恵と援助を私に与える限り、たとえ全世界が信仰を棄てたとしても、またカトリック信仰のために殺されることがあっても、私はデウスの恩寵によって決してこの信仰を離れることがないことをデウスに約束する。二つに、私は全力を尽くして、デウスの掟(おきて)を遵守するのみならず、コンパーニャ（イエズス会）のパードレたちによって私に与えられた助言と注意を守る。三つに、死に至るまで婚姻［の掟］の違反者になることは決してなく、いかなる肉欲の罪によっても私の魂を汚すことはしない（同一三章）。彼はフロイスがこの誓約をカブラルに伝えてくれるよう頼んだ。

日向での敗戦を機に、有力家臣の謀反が続いて豊後国内の政治状況は不安定になり、肥前の龍造寺隆信が筑後に侵攻し、秋月種実や筑紫広門が大友氏に反旗を掲げて筑前・豊前への攻略を企てた。義統は、敗戦前には自らと妻の洗礼を性急に求め、フロイスの勧めによって自邸に礼拝堂を設けて、その祝別式のために一時野津の陣所から戻って、多声音楽canto d'orgãoが歌われたミサに参加して精神的に高揚した状態にあったが（二部七章）、敗戦後の臼杵城内では、敗戦は神仏の祭祀や儀式が廃止されて、神仏による加護が失われるようになったためであるとして、キリスト教に対する批判が俄に高まりを

みせ、彼自身が苦境に追い込まれるに至った。宿老たち regedores の寄合を主導した田原親賢が中心になって義統に提出する覚書三点が取り決められた。第一の覚書では、神仏信仰を許し、寺院を再建し、仏僧の知行（寺領）を復活すること。これらは世子がパードレとイルマン、デウスの教えに好意を示したことによるとした。したがって、世子は今後諸悪の根源であるパードレと会話すべきでないとする。親賢は当覚書に同意する証拠として自邸に設けられた礼拝堂の破棄を要求した。第二の覚書では、親賢が府内統治の最高責任者であるために当地の教会に通う人びとの取締許可を自分に与えるようにというものであった。第三の覚書では、臼杵の教会が御殿にあまりにも近いために、これが多くの事柄に不都合となっているので、これを直ちに破壊しパードレたちを領外に追放するよう求めたことであった（同一四章）。

この情報は、親賢のライバルである田原氏本家の親宏（宗亀）によって一五七九年一月一一日にカブラルに与えられた。彼はキリシタン教会には中立的な立場にあったようである。フロイスは、日向での敗戦以前の親宏について、「彼はパードレたちには良くもなく悪くもなく接していたし、彼らについての知識も殆（ほとん）ど持っていなかった」（同）、と伝える。彼は宗麟の父義鑑の時代に反逆して周防に亡命し、義鑑の死後に大内氏の仲介で帰国を許され、本領の国東・安岐両郷の一部を与えられたに過ぎず、その大部分は分家の武蔵田原親賢らに与えられていた（『大友宗麟』）。後日、カブラルを訪れた親宏は、「国中の者すべてが、私たちが当国では有害な存在であって多くの害を引き起こしてきたために、国主（義統）と交渉して私たちを国外に追放するよう彼に要求した」。そして、「日向の戦いでの悪い結果は私たちの責任ではなく、軍勢を見捨てた武将たちの過誤と責任によるものであった」と語った。それは、親賢の行動を批判したものと、フロイスは受けとめていた（同一四章）。親宏はさらに、親賢とその妹（宗麟の前妻）、義統の義兄弟久我氏らが教会の破壊とパードレたちの殺害について談合している、と伝えた。

敗戦は田原親賢の責任という主張

その一一日後の一月二二日に、カブラルは義統を教会に招いた。イエズス会は一五五七年以来毎年恒例として決まった日に国主を府内の修院に招いて食事を供して来た。カブラルはこの仕来りにこと寄せて義統と会食して、彼が巷間で言われているようにすでに宣教師および教会に反対する立場にあるかについて見極めようとした（同一五章）。彼は日向での敗北直後まではまだ受洗の意向を表明していたが（同一二章）、野津で受洗した家臣の大多数は棄教し、彼の妻もすでに彼の生母奈多氏や乳母らの説得によって受洗の気持ちは冷めていた。

野津で受洗した家臣は棄教

義統は教会を訪れた一月二二日後のことと思われるが、フロイスに決別を告げるような伝言を送った。

義統、フロイスと決別

私は今までパードレやイルマンたちと甚だ懇意にして来た。殊に尊師とは率直に交わり親しくして来た。しかし、時間の経過とともに事態は変わって行くので、それについて多少考えて、今後はもはやこれまであったようには行かなくなった。以前にしたように、私は教会に頻繁に行くことはしないし、尊師と他のパードレたちもかつてしたように、こちらに来ないでいただきたい。しかしながら、教会に何か必要なことが生じた時には、そのために御殿にいる指名された者たちを通じて私に通知することができる（同一五章）。

なお、フロイスは一五八六年以降に執筆した「日本史」二部で、義統との関係について述べて、「世子（義統）は彼（フロイス）と深い親交を結び、彼を父とも師とも仰いでいた」（六章）と記している。義統の伝言に対して、フロイスは以下のように返信した。

信仰から得られたことを記憶に留めることを望む

パードレ（フロイス）は以下のように答えた。殿下（義統）Sua Alteza が決めたようにするであろうこと、また、殿下を失うことと殿下が離反していくことは、私たち［の問題］ではなく、殿下自身の問題である。そして、殿下にただ記憶に留めて頂きたいことは、デウスから光明を得たこと、その教えによる喜び、生活上の良き秩序と、その所作による教化、そして、これらのすべてが、パードレやイルマンたちとのこれまでの交わりによって生じたことを、のちに殿下に起きること、すなわち殿下の霊魂に生じる有り様、信用および評判について、また、殿下をすべてにおいてかような悪に手助けできる者たちの助言に従って生じる領国のさらなる成功とを将来において比べてみることである、と（同一五章）。

田原親宏の謀反を阻止

反キリシタンの動きが顕然化し、豊後の隣国各地で大友氏に対する反攻が強まる中で、本領の還付を要求する田原親宏が義統の許可なく自領国東(くにさき)に帰った。彼は筑前の秋月種実の甥（親貫）を養子に迎えていて、秋月氏と結んで謀反を起こす可能性をはらんでいた。事態を憂慮した宗麟は、三月下旬、使者を国東に遣わして、養子親貫を廃嫡し、宗麟の次子親家を養嗣子として迎えること、彼の全旧領を返還することについて交渉させて窮地を脱した。

宗麟、府内に赴き復活祭を祝う

宗麟はこの年の聖週間（四月一二～一八日）には府内にあって、聖金曜日（一七日）の行列に参列した（二部一六章）。「日本史」には、「［一五］七八年の聖週間に、彼はパードレやイルマンたちと一緒に府内に赴いた」と記載されるが、一五七八年は一五七九年の誤記であろう。そこでは神のすべての祭儀に参加したではなく、さらに遠方の府内の教会に神父たちと共に赴いたのは、反キリシタン勢力の強い臼杵では十分な祭儀の執行が難しいと思われたためであり、このため、キリシタンとしての最初の復活祭（四月一九日）を府内で迎えることになったように思われる。豊後の上長フロイスも彼に同行して府内に赴いたであろう。

家臣の反乱相継ぐ

田原親宏が同年九月一六日（天正七年九月一六日）に病死すると、養子親貫は一五八〇年一月（同一二月下旬）に病気と称して安岐城に戻って年頭にも登城せず、一月一三日以前に武力行使に出たが、二月には鞍懸城（豊後高田市佐野）へ移った。宗麟次子親家の田原家相続について知った上での挙兵とされる（『大友宗麟』）。ほぼ同じ頃、大分郡熊牟礼城（庄内町）の田北鑑重（紹鉄）が義統の召し出しに応じなかったことから讒言（ざんげん）され籠城した。宗麟は四月二三日に自ら辻間村（日出町）まで出馬し、義統と共に前線の指揮を執った。五月五日には、彼が鞍懸城・安岐城攻撃のため動員した南郡衆が鑑重の熊牟礼城を包囲した。鑑重は落城後、筑前の秋月氏を頼ったが、同二五日に亡命の途中で殺された。豊後国内の混乱状態は三ヵ月間余り続いた。混乱がそれまで見られなかった最悪の状況に達したため、宗麟は領国と彼自身が滅んでしまうと考えて、カブラルに対して宣教師たちが豊後からシモ（肥前）ないし都地方に行くように進言した。カブラルを始めとしたイエズス会の司祭たちは、一貫して豊後から動くべきではないとの考えであり、都に移ってもシモに下ってもいずれの地も政情不安定であり、豊後に留まるしか方法がないと言って、宗麟の提案を謝絶した（一五八〇年度イエズス会日本年報）。

宗麟の主導により混乱終息に向う

宗麟が宿老たちの要請によって再び政務を執るようになって、領内の混乱は終息に向かった。彼は最終目標の田原親貫追討に全力を注ぎ、包囲軍を鼓舞した。このため、安岐城衆は一一月一二日に開城して宗麟に下った。一七日に鞍懸城も落城し、翌日、親貫は豊前金屋（宇佐市）に逃れた。彼は自殺したとされるが、明らかでない。

三 巡察師の豊後滞在と上洛

ヴァリニャーノ来日

巡察師アレシャンドロ・ヴァリニャーノが九月八日に口之津を発って、カブラルらと共に府内に着いたのは、鞍懸城包囲が続いていた最中の九月一四日であった。彼は前年の一五七九年七月二五日に肥前の口之津に到着していた。彼は一五七三年に第四代総会長エヴェラルド・メルキュリアンによって全インドのイエズス会巡察師に任命され、ゴア、マカオを経由して来日した。日本の布教区をインド管区から独立させて準管区に昇格させることを指図されていた彼は、一五八〇年六月に「日本布教長規則」を定めて、日本をシモ（下）・豊後・都の三布教区に分けた。彼は上記規則で提示した適応政策を実施するために在日イエズス会員たちの理解と支持をえる必要を感じ、協議会を開催した。会員が三教区に分散していたため、先ず長崎で同年七月末に予備会議が開かれ、二一議題について討議された。引き続き、豊後での協議会が予定された。宗麟は、国内における謀反がまだ鎮圧されていなかったため、巡察師に使者を送って出発を見合わせ、改めて連絡するまで出発しないよう求めた。

臼杵の教会で歌ミサを執り行う

アッシジの聖フランシスコの祝日に当たる一〇月四日に、ヴァリニャーノは臼杵の教会で荘厳な歌ミサを上げて祝った。彼が日本にもたらし、安土のセミナリオに設置される予定のオルガンが奏された。この日を心待ちしていたフランシスコ宗麟は、この歌ミサに参列した（二部二二章）。彼の感動に咽（む）せぶ姿が想像できるようである。翌五日から二〇日まで、臼杵の修院で協議会があり、ヴァリニャーノの主宰のもとに、司祭九名が提議された二一議題について討議した。議題八で論議された修練院Noviciado（Casa da Provação）と神学院Collegioの設置が、協議会終了後に具体化した。一二月二四日に開設

修練院と神学院を設置

された修練院の院長には、一五七七年に来日したスペイン人司祭のペドロ・ラモンが指名された。修練生は一一名、日本人六名とポルトガル人五名であった。講義は降誕祭後、間もなく始まり、ヴァリニャーノ自らが二ヵ月間にわたり、毎日午前と午後の二回講話した。午前には、イエズス会の会則（会憲）と、「浄化の道」に関して、彼らが修練期に志向すべきことについて話した。午後には、「照明の道」によって求め得られるべき諸々の善徳について語った。彼を補佐したのはフロイスであった。彼は自ら「パードレ・ルイス・フロエス（フロイス）は、日本の言葉で明確かつ適切な用語によって、日本人修練生に彼の講話を直ちに要約して話した」と、「日本史」に記載する（二二章）。こ

フロイス、巡察師の講話を日本語に訳す

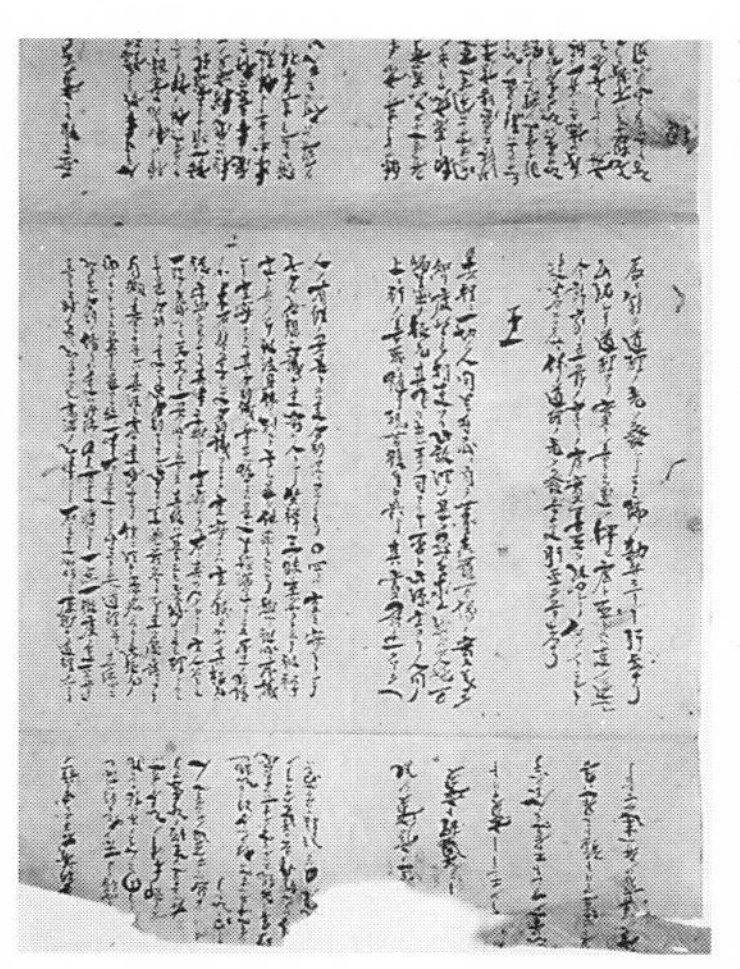

エヴォラ屏風下張り文書中の日本文「日本のカテキズモ」（伊藤玄二郎編『エヴォラ屏風の世界』より）

CATECHISMVS
CHRISTIANAE
FIDEI, IN QVO VERITAS
nostræ religionis ostenditur, & sectæ
Iaponenses confutantur, editus à
Patre Alexandro Valignano
societatis IESV.

Cum facultate supremi Senatus sanctæ & generalis
Inquisitionis, & Ordinarij.
Olysipone, excudebat Antonius Riberius.
1586.

ヴァリニャーノ『日本のカテキズモ』（家入敏光訳編，天理図書館，1969年より）

の講話を日本語に要約して話したフロイスについて、コエリョ神父は一五八二年二月一五日作成の「一五八一年度日本年報」において、「私たちの主［デウス］が、すべてを話すべき才能、すなわち日本語の甚だ勝れた才能を授け賜うたパードレ・ルイス・フロイス」、と最大の賛辞をもって誉め称えている。これに関する一節は、一五九八年にエヴォラで出版された「日本書翰集」では削除されている。ヴァリニャーノは、これらの講話の他にも、修練生のための教理について話した。これは「日本のカテキズモ」と言われ、一五八六年にリスボンでラテン語版が印刷された。ポルトガルのエヴォラ図書館に所蔵される「屏風」の下張りに使用された反故文書の中に、日本語に訳されたテキストの一部が確認される。フロイスが通訳として話した日本文であると見ることができる。

府内でコレジオを開講

ヴァリニャーノは、修練院での講義を終えたのち、府内に移動し、一五八一年三月初旬頃に同地でコレジオを開講した。カブラルはコレジオの設置を臼杵に予定していたが、ヴァリニャーノは前年府内に到着した九月一四日以降、臼杵に赴く以前の九月末ないし一〇月初めに府内にコレジオを開設した。院長には一五六四年に来日したポルトガル人のベルシオール・デ・フィゲイレド神父が任命された。

ヴァリニャーノ、フロイスを伴い上洛

ヴァリニャーノは一五八一年の四旬節の初め、すなわち三月八日に府内の修院を出発し、宗麟の船で日出の港を出帆した。同行者は、神父四人と修道士三人である。名前が確認されるのは、ゴアから彼に随行したロウレンソ・メシア神父とローマから一緒であった修道士のオリヴェリオ・トスカネロ、そして通訳を務めるフロイスである。他の三人は豊後在住者であった（同三〇章）。フロイスにとっては四年三ヵ月ぶりの上洛である。初めて瀬戸内海を航行したのは一六年前である。その時の不安に充ちた舟旅に比べれば、このたびの旅は旧地を訪ね旧知に再会できるというささやかな期待があったであろう。三〇人の漕ぎ手を擁する船は、一八レグアの伊予灘を一日で乗り切って堀江 Vorie に着き、同港から七日を要して一五日に塩飽の泊（本島）Tamari に寄港した。塩飽諸島が毛利氏の支配下にあったため、宿主の助言で同船は夜間に出帆して、備後の鞆 Tòmo 沖を通過した。一六日（木）には室 Minno 津付近に着き、強い風が吹いたためこれを利用して潮の流れに乗って進航したが、夜には一行の意に反して船は淡路島の岩屋 Yuayâ に入港した。翌一七日に船は海賊船に追跡されながらも堺に到着した（フロイス、一五八一年四月一四日付、都発信書翰）。船旅は日出から堺まで一〇日間、一五六五年時の所要日数の三分の一であった。

堺に到着、キリシタン武将の訪問をうける

ヴァリニャーノの一行は、ディオゴ日比屋了珪（ひびやりょうけい）宅に宿泊した。その夜には直ちに河内岡山の国人領主と思われるジョアン結城氏や若江城主のシメアン池田教正らキリシタン武将多数が巡察師ヴァリニャーノを表敬訪問した。翌土曜日（一八日）と枝の日曜日（一九日）には、巡察師によるミサが了珪宅の前にあった烏帽子形城の有力武将伊地智（いぢち）文大夫の持家で有った。ミサ後に、巡察師一行が岡山に向かって堺を発とうとしていた時、ひときわ背の高かったヴァリニャーノと黒人のカフレ人 Cafre を見ようとして無数の人びとが集まった。一行は八尾、若江、三箇でキリシタン領主たちとキリシタンらの出迎えを受けた。フロイスは三箇父子など旧知の人びととの再会を喜んだ。三箇では、オルガンティーノ神父が都の神学生数人を伴って一行を待っていた。一行はその日は岡山で一泊し、翌日、巡察師がミサを上げたのち同地を発ち、淀川を渡って高槻に向かった。対岸で彼らを出迎えたのは、グレゴリオ・セスペデス神父、修道士のディオゴ・ペレイラ、高山右近の弟太郎右衛門と右近の子ジョアンらであった。高槻到着は、「日本史」（二部三〇章）によると、聖週間の火曜日、三月二一日であった。聖土曜日（二五日）には、ミサの始めにオルガンが奏された。

高槻で聖週間を過す

復活祭当日（二六日）に行われた行列は、フロイスにはそれまで日本で見た中で最も壮麗で威厳あるものであった。キリシタンだけでも参列者は一万五千人で、他に異教徒も参加した、と言う。「日本史」では、参加者は二万人以上である（三〇章）。遠く尾張や美濃からコンスタンティーノや医師ケユサなどのキリシタンたちが参加した。神学生二五名は白衣を着て、巡察師が将来した聖画像を各自手に持っていた。ミサでは大勢の者が聖体を拝領したが、聴罪師の不足のためこれを受けることのできない者が多くあり、巡察師は後日再訪した際に聖体を授ける、と約束した。ミサ終了後に、右近は復活祭を祝う宴を設けて、巡察師を初めとした宣教師や各地から来たキリシタンたちをもてなした。その最中に、京都からの伝言がもたらされ、信長を訪問するためにすぐにも出発するように伝えられたため、すでに午後であったが、巡察師一行は高槻を発って京都に向かった。信長の京都到着は、フロイスの前記書翰では聖木曜日の三月二三日、『信長公

復活祭の行列

信長を訪問するため京都に向う

記』によると、三月二五日（天正九年二月二〇日）である。

巡察師一行は二六日の夕刻すぎに姥柳の教会に着いた。フロイスの前記書翰によると、月曜日（二七日）に、多数の人びとがカフレ人を見ようとして集まってきて教会の門を毀して騒動となっていたことを信長も聞き知って、これを見たいとして呼び寄せたため、オルガンティーノがカフレ人を連れて行った。『信長公記』［天正九年二月］二三日条に、次のような記載がある。

黒人を見物

きりしたん国より黒坊主参り候。年の齢廿六、七と見えたり。惣の身の黒き事、牛の如し。彼の男、健やかに、器量なり。しかも、強力十の人に勝たり。

信長宿舎本能寺を訪問

信長が宿舎とした本能寺は、教会に近い同じ通りの二町先にあった。フロイスは「私たちのカーザ（修院）から一丁huma ruaである」（日本史二部三一章）とする。ヴァリニャーノは二七日に信長訪問の意向を伝え、二日後の二九日（水）に本能寺に信長を訪れた。オルガンティーノとフロイス、イルマン・ロウレンソが彼に同行した。フロイスの前記書翰によると、信長はヴァリニャーノの背の高さに少なからず驚き、長い時間様々なことについて自分たちと話した、という。彼は通訳を務めたフロイスとは四年数ヵ月ぶりの再会であったが、両者の間にどのような会話が交わされたのであろうか。ヴァリニャーノは体調がすぐれず先に退出したが、信長は彼に鴨一〇羽を届けるよう、フロイスと

馬揃えに正親町天皇の行幸を仰ぐ

ロウレンソを再び呼び寄せた。この時、彼はフロイスと親しく話したようである。

信長は四月一日（和暦二月二八日）に馬揃えの儀式を上京の馬場において挙行し、正親町天皇の行幸を仰いだ。ヴァリニャーノも招かれてこれを見物した。フロイスらパードレたちも彼と一緒にこの豪華な軍

本能寺跡地・地図（京都市編『京都の歴史』4，学芸書林，1969年より）

事パレードを観た。フロイスは「私たちが土曜日（四月一日）に見た信長の祭について言うべきことが数多くある。私はヨーロッパのことを除けば、同じようなものをこれまでの人生で見たことがない、と尊師に申し上げる」（前記書翰）と報じる。信長は馬揃いの行事から一二日経った四月一三日（同三月一〇日）に京都を発って安土山に帰城した（『信長公記』）。フロイスは前記書翰で、「今日（一四日）信長は安土山の邸に出発した。そして、明日巡察師はそこ（安土山）に行く」と報じている。ヴァリニャーノは信長を追うかたちで一五日に京都から安土山に赴いた。フロイスも一緒であった。信長は、オルガンティーノ神父の要請に応じて、イエズス会に修院用地を付与した。『信長公記』（天正八年閏三月一六日（一五八〇年五月一日）条）によると、信長は菅谷・堀・長谷川の奉行三人に命じて、安土城の南、新道の北に江を掘らせ田を埋めさせて伴天連（ばてれん）に屋敷を下賜した。オルガンティーノは埋立地を信長から拝領して、そこに日本風の三階建ての修院を建造した。一階に客室と茶室、二階に神父と修道士たちの居室があり、三階がセミナリオ（神学校）で、神学生の教室兼寝室であった。

イエズス会、修院用地を付与される

信長の招きにより神父・修道士らを伴って登城

安土山に着いたヴァリニャーノは、翌日、信長の招きに応じて登城した。信長の要望もあって、彼は修院に居た神父、修道士、同宿（伝道士）を引き連れて登城した。フロイスは初めて見る天守をいただいた城の外観と城内、さらに御殿（邸宅）の結構について

フロイス、ダリオ高山を北荘に訪問

Philips van Wingheによる，安土山屛風に描かれた櫓の版画（Donald F. Lack, Asia in the making of Europe vol II, A century of Wonder（1994）より）

詳しく描写している（同、二部三一章、一五八一年度日本年報）。ほぼ一ヵ月後の聖霊の祝日（五月一四日）に、フロイスは説教し、高槻から同行して来たキリシタンたちに聖体の秘跡を授けた。ヴァリニャーノは、信長の同意を得た上で河内および摂津への巡歴の旅に出、聖体の祝日（五月二五日）に再び高槻を訪れた（同三一章）。一方で、彼は宣教師たちを安土から各地に派遣した。美濃・尾張にはセスペデス神父と修道士パウロ天草が、播磨には日本人修道士、おそらくロウレンソが遣わされた（同三三章）。

フロイスは、信長の許可を得て、ダリオ高山を越前の北荘（きたのしょう）（福井）に訪ねた。彼は荒木村重の謀反に関わって一五七八年以来追放されていた。同地を統治していたのは信長の有力武将柴田勝家であった。フロイスは、聖霊降誕の祝日

柴田勝家、宣教活動を容認

のミサの後直ちに、イルマン・コスメ髙井と高槻のキリシタンたちと共に安土を出発し、その日の午後に羽柴秀吉の居城がある長浜に着いた。その途中で、安土に向かう勝家の養子に会い、北荘までの旅のために養父に若干口添えしてくれるよう依頼した（フロイス、一五八一年五月一九日付、北庄発信書翰）。長浜の宿に着いたフロイスは、コスメ髙井を遣わして秀吉の養子秀勝を表敬訪問させた。その後、秀勝がフロイスを宿に訪ね、さらに秀吉の甥が来訪した。同地から府中を経由して北荘に着いたのは一七日（水）の早朝であった。ダリオは遠出してフロイスを迎えた。彼らの再会は四年半ぶりであった。彼は追放人であるために家は小さく質素であったが、早速祭壇が設えられ、イルマンの高井が一時間説教をした。ダリオ・マリア夫妻の他に、身分ある者約二〇人が家臣と共に説教を聴聞した。翌一八日（木）の朝に、北荘で最初のミサが立てられ、高山夫妻と同地にいたキリシタンおよそ二、三十人がミサに与った。この日、彼はダリオと共に登城して勝家を表敬訪問した。勝家は一五六九年六月にフロイスが信長の保護を求めて岐阜に赴いた際に、佐久間信盛と共に信長への取次役として尽力した一人である。彼は禅宗徒であったが、宣教活動の自由を保証し、「キリスト教徒になりたいと思う者を妨げることはしないし、私たちのことを好まない者をキリスト教徒にするよう強要もしない、そして、これは教えのことであるので、私たちが説教を無理強いしないのが良かろう、つまりは、手柄次第 Tegara Xiday、すなわち、より力をもち、より才智ある者が勝つであろう」（同書翰）と語って、タカフィ（高飛＝高山飛騨守）Tacafi が言うように、キリスト教徒になる者が増えれば教会を建てることになろう、との考えであった。

北荘で洗礼を授ける

フロイスは、五月三〇日（火）に出立するまで一三日間、ダリオの家に止宿し、二六人に洗礼を授けた。彼らの多くは身分ある者たちであった（五月二九日付書翰）。彼は五月二〇日付書翰にも書き記しているように、受洗希望者の多寡にかかわらず、急いで洗礼を授けることをしなかったが、彼らはダリオ高山から久しく教理について指導されていたようである。イルマン高井が一日五回の説教の説明に疲れ、そのため、二〇日にはダリオの熱心な勧めによって、フロイスが代わって教理の説教をノートによって読み聞かせ、そのあとで、それについての講話をし、聴聞者の質問に答えた。勝家は、フロイスをダリオおよびイルマン高井と一緒に宴席に招き、その場で教会用地付与の意向を示した。フロイスには北荘で奇遇な出会いがあった。八年前に京都で洗礼を受けたベント内藤である（四章五節参照）。丹波・八木のジョアン内藤の弟内藤玄蕃の息子で、勝家の許で八百俵（四〇〇石）の扶持を得ていた。また、出陣中のため府中で会うことができなかったリアン（レオン）平野左京がフロイスに会いに来た。安土への帰路、フロイスは府中のリアン宅に六、七日滞在した（二部三二章）。

教会建設の期待高まる

フロイスの来訪を機会に、北荘および府中では教会建設の期待が高まった。勝家は、フロイスが暇乞いのため訪れた際に教会建造に言及して、彼とは旧知であり、日本の習慣と言葉を知っているので、彼が司祭として赴任することを望んだ（五月二九日付書翰）。なお、フロイスが畿内から豊後府内に到着して五日後の一〇月八日付でローマの総会長メルキュリアンに送った書翰では、越前滞在は二〇日ないし二五日で、改宗者は八〇人である（J.S. 9I）。北荘と府中での滞在は実際には二〇日、往還の日数を加えると二七日である。改宗者の数は、五月二九日付書翰の報告に真実性があり、総会長宛書翰に見える八〇人は俄（にわか）に信じがたい。すでにキリシタンであった者も加えた数であろうか。安土帰着は六月一〇日前後であった。

安土で協議会開催

畿内およびその近国での宣教活動を終えて安土に戻った巡察師ヴァリニャーノは、七月に協議会を開催した。臼杵の協議会に提議された二一議題が討議された。オルガンティーノ、ステファーノ、セスペデス、メシア、フランシスコ・カリオン、ジョゼ・フォルナレーテ、フロイスの各司祭と修道士ロウレンソが参加した。協議会終了後、ヴァリニャーノは八月上旬に、暇乞いの許可を得るため信長を訪れたが、盂蘭盆会（うらぼんえ）（和暦七月一五日、陽暦八月一四日）の火祭り見物を勧められ、結局、出発を一〇日遅らせることになった（前記年報）。彼は摂津・河内のキリシタン教界を巡歴したのち、堺に至り、九月初めに同地を出発した。フロイスが随行していたことは言うまでもない。船は、瀬戸内海の海賊と毛利氏の所領通過を避けるため、上洛時とは別の航路を迂回することになり、「四国の島々の外側」（同年報）、すなわち、土佐沿岸を進航した。しかし、数回暴風雨に襲われて豊後到着まで一ヵ月を要し、府内には一〇月三日に着いた。その当時、戸島（宇和島市）に隠棲していたパウロ一条兼定は、ヴァリニャーノの通過を知って彼に会いに来た（同年報）。由良岬辺りであったとされる。フロイスは、一〇月八日付書翰に、「私たちは土佐の国主ドン・パウロを訪問しに行った」と記す。「日本史」では、パウロがいる六レグア余り離れている所を通過する時にヴァリニャーノが人を遣わして彼を訪問させた。彼はこれを知って小舟でヴァリニャーノを迎えに行き、ある浜辺で彼らが二、三時間余り語らった、とする（三四章）。

豊後府内に着く

ヴァリニャーノは、府内に三週間余り滞在した。この間に、宗麟が建造していた甚だ美麗な教会の定礎式のため臼杵に赴いた。彼は豊後国のキリシタン教界が大きな成長・拡大期にあると判断し、豊後教区にいたイエズス会会員四〇名を同地に集めて盛大に祝った。一〇月一八日、フロイスはヴァリニャーノの司式で［盛式］三誓願 Professo de 3 votos を立てた（J. F. Schütte., VALIGNANOS. I-2）。彼の誓願書には「decimo ocutavo die Octobris」と記載される。同僚四〇名がこの誓願式に参加したであろう。日本における

臼杵に建造された教会の定礎式に赴く

盛式三誓願式

盛式三誓願式は、彼が来日した一五六三年に横瀬浦の教会でトルレス神父が彼によって立願して以来のことである。フロイスと共に、ベルシオール・デ・フィゲイレドも第三の誓願を立てた。彼が来日したのは一五六四年である。一五八八年一二月末作成の「東インド管区名簿」では、彼ら二人の誓願日は、一〇月八日である（Schütte, Catalogorum）。ヴァリニャーノが一五七九年に来日した当時、盛式三誓願者は、オルガンティーノ、ガスパール・コエリョとセバスティアン・ゴンサルヴェスの三人であった。フロイスは新たな誓願によって、日本イエズス会における幹部に登用される道が開かれたことになる。なお、ヴァリニャーノの臼杵滞在は、一〇月一八日を挟む八日間であった（一五八一年度日本年報）。一〇月末、ヴァリニャーノの一行は、府内から海路を取って日向細島に寄港して一泊し、大隅・薩摩沿岸を進み、天草を経由して肥前口之津に至った。フロイスも彼に随行して肥前に赴いた。これをもって、彼はほぼ四年三ヵ月に及んだ豊後での宣教生活を終えた。なお、フロイスが口之津を訪れたのは、上洛のため上長トルレスの指示を仰いで同地に四日間滞留した一五六四年一一月以来のことである。

第六　準管区長秘書就任と年報執筆

一　準管区長秘書に就任

準管区長秘書となる

一五八一年一二月二〇日に作成された「名簿」には、フロイスが準管区長ガスパール・コエリョの同伴者Companheiro、すなわち秘書として記載される。これによると、彼は長崎港に住んでいて、長崎の新町六町の先端の岬近くに建つサン・パウロ教会付属の修院にいた。その後の名簿には、準管区長の顧問Consultorあるいは教誡者Admonitorとも見られる。彼がヴァリニャーノによって準管区長秘書に正式に指名されたのは、彼が第三の誓願を立てた一〇月一八日以降であったようである。コエリョは、

コエリョ、準管区長となる

総会長に対する一五八一年一〇月一三日付書翰で、巡察師が彼を日本の上長Superior de Japãoに任じたと報じているので（J.S.9 I）、この時点ですでに日本の上長（布教長）と見なされ、一二月には準管区長と称されるようになっていた。巡察師ヴァリニャーノが「日本布教長規則」を一五八〇年六月二四日付で作成して、日本布教長の下に三つの教

区を置くなどの新しい宣教方針を打ち出したことに対して、全面的に賛同せず、むしろ彼の適応化策に批判的であった前任の布教長カブラルは、巡察師に布教長職の辞意を伝え、またローマの総会長には一五八〇年八月三〇日付書翰において、インドと日本において二六年も上長であり、長期にわたって同じ職務にあるのは良くないこと、また上長には健康が求められるために病気持ちである自分には相応しくないことなど六点の理由を挙げて、退任の意向を表明した（J.S. 8 I）。前記一五八一年一二月の名簿には、カブラルは豊後の諸住院 Residencias の上長と記載される。すなわち、豊後布教長であった。フィゲイレドは府内コレジオ（学院）の院長、オルガンティーノは都（上）の教区長であった。フロイスは、「日本史」において、カブラルの豊後教区長就任について言及して、彼は多年にわたり諸地方の上長（日本布教長）として多くの労苦と年齢を重ね、度々、様々の病気に苦しんで来たため、巡察師にその義務から免除されるよう願った。このため、巡察師は彼の健康に理解を示して願いを聞き入れるところとなって豊後に留まることを容認した、という（二三章）。カブラルは、総会長宛一五八一年九月一五日付書翰で、彼自身が都まで巡察師に同行する予定であったが、国主フランシスコ（宗麟）が彼を同地に留めて置くよう巡察師に懇願したため、自分は豊後に留まった、と伝えている。

カブラル、布教長を辞任

カブラルは豊後に留まる

　フロイスは、総会長宛一五八二年二月一三日付長崎発信書翰において、ヴァリニャーノがコエリョを準管区長に指名し、その補佐のために彼を秘書に命じた事情について報じている。すなわち、彼が準管区長に命じられたのは、彼がイエズス会では古い会員であり、この職務に適任であって、その徳操と分別ゆえに在日する会員全員が彼に満足を示している。しかし、彼は日本語を良く知っていないために、キリシタンおよび異教徒の領主たちと難しい重要な問題を話し合うために日本語が必要であった。この件について、日本には現在彼を助けることができる者はいない。それは、ある者たちは老齢でやる気がないし、他の者たちは言葉と習慣に関して未熟であるためである。より相応しい人材がいなかったために、巡察師は必要に迫られて無力な私が補佐することを命じ、私を彼の助言者、同伴者および補佐人に任命した（J.S.9 I）。ヴァリニャーノ作成の一五七九年一二月の「名簿」には、コエリョは、五〇歳、イエズス会に在ることおよそ二〇年、日本に在ること九年、多くのことを理解しているが、言葉（日本語）は出来ない。立派な体格で健康であるが、小柄で痩身で胃弱である。なお、フロイスは、四八歳、在会歴およそ三〇年、在日歴一六、七年、言葉は甚だ良く出来る。良い質であるが、いくつかの病気を抱えていてすぐれない、とある（Catalogorum）。

日本語能力が評価される

巡察師ヴァリニャーノは、口之津から有馬に設立されたセミナリオ（神学校）を視察したのち、一一月末ないし一二月初めには長崎に入った。最後の協議会は、一二月中旬以降に開催され、有馬、大村、平戸、天草の各地の司祭たちが参集した。二一の議題が論議され、それに対し、巡察師が裁決して協議会は一五八二年一月六日に終わった。一五八〇・八一年開催の協議会議事録には、出席した司祭二六名の名が見られる。第一に「当時の上長（布教長）であった」カブラル、次いで「現在準管区長である」コエリョ、三番目に「巡察師の同行者」ロ［ウ］レンソ・メシア、四番目に「都の諸地方の上長（教区長）オルガンティーノ、五番目に「準管区長の同行者」フロイスの名が見られる。

ヴァリニャーノ、少年使節を伴ってローマに帰還

日本での任務を終えたヴァリニャーノは、ローマに帰還するため一五八二年二月二〇日に長崎を出帆した。その際に、彼は自分が急遽企画した遣欧少年使節四名を、キリシタン大名大友宗麟、有馬鎮純、大村純忠の名代として帯同した。

有馬のキリシタン教界を強化

準管区長コエリョは、ヴァリニャーノの出発後、彼の指図に従って有馬のキリシタン教界の教化に力を入れた。四旬節の第四日曜日（四月一日）に有馬の神学校に赴き、聖週間（四月八〜一四日）と復活祭（同一五日）を迎える準備に着手した。フロイスは彼の秘書として同行した。有馬の城下では、準管区長の命令によって数日間説教が続けられたというから（一五八二年度年報）、フロイスが説教を担当していたようである。

領主有馬氏の一族が洗礼を受ける

復活祭前に領主鎮純の一姉妹（ドナ・カタリーナ）が洗礼を受けた。コエリョは、聖霊降臨祭（六月三日）前に再び有馬を訪問し、六月三日に同地の少年の聖歌隊を率いて有家の教会で降臨祭を祝

口之津港の景観（南島原市教育委員会文化財課提供）

った。同教会の守護者が「聖霊」であったためである。この祝日に鎮純の叔父で家老であったジョアン安富得円の父がコエリョから洗礼を受けた。コエリョは雪の聖母の祝日（八月五日）に天草の河内浦で、ドン・ミゲル天草鎮尚の追悼のミサを上げた。およそ七〇歳のミゲル天草は五月以降に病没したが、妻ドナ・ガラシアの要請を受け、コエリョは数名の神父と修道士、および神学生を伴っていた。フロイスも同行していたであろう。コエリョは有馬領口之津から海路河内浦に赴いたようである。その一週間後の八月一二日に、アントニオ・ガルセスのジャンク船がマカオから口之津に到着した。ジャンク船が同港を出帆した四、五日後に有馬の日野江城が三度目の放火にあって焼失したことが、フロイスのヴァリニャーノ宛一五八四年一月二〇日付、長崎発信書翰から知られる。

ジャンク船の帰航は一五八二年末とされる（岡本良知『日欧交通史の研究』）。フロイスは一〇月三〇日付で一五八二年度年報を口之津で作成し、一一月五日付で信長の訃報を同地で作成し、翌年二月一三日付書翰も同地で発信していることからすると、彼は準管区長コエリョと共に、八月頃から一五八三年二月までは口之津に滞在していた。

信長の訃報

一五八三年七月二五日、ナウ船がマカオから長崎に着いた。同船にはペドロ・ゴメスら九名のイエズス会宣教師が乗船していた。当時、加津佐（かづさ）に住んでいた準管区長コエリョは、昨年同様にポルトガル船を口之津に入港させるよう指示していた（ゴメス、一五八三年一一月二日付、臼杵発信書翰）。ポルトガル船の到着後に、コエリョは長崎に戻った。フロイスも一緒であった。一〇月、肥前後藤山（武雄市）の龍造寺家信が長崎のコエリョの許に使者を遣わしたのに対し、彼は宣教の可能性を探るために日本人修道士ダミアンを派遣した（二部四四章）。一五八四年二月、長崎に大火が発生し、「倉」すなわち倉庫四、五軒と教会、および教会に隣接する角の一軒のみが残った（ピレス、覚書）。このため、準管区長コエリョとフロイスは四旬節が始まった二月下旬に、口之津から半レグア離れた加津佐に移った。当時、有馬領では肥前の龍造寺隆信が千々石（ちぢわ）・島原両城を抑えて有馬氏を攻め、有馬氏は島津氏の援軍を得て、相対峙していた。コエリョは老キリシタンのバスティアンに働きかけて教会の敷地に柵を設けて、龍造寺軍の侵入に備えさせようと

宣教師ゴメスらが長崎に着く

フロイスら加津佐に移る

龍造寺氏が有馬氏を攻める

した。しかし、人びとは、それが抵抗するのにほとんど役立たないと知っていた、とフロイスは指摘しつつ、彼もまたコエリョの命を受けて、住民が避難するための一種の柵を高く堅固な教会の敷地に作るよう説得するために口之津に赴いた（一五八四年八月三一日付長崎発信、一五八四年度日本年報）。戦いは復活祭（四月一日）前後頃から激しい攻防戦となり、有馬・島津連合軍の劣勢の展開であったが、五月四日の島原・沖田畷（なわて）の激戦で隆信は戦死した。この信じがたい報せは夜間に有馬のセミナリオの院長にもたらされ、彼を驚かせた。彼は直ちにイルマン一人とキリシタン四、五人を伴って口之津に行き、朝三時に同地にいた準管区長コエリョに有馬勢の勝利を告げた（同年報）。

龍造寺隆信戦死

準管区長秘書となったフロイスは、一五八四年八月と九月に長崎で同年度の日本年報を作成した。したがって、彼は以前のように宣教活動のために自ら出かけてキリシタンたちに説教し、未信者たちに直接接触する機会は著しく少なくなっていた。フロイスの一五八五年一〇月一日付長崎発信の「一五八五年度日本年報」（下地方（しも））によると、準管区長コエリョは一年以上も加津佐に在って異教徒たちに洗礼を授け、日曜日と祝日にはキリシタンたちに説教をし子供たちに教理を教えていた。フロイスも彼にならった日常生活を送っていたようである。準管区長は聖週間（四月一四～二〇日）には同伴者たちを伴って有馬に行き、復活祭（同二一日）を祝った。同伴者たちの一人はフロイスである。コ

フロイス、日本年報を作成

エリョは、一五八二年に続き、この年も聖霊降臨祭の祝日（六月九日）に聖霊を守護聖人として戴く有家の教会でミサを捧げた。同地方にいる司祭全員と神学生たちも同行し、領主ドン・プロタジオ鎮純も参列した。彼は復活祭には鹿児島に島津氏を訪問していて不在であった。コエリョは一五八四年八月頃から一五八五年七月末までの一年間は加津佐にいた。同年の七月末に、ポルトガル商船ナウが長崎に到着した（同年報）。このため、コエリョは同地から長崎に戻り、一〇～一一月に念願の上洛の旅に出る予定であった。しかし、島津氏の反対で出発を断念せざるを得なかった。

二　日本年報とフロイス

通信制度の改革

巡察師ヴァリニャーノの日本宣教に関する重要な改革の一つは、通信制度であった。新興の修道会イエズス会は、世界宣教に着手することを前提にして、会員同士の連繋と絆を深める目的で通信制度をいち早く整備した。これにはザビエルが関わった。来日したヴァリニャーノと彼の同行者たちは、それまでに日本から発送されてきた書翰や報告を読んで把握していたことと、実態との間にあまりにも大きな隔たりがあることに大きな衝撃を受けた。ヴァリニャーノが総会長に一五七九年一二月一日付書翰で述べていることが、彼らの実感であった。

私が日本での体験によって見出したことと、私がインド、さらにシナにいた時に私に送られてきた報告によって知ったこと、および私が思い巡らしていたことには、白と黒ほどの大きな隔たりがある（Jap. Sin. 8 I）。

報告と実態が乖離

彼の同行者メシア神父は、一五七九年一二月一四日付書翰で、「［日本の］キリスト教界に関しては、良いことしか［書翰に］書かれないので、私は当教界を初代教会のようなものであると考え、また当地に司教が来て［住み］、大聖堂を持つことが、（略）できるとも考えていた。しかし今、このことについては今後長年にわたって不可能である、とはっきり分かった」（同文書）と書いて、実際に見た日本のキリシタン教界の現状に失望を禁じえなかった。日本からの報告が良いことばかりであったとの認識が表明されたことは重要である。なぜ事実が語られなかったのであろうか。ザビエルは日本に渡航する途中、マラッカで一五四九年六月二〇日付の書翰をモルッカ諸島にいたベイラ神父に送り、宣教師たちが上げた成果については細大漏らさずに詳細な報告を書くこと、その内容は教化に役立つ事柄であって、教化に役立たないことは書かないこと、詳細な報告を自分に送ることを指図した。彼は他の会員たちの書翰内容を検閲し、悪いことは自分が把握していればいいとの考えであったようだ。彼はさらに一五五二年六月には、ゴア

日本の実状に失望

ザビエルの指図

の聖パウロ学院長バルゼオ神父に訓令を与えて、神父や修道士が開封された書翰を当学院に送って学院経由で送付すること、また非教化的なことや物議をかもすようなこと、他の会員に対する非難や悪口などを一切書かないよう、指図した（拙稿「イエズス会の通信について」）。ザビエルが書翰作成に当たって、非教化的な内容を記載しないとした方針が、彼以後に来日した宣教師にも引き継がれ遵守された結果、「白と黒ほどの隔たり」を生じるにことになった、と言えよう。

日本語力の不足

日本宣教における実態が十分に伝えられなかったもう一つの原因は、ヴァリニャーノが総会長に対する一五七九年の書翰で述べているように、来日した宣教師が日本語を十分に理解できなかったために、日本人の習慣に不慣れで彼らの偽善性を見抜くことができないままに、日本人の表面的なことだけで彼らを判断していたことであった。また宣教師たちの数人は日本人の内面についてよく知っていたが、書翰には少なくとも立派な教化的な事柄を書くことになっていたために、表面的な事柄しか書かなかったのであり、そのため、書翰を読んだ者にはそれが真理と内面的な精神を伴っていると思われていた（同文書、8Ⅱ）、と指摘していることによって示唆される。このことは、日本に関する正しい報告が執筆されるべきとの立場から、彼が特に述べたことである。彼が年に一つの正式な年度報告（年報）作成を考えるに至った重要な契機となった。フロイスは言葉がよ

年度報告を作成

くでき、習慣にも精通し、日本人の内面まで立ち入って考えられる数少ない宣教師の一人であった。ザビエルが一五四九年一一月に鹿児島から発信してからヴァリニャーノが一五七九年七月に来日するまでの三〇年間に、イエズス会宣教師たちは確認されるだけで二一二通の書翰を日本から発信した。このうち、フロイスの発信書翰は四七通である。これには日本国内にいる同僚宛書翰が、一一通含まれる。

年報作成の基準

ヴァリニャーノは、教化的な事柄を中心にした一般的報告書の年度報告(年報)と、イエズス会自体に関わる報告を主とする個人的書翰とを区別した。従来、日本のイエズス会員は神父も修道士も、上長の検閲を経ずに発信してきたため、様々なことが書かれて混乱を引き起こす原因になっていた。ヴァリニャーノの指導による最初の年度報告「一五七九年度日本年報」は、彼の同行者フランシスコ・カリオン神父によって一五七九年一二月一日付をもって作成された。彼は年報作成の要領について総会長に、次のように説明している。

巡察師の命令によって、今後、同地からただ一通の年報 una sola Annua を書かなければならなくなったため、その年報では(略)諸領国において行っていることとすべてを報告することになります。各地方からいつも書き送っていた多数の書翰がしばしば起こしているような大きな混乱を起こさないため、そして、日本の諸事情がいっそう明らかに理解されるように、本年なされたことについてでき得る限り最良の報告をすることに努めます。このことがいっそう秩序正しく行うことができるように「初めに」一般的な事情から始め、次いで個々の土地について言及しようと思います。

同年報の記載方法が、次年度以降の年報作成の基準となった。年報の構成は二分され、全般的な状況と、個々の宣教地の活動報告からなる。すなわち、序文でイエズス会の現状が略述され、日本の政治状況がキリシタン教界に関連づけられて語られる。次いで、イエズス会の宣教施設が置かれている地域、肥前・肥後・筑前・筑後、豊後、都・山口の順に記載される。この後半部が年報の主要部分である。この章立ては、ヴァリニャーノが一五八〇年六月に作成した「日本布教長規則」で明示した三教区制に対応する。次年度の「一五八〇年度日本年報」は、メシア神父が一五八〇年一〇月二〇日付で、豊後(臼杵)で作成し、下(肥前)、豊後、都の三教区制に則って報告されている。

年報作成は準管区長の要務

一五八一年度以降の年報作成は、日本準管区長の要務とされた。ガスパール・コエリヨは、一五八二年二月一五日付、長崎発信の「一五八一年度日本年報」の序文において、「過去二年間に、猊下(げいか)に送付された書翰の形式に則って、本年、日本で起こった事柄についてできる限りよく整理して報告するであろう」(J. S. 45 II)と述べている。その構成は、序文と宣教報告からなり、後者の宣教報告は、下地方（有馬、長崎・大村、平戸、天草）、豊後（臼杵、府内・由布）、都地方（都、安土山、高槻、河内）の三教区毎にまとめられている。なお、都地方の報告は、巡察師に同行したフロイスが執筆したと思われ、豊後教区についても彼が同地で経験したことが書かれたようである。

年報作成の指針と手順

年報作成の指針や手順は一五七九年段階ではまだ未確定であったようであるが、ヴァリニャーノが一五九二年に編輯した「服務規定」一七章二条によれば、以下のようである。各レジデンシア（住院）の長が、一年間に見られた教化的事柄を書き留めて置いて覚書を作成し、これを九月に地区（教区）長に送る。地区長は送付されてきた覚書と、自らのカーザ（修院）における一年間の教化的事柄とから抜き出した一つの短い摘要（ポントス）を作成し、九月中に準管区長（または秘書）に送付する（J.S.2）。準管区長ないし秘書は、各ポントスに基づいて「年報」を作成し、一〇月頃にマカオに帰航するポルトガル船ナウでこれを送る手順であった。ナウ船が生糸を売却できずに帰航が遅れる場合には、ソマ船やジャンク船で託送された。

フロイスの作成した年報

フロイスの名で作成された最初の年報は、一五八二年一〇月三〇日付、口之津発信の「一五八二年度日本年報」である。同年報の記載方法は、一五七九～八一年の三年度分とは異なって、教区毎の見出しはなく、一書翰の体裁である。先ず、年度内における会

一五八四年度年報は四〜五本作成と予告

員の訃報記事があり、続いて下教区について、有馬の状況を中心にして山口への再宣教の可能性について述べ、第二の地域、豊後については、カブラルの書翰内容を引用している。都教区については、同年一月一六日付書翰の要約と、セスペデスの六月七日付書翰の全文が引用されている。下教区分を除くと、各教区で蓄積された情報のポントスに値しない内容である。同年報は、マカオ滞在中の巡察師ヴァリニャーノが同地出発前にこれを入手できるように配慮されて、急ぎ作成されたようである。このため、フロイスはジャンク船が出帆するまでに発生した事柄について、もう一通の年報を作成することを考えていたが、これは実現しなかった。

ヴァリニャーノが一年に一つの年報作成の制度化に努めていたのに対し、フロイスはこれに逆らうかのように、「一五八四年度年報」に関しては、三つの年報を作成した。一五八四年八月三一日付長崎発信では、「下地方」と明記され、これに都地方の戦いについての記事が加筆される。同年九月三日付長崎発信の「年報」では、「豊後地方」と「都地方」の見出しを持つ。同年一一月二九日付、加津佐発信の「第三年報」は、フロイスによって執筆されたが、これには準管区長コエリョと彼の署名がある。先ず九月二八日付の一般報告があり、次いで「豊後国」と「下地方」の見出しが見られる（J.S.9Ⅱ)。フロイスは総会長宛一五八五年一〇月一五日付書翰で、毎年、年報が四つ作成され、この年にはさらに五つの年報が作成されるとし、「この内の一つは下地方の年報であり、他は豊後の、そして都の第三の年報と、その年に日本で発生する戦争についての年報である。さらにのちに述べるように、一年にただ一度［来航する］ナウ船がシナに出港する時までに各地で見られる新しい事態についての第五の年報が作成される」（SJ. 10 I）と予告している。彼は、情報の多さからして四つないし五つの年報作成を当然のように考えていたようである。第四・五の年報は、本来は、年報の始めの部分を構成する一般状況報告に該当すべきものであった。

ヴァリニャーノ、フロイスの年報を再編集

フロイスによる教区毎の「年報」作成は一五八七年度まで続いた。同年度の「年報」は少なくとも五つ確認される。その内の一つは、日本再渡航のためマカオに滞在していたヴァリニャーノが、日本から届いたフロイス発送の「年報」を検閲して、フロイスの名において再編集したものである。彼はフロイスが年報作成に関する指針を枉（ま）げて独自の方法を採ったことを許容できなかったのであろう。彼は総会長宛一五八八年一〇月三〇日付書翰で、フロイスが日本から送った四ないし五つの年報について批判して、「誰も読むことができない程に長く分量が多いし、これに加えて、各事柄が非常に雑然として秩序なく書かれてきたために、またいくつかの書翰が他の書翰に関連しているために大きな混乱を引き起こし、またうんざりさせた」と述べ、「このパードレ（フロイス）は、生来、長々と敷衍して物事を叙述するところがあり、言われていることすべてが真実であるか否かを糾明する点で、また書かれていることが良いことであるかを選択する点で、彼は多少慎重さに欠けている」と批判的である（J.S. 10 II）。ヴァリニャーノは、総会長に対する一五八九年六月一二日付書翰で、再編輯される年報が印刷可能である、と伝える。

フロイス年報は冗漫

日本について提供可能な情報に関しては、パードレ・ルイス・フロイスが日本から私に送った甚だ冗漫で雑然とした別の年報から、私たちがさしあたって当地で再編集して作成した年報の中に、すべてが詳細に書き認められている。［一五］八七年については、パードレ・ミゲル・ロジェイロが担当して［再編集を］継続して推敲を重ねている。このため、猊下が望まれるならば、［これを］印刷に付することができる（J.S. 11 I）。

年報作成は年一回に戻る

一五八八年度以降に作成された「年報」は、再び年に一つの「年報」に戻るが、作成者は準管区長コエリョである。翌年の一五八九年度年報もコエリョが一〇月七日付で作成したが、これとは別に、一五八八年三月一一日から翌八九年八月三〇日までの日付をもつ書翰一九通を地域毎に配列した、一五八九年九月二〇日付加津佐発信の「日本年報」が、コエリョとフロイスの名で編集された。この書式にはすでに前例がある。フロイスが一五七八年九月三〇日付で臼杵から発信した書翰には、一五七七・七八年に各地から発信された一三通を一括して収載し、それらの末尾に、彼が加筆した一文を添えた。その二週間後に発信された同年一〇月一六日付書翰の冒頭で、同書翰には豊後国のみのことを書き、「当地に集まる書翰はその要約した写しを別個に作成して送る」と記している。彼は上長カブラルが臼杵にほぼ常住していた当時、彼の秘書的役割を担って、同地に送られてくる書翰を受領し管理して、海外に発送することを役目としていたのかも知れない。なお、フロイスはゴアに在って管区長ヴァドゥロスに代わって執筆した一五六一年一二月一日付書翰の後半において、すでに個人書翰をそのまま転載する手法を採っていた（インド文書五）。

個人書翰を編集転載

フロイスは、一五九〇年五月七日に準管区長コエリョが死没した後も、同年一〇月一二日付で、「一五九〇年度日本年報」を執筆している。同年七月に再来日したヴァリニャーノは彼の執筆を容認した。「一五九一・九二年度日本年報」も彼が作成した。ヴァリニャーノは、一五九〇年八月に加津佐で第二回協議会、一五九二年に長崎で第三回協議会と管区総会議を開催し、「年報」に関して、ただ一つの「年報」を送付すること、教化に役立つ記事が「年報」の主要部を構成すること確認した。彼が意図した「ただ一つの「年報」制度は、フロイスの複数の「年報」作成によってその実施が停滞したが、管区総会議を経てようやく軌道に乗ることになった。

三　準管区長の大坂城訪問に随行

大坂城に秀吉を訪問

フロイスは、準管区長コエリョに同行して、一五八六年三月六日に長崎を発って、大坂城に豊臣秀吉を訪問した。秀吉は、織田信長が天正一〇年六月二日（一五八二年六月二日）に本能寺において明智光秀の謀反によって自害したのち、山城山崎で光秀を討ち、翌年に信長の重臣柴田勝家を越前北の荘に破って大坂に入り築城に着手するかたわら、織田信雄と徳川家康の連合軍と戦って和睦し、畿内における覇権を確立して天下者の道を歩み、天正一三年七月一一日（一五八五年八月六日）に関白に任じられていた（『大日本史料』第十一編之十七）。フロイスにとっては、一五六五年、一五八一年に続く三度目の上洛となった。

準管区長の巡察は義務

準管区長には、すくなくとも三年に一度、日本全国のイエズス会施設を巡歴・巡察する義務があった。これは、巡察師ヴァリニャーノが一五八〇年六月二四日付で発令し、さらに一五八二年二月一五日付をもって再交付された「日本布教長規則」において規定されていた（J.S. 8I, 49）。コエリョが準管区長に就任して以降、豊後および畿内地方への

コエリョが果たせなかった理由

巡歴がなかったことについて、豊後教区長のスペイン人ペドロ・ゴメスは、総会長宛一五八五年一月一二日付書翰で、コエリョが準管区長の上長として四年が経ったにもかかわらず、巡歴が実行されないことに関連して、日本にいる同僚会員の日本人およびポルトガル人の宗教的不熱心を批判したのち、総会長が、日本の準管区長に対して「会憲」を遵守して毎年この管区を訪れるよう通達してくれるように、要請している（J.S. 10 I）。

コエリョが豊後・畿内への巡歴を幾度か計画しながら、それを実行できなかったことは、彼の秘書フロイスの総会長宛一五八五年一〇月一五日付、長崎発信書翰から知られる。それによると、コエリョは訪問を決断して二度出発しようとして直前に断念した。一度は出発前に船を敵に奪われたためであり、二度目は有馬氏が薩摩から戻るまでは豊後に出発しないよう同氏から懇請されたためであった。また、準管区長は諸パードレによる協議会の承認なしには訪問を望まなかったとし、都訪問については巡察師から三年間の免除を得ていた（J.S. 10 I）、として上司のコエリョを弁護している。

フロイスは下関において、準管区長の長崎から大坂までの旅と大坂城における秀吉との謁見、および堺から臼杵に下ってのち下関に至った経緯を語ったヴァリニャーノ宛書翰（年報）を、一五八六年一〇月一七日付で作成した。同書翰によると、コエリョは上洛を三度企てた。準管区長に就任した第一年目の一五八三年には、出発の二日前に長崎

船を奪われる

氏の宿敵深堀氏によってフスタ船を奪われて実現できなかった。一五八四年と思われる

有馬氏の要請

第二年目には、ドン・プロタジオ有馬氏が島津義久に会うため肥後八代に発つ直前のことで、不都合な事態発生を懸念した有馬氏が出発中止を懇請した。第三年目には、コエリョが手配した下関の傭船が荷積みを終えて長崎を出帆しようとしていた時、島津氏派

島津氏の警戒

遣の使者二人が、年内の豊後および都への出発をしないようにとの書状をコエリョにもたらした。その時期は天正一三年九、一〇月頃のことで、陽暦では一五八五年一〇、一一月に当たる。島津氏が警戒したのは、フロイスの指摘するように、コエリョが「天下の君である関白殿 Cambucudono Senhor da Tenca」秀吉に対し、大友氏支援のために動くことであった。コエリョは他の司祭たちと協議して、もう二ヵ月待てば日本のその年が終わって、春に入って出発できる、と判断した。彼は島津氏の重臣上井覚兼に書状を送って、上洛中止の指図に納得しかねること、上洛は「羽柴殿より大坂ニ寺家を預り置き候、一礼のため上洛申し候」(『上井覚兼日記』天正十三年十月十日条)旨、伝えた。

コエリョ上洛

コエリョが長崎を出発したのは、一五八六年三月六日(木)である。秘書のフロイスを含む司祭四名、修道士(イルマン)三人の他に同宿たちが同行した。一行は平戸に七、八日滞在した後、筑前の海岸を北上して博多を経て下関に至った。この海路はフロイスには初めてであり、途次、家船(えぶね)が蝟集(いしゅう)する珍しい光景に出会った。下関で聖週間と復

活祭（四月六日）を迎えたのち、彼らは上関、塩飽、室津を経由して明石に寄港した。同地には、高山右近が一五八五年に所領替によって高槻から異動していた。右近は大坂に出仕していて不在であったが、フロイスはおよそ五年ぶりにダリオ・マリア夫妻に会った。同日、一行は兵庫に着き、翌日、堺に上陸した。フロイスは前記書翰で、長崎から五〇日が経っていたと言うから、堺到着は四月二三日頃であった。

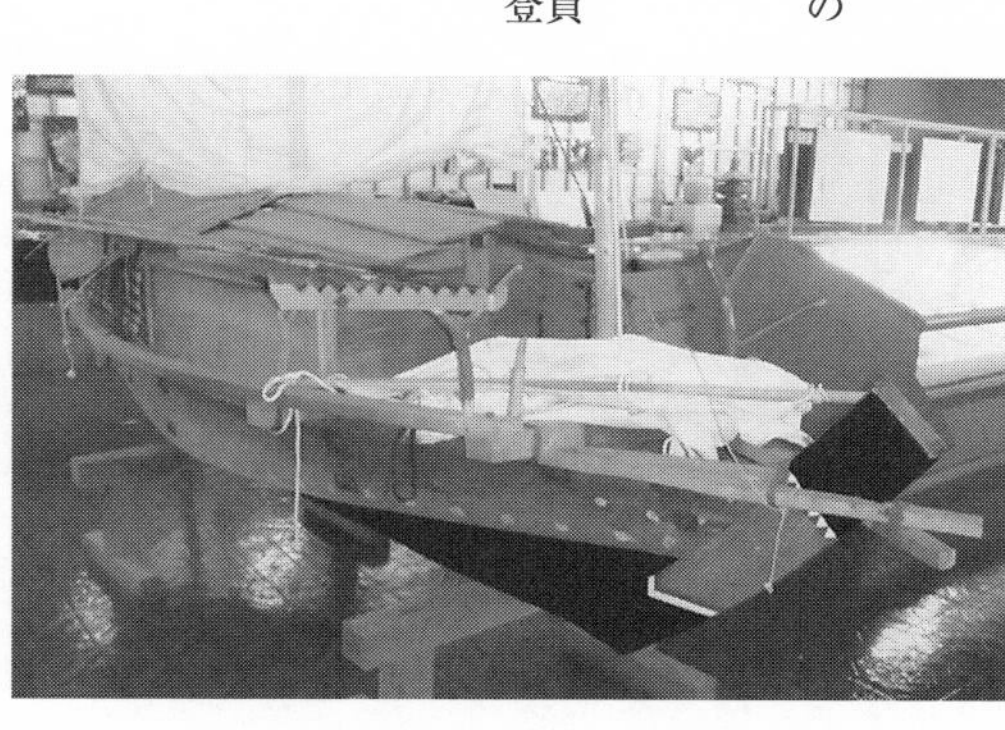

家船模型（西海市大瀬戸歴史民俗資料館展示）

高山右近の取次

多くの随員を伴って登城

五月四日、準管区長コエリョは、修院から先ず高山右近邸に赴き、取次を得て登城した。彼には、フロイスと都教区長のオルガンティーノ、セスペデス、当時大坂にあったセミナリオの院長ダミアン・マリンの司祭四人、ロウレンソとヴィセンテ洞院らイルマン四人と同宿一五人、およびセミナリオの学生数人からなる三〇人以上が随った。取次と接待役を務めたのは、秀吉の右筆シモン安威了佐（あいりょうさ）五左衛門と侍医頭徳雲 Tacuim（施薬院全宗）であった。コエリョらは名前を呼ばれて諸大名の居並ぶ中を通って第一

秀吉、朝鮮・シナ征服のための助力を依頼

の座敷に入って戸口の近くに坐ると、座敷の奥正面にいてその容貌をよく見極めることができなかった秀吉が、さらに近く座敷の内に進むことを命じた。その場に高山右近を招じてコエリョの傍に坐らせた。秀吉は座所からコエリョの傍に近寄って坐し、彼と語った。通訳をしているのがフロイスであると知って、信長時代の五畿内での古い事柄について彼とゆっくり話し始めた（二部七五章）。秀吉は、司祭たちの日本における宣教の心意気を何度も誉め称えた。そして、コエリョには、自分も日本全国を安定させた後に朝鮮とシナの征服に従事する意向であり、それについて、装備の整った大型船ナウ二隻の調達と、それに必要な優秀な航海士たちの雇傭を斡旋して欲しいと述べて、司祭たちの助力を求めた。彼は名を後世に残すこと以外には何も望まず、今まで日本のいずれの領主も試みたことのないことを敢行しようとしているのである。それが成功し、シナ人たちが彼に帰服するようになれば、そこに留まることも、領地を奪うこともせず、彼らをただ彼の帝国に従わせるだけで、その時には全領土に教会を建て、全員が私たちの教えに帰依するよう命じて、日本に帰るであろう、と語った。秀吉の大言壮語に対して、コエリョはどのような言葉を返したのであろうか。フロイスは、前記書翰でも「日本史」でも、無言である。ただ、書翰には「パードレ（コエリョ）が、通訳であったパードレ・ルイス・フロイスを介して答えたことを、彼は甚だ注意を払って聞いた」と述べるに過ぎない。

城内を案内

この後、秀吉はコエリョ一行を城内に案内するよう高山右近に命じて彼も付き添い、各階毎に自ら説明役を買って出て、八階まで導いた。彼らが見た各階の部屋には、絹糸やダマスコ織り、茶器、絹紐で吊された一〇ないし一二着の外套capas、ヨーロッパ製の寝台二つ、組立式の金張りの茶室が入った長櫃などがあった。天守閣に当たる最上階では、秀吉はコエリョに西国の国割りの意向を漏らす一方で、かつてフロイスと修道士ロウレンソが信長の面前で日乗上人との間に論争した一件に触れて、自分もその場にいたが、「もしもそれが私の世に起こったのであれば、あの仏僧は汝らに敢えてあのような無礼を働くことはなかったであろう。すぐに彼を殺させたからである」（前記書翰）と述べた。

酒肴をもってもてなす

秀吉は他の部屋に移って、コエリョ一行をもてなして酒肴を与えた。彼は自らの手でコエリョに盃を与え、また、肴を箸にとって自らの手で神父たちと修道士たちに与えた。彼のコエリョらに対する応接は二〜三時間に及んだ。

右筆の苦言

コエリョ一行が謁見を終えて修院に戻ると、秀吉の右筆シモン安威が使者を遣わして、「関白殿の面前であのように話すことは、甚だ厚かましく危険なことであるためすべての者に不快感を与えた、と伝えた。」この一節については、謁見の場にいたオルガンティーノ神父が、この謁見から二年一〇ヵ月が経過した一五八九年三月一〇日に長崎から

秀吉に九州出兵を願う

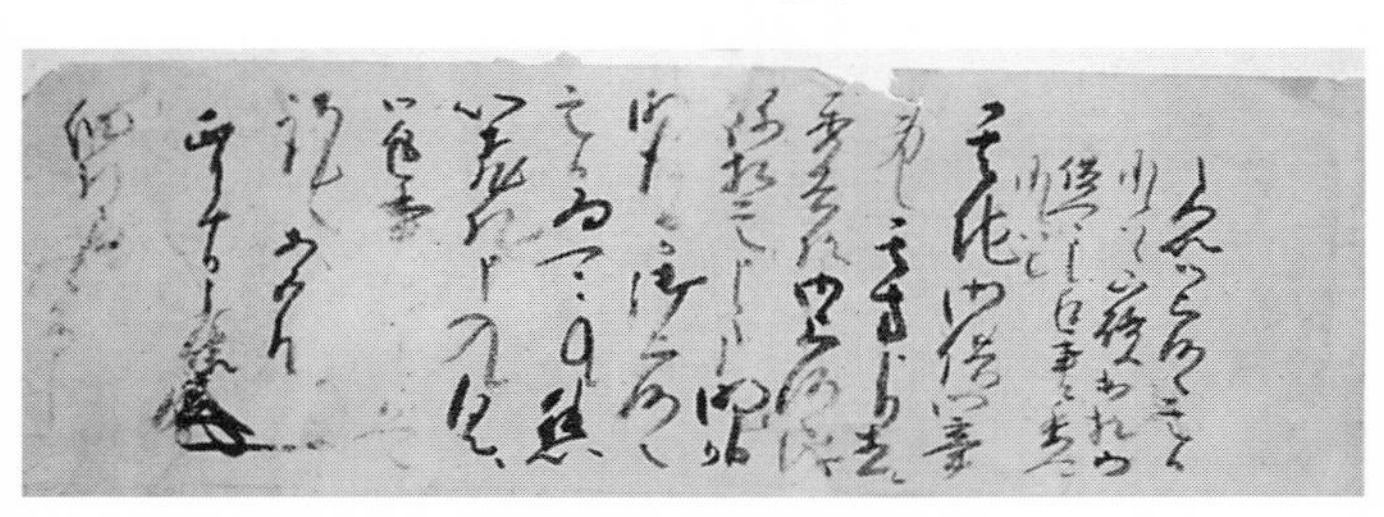

安威了佐五左衛門書状（エヴォラ屏風下張り文書）

総会長に送った書翰の中で述べている（J.S.11 I）。右筆安威了佐の苦言とは、どのようなことであったのであろうか。前記書翰によると、オルガンティーノはコエリヨが秀吉に謁見する前に、予め、「関白殿には、その時まで殿下が教会に与えた好意について大いに感謝していること以外には話さず、戦争のことに関しては決して言及しないこと、そのため、殿下の前では私に話させてくれるよう頼んだ。」それは、コエリヨが、秀吉に軍隊を率いてシモ（九州）に赴くよう願い出ることを決断し、しかもシモにいるキリシタン領主全員が彼の味方になるように努めるということを、オルガンティーノに打ち明けていたため、彼はコエリヨにそのようなことを話さず、自分に話させてくれるように助言していたからであった。しかし、彼の助言は無視され、秀吉に話す機会もなかった。コエリヨとフロイスは、謁見時の話題を予め決めていたかのようである。

謁見の間に入ったのは、コエリヨ、フロイス、オルガン

フロイス、秀吉への助力を保証

ティーノの神父三人と、右筆のシモン安威とジュスト右近殿（高山）らキリシタン領主数名であった。オルガンティーノの前記書翰によると、「最初に準管区長の神父が入った。［次いで］私が入ろうとした時、先にパードレ・ルイス・フロイスが急いで入室して、すぐに準管区長の傍に坐った。私はやむをえず後に坐ることになったため、最終的に準管区長とすでに取り決めていた順序に従って、話すことはとてもできなかった。パードレ・ルイス・フロイスは、今までに私たちに賜った恩義に対する謝意を彼（秀吉）に伝えた。」そのあとで、秀吉が、シモに赴き、さらにシナ征服を決断していると言って、この件で助力できることをコエリョに求めた。それについて、フロイスはすべてを与えることができ、またポルトガル人たちにも指示することができる、と述べた。コエリョの信頼が厚かったフロイスは能弁に語ったのであろう。この発言は、オルガンティーノや居合わせたキリシタン領主たちには、イエズス会やキリシタン教界にとって余りにも不穏当で危険なことと思われたので、オルガンティーノはフロイスの話を中断させようとし、ジュスト右近も瞬間的に留めようとしたが、彼が熱弁を振るって長々と話し続けたため、これを止めさせることは不可能であった、という。フロイスは、上長コエリョが十分に顧慮せずに秀吉の意を迎えようとしていたことに、唯々諾々として従っていたようである。彼は一五七七年に西下して以降、駆け引きを要する微妙な政治的舞台で的確に対応することができなくなっていたのであろうか。

秀吉を再訪、特許状下付に謝意

コエリョが大坂城に秀吉を再訪したのは、彼が秀吉夫人の北政所を介して要請した宣教に関する特許状（朱印状）下付に対して謝意を述べるためであった。天正一四年五月四日（一五八六年六月二〇日）付の日付をもつ特許状は、その一条で、宣教師が日本全国に居住することを許した（日本史二部七六章）。その訪問は、特許状下付の二、三日後で、フロイスとオルガンティーノが同行した。豊後の大友宗麟が島津氏の侵攻に対して秀吉の軍事的支援を求めて大坂城に来たのは、コエリョが初めて秀吉に会った日から一九日後の五月二三日であった。秀吉は黄金の茶室で彼をもてなした。その後、秀吉は約束通りにその茶室をコエリョに見せている。彼を案内したのは、アゴスティーニョ小西行長の父、ジョウチン（ジョアキン）立佐であった。

病臥の秀吉を見舞う

コエリョが大坂から京都に上ったのは六月二三日以降であり、同地に二四日余り滞在した（同書）。この間に、秀吉は普請中の聚楽第を視察するために上洛したが、体調を崩して臥していた。コエリョはこれを知って彼を見舞った。フロイスが同行していたであろう。彼は都の副王（所司代）の前田玄以（げんい）や秀吉の甥（秀次）らを訪問したが、同地での準管区長としての役務がどのように果たされたかについて、フロイスの記載は乏しい。

コエリョとフロイスに批判的であったオルガンティーノは前記書翰で、「私たちは準管区長のパードレがキリスト教徒たちとイエズス会の他の私たちを訪れて慰めてくれることを大きな希望を持って待っていた。このことについて、何らなすことなく時間が経ったのを見て、私はパードレ・フランチェスコ・パシオを通じて訪問（巡歴）の規則を彼に見せた。これにもかかわらず、彼はイエズス会の全員と、さらにひどく落胆していたキリスト教徒たちを捨て置いて、いかなる訪問もしなかった。彼が注意を払ったのは、人選もせず必要性もないのに多くの立派な贈物をすることだけであった。パードレ・ルイス・フロイスが私に語ったことによると、そのパードレから贈物を受け取った者は四〇〇人の数に達した」と報じる。

キリスト教徒を訪問せず

豊後に帰る

コエリョはおよそ三ヵ月に及ぶ畿内地方の巡歴を終えて、小西行長が用意した二隻の船で七月二三日に堺を発って豊後に向かった。船は牛窓、能島を経て伊予に着き、同地に三、四日滞留した。秀吉の使者として毛利氏の許に赴いたシメアン小寺官兵衛（黒田孝高）の斡旋により、小早川隆景を訪れた。秀吉下付の特許状の効果もあって、隆景はコエリョを厚遇し、司祭の居住を許し、そのための地所を与える旨の書状二通を彼に与えた（二部七八章）。準管区長一行は、伊予から二、三日で豊後に着いた。フロイスは前記一〇月一七日付書翰で、修練院 Casa de Prouação がある臼杵に到着したと報じているので、彼らは府内ではなく臼杵に直航したことになる。フロイスにはほぼ五年一〇ヵ月ぶりの再訪であり、コエリョには初めての訪問地であった。彼らは二日後に津久見に宗麟を訪れた。宗麟が大坂滞在中にコエリョに会ったことはなかったようで、彼らは初対面であったであろう。コエリョは臼杵に戻ったのち、豊後教区長のペドロ・ゴメス、フロイス、および日本人修道士やポルトガル人らを伴って臼杵城に世子義統を訪ね、また宗麟の前妻奈多氏にも面謁した。フロイスは彼女が以前と異なって宣教師たちを寛容な態度で迎え、またキリスト教への対応が好意的になっていたことに驚きを示した（同七八章）。

大友義統を訪問

しかし、豊後全域が島津氏の攻勢にさらされて国内の政情が不安定であったため、また義統の改宗が見込めなかったため、コエリョは、九月一六日に臼杵を発って毛利領の下関に向かい、同二〇日に同地に着いた。途中、府内の教会と修院とコレジオを訪れたようである。彼は、下関では同地にいた秀吉派遣の全軍の総司令官（陸の総大将）シメアン小寺官兵衛（黒田孝高）の全面的な支援を得て、また伊予の小早川隆景が毛利輝元に書き送った書状によって、下関に住院建設のための地所を入手し、さらに山口再宣教を許されて、クリストヴァン・モレイラ神父を同地に送った。コエリョは自ら山口に造る住院の用地を確認し、ザビエルが種を撒いた同地の古キリシタンたちを慰問のため下関から赴いた。フロイスにとっても山口は是非とも訪れるべき聖地であった。「日本史」を

下関に移る

山口に広い住院用地を確保

執筆していた彼は、ザビエルから受洗した古キリシタンたちに会って、彼らからの聴き取りを行った。その頃、シメアン小寺が山口を訪れた。彼には住院用地が手狭であると思われたため、コエリョは彼の助言によって、旧教会（大道寺）の近くにより広い土地を確保することができた（同八一章）。

下関に三ヵ月間滞在した準管区長コエリョが長崎に帰還のため同地を発ったのは、降誕祭の一一日前、一二月一四日（日）であった。フロイスと日本人修道士のダミアンと山口出身のジョアン・デ・トルレスは残留した。当地のキリシタンとシメアン小寺が駐屯していた豊前の陣中にいたキリシタンたちの教化のため、また豊後・京都・山口の情報を蒐集するためであった。フロイス「日本史」八八章には、準管区長コエリョが彼の同行者companheiroであるパードレ、すなわちフロイスに関白殿（秀吉）を訪問して、彼とその王妃（妻）に彼らから依頼されていたいくつかの品々を持参するよう命じたとあり、次いで以下のような記載が見られる。

パードレ（フロイス）は当［一五］八七年二月一七日（天正一五年一月一〇日）に下関を出発し、その年（天正一五年）第一の月の二日（一五八七年二月九日）に、他のパードレと一緒に大坂に彼（秀吉）を訪ねていった。彼らが驚嘆したのは、何人もの諸侯が一方で贈物をもって彼の面前で平身低頭するべく待っているのを見、また他方で、彼らが自分の収入［の中］から彼に持参した、悉く延べ棒に鋳られた可成の量の金銀を見たことであった。［関白は］彼らの内の領主の誰かを自分がいた部屋に通させる前に、彼ら（パードレたち）を最も奥まった部屋に導くように命じた。

右の記載では、フロイスの下関出発と彼の大坂城訪問の日時に齟齬が見られる。フロイスが日本の年頭の一月二日に、おそらくオルガンティーノ神父らと共に秀吉に歳首を賀したことは確実であったと思われることから、彼の下関出発は一五八七年一月一七日（天正一四年一二月九日）頃であったように思われる。二月は一月の誤記ないし思い違いであった可能性が高い。フロイスは、同じ「日本史」八一章では、コエリョ一行が九月二〇日に下関に到着した当時のことについて言及して、「そこ（下関）では、私たちは少数であったので、四、五ヵ月、浜辺近くの貧しい小家二軒に分かれていた。そこに、私たちは［ミサ用の］祭服を所持していたが、その場所の不便さと、武装した異教徒たちが私たちを見ようとして頻繁に出入りしたために、ミサを上げることができずに四〇日間以上が過ぎた」、と伝える。上記の「四、五ヵ月」という曖昧な記載からすると、下関到着四ヵ月後の一五八七年一月一七日頃に、フロイスは再び大坂に出立したようである。

再度大坂に向う

フロイスの再度の大坂行きは、「日本史」によると秀吉に歳首を賀すためであった。しかし、オルガンティーノの既述の一五八九年三月一〇日付書翰によると、それは名目に過ぎなかったことが知られる。

準管区長は、関白殿に小寺官兵衛に代わって一通の書状を［人に］書かせた。その書状で、彼（官兵衛）はすでにほぼすべての領主が掌中にあるため、殿下が急ぎシモに来られるように語っていた。そして、彼は、関白殿からパードレに賜った恩恵に謝意を述べると見せかけて、この書状を携えたパードレ・ルイス・フロイスを都に送った。さらに、異教徒たちの他の国々のために聖福音を説くことのできる特許状を彼に与えてくれるよう願うため、そしてさらに、キリスト教徒になることを望んでいた者たちが、関白殿の特許状に反して、教徒にならないように妨げていた豊後の世子を関白殿の面前で告発するためであった。

大友義統告発を企つ

フロイスは、準管区長の指示に従って秀吉と話そうとしていた事項が他にも七、八点あり、これらを書き認めた覚書については、オルガンティーノとジュスト高山と相談するように言われていた。しかし、フロイスは秀吉宛の書状を彼らに見せることはせず、また彼は準管区長から秀吉に話すよう指示されたことを自由に話すことができるとの書面一通も、彼らに提示しなかった。

登城して書状を提出

右筆は小寺官兵衛名の書状を留め置く

フロイスは秀吉に面会するため登城して、面謁する前に小寺官兵衛の名で書かれた書状を差出人の右筆に提示した。右筆シモン安威はその書状を一読して、これがイエズス会にとって甚だ厄介な危険なものになると判断して自らの手許に留め置き、秀吉に差し出すことはしなかった。そのため、フロイスは準管区長からの謝意を秀吉に述べただけで、覚書に書かれた諸問題について言上する機会はなかった。右筆の安威は、フロイスが持参した官兵衛名の書状の件についてオルガンティーノに知らせ、「準管区長がこのような「政治的」問題などを扱わないよう」要請した。ここに、フロイスが再び大坂に上って来た意図が暴露された。オルガンティーノは右筆安威の意向をパシオ神父の居る前で、フロイスに口頭で、準管区長には書翰で伝えた。

島津氏が豊後・筑後に侵攻

コエリョが歳首の挨拶を口実にフロイスを再び秀吉に遣わしたのは、彼らが豊後から下関に移動した時期、島津氏の豊後攻めが激しくなり、筑後立花城も包囲された厳しい状況を憂慮し危機感を抱いて、秀吉の一刻も早い西下を強く望むようになったためかも知れない。そして同時に、豊後の大友義統の改宗に強く拘ったことがもう一つの理由であったようである。彼は臼杵における義統との初対面で、彼の早急な改宗は望めないと判断して早々に臼杵を立ち退いていた。一方、フロイスは義統との出会いから九年を経てなお、彼の改宗に執着するところがあった。かつて一五七八年時には、義統はフロイスと親交を結び、彼を父とも師とも仰いでいた（日本史二部六章）。彼らの狙いは、秀吉の九州下向と、義統の改宗を促すことにあったようである。義統の改宗を願う彼らの思いは同じであり、秀吉の斡旋を敢えて求めようとしたのであろう。そのように決断させた動機は、父フランシスコ宗麟が救援を求めて大坂参りし、秀吉がこれに応じて直ちに小寺官兵衛を派遣した事が彼らの脳裏に深く刻まれていたことである。

落胆して下関に戻る

フロイスの大坂から下関までの船旅は、それまで経験したことのない挫折感に打ちひしがれたものであったであろう。彼が下関に戻ってきたのは三月上旬であった。一五八七年一〇月二日付平戸発信の「一五八七年度日本年報」によると、彼は三月一五日に山口のキリシタンたちを訪問した。彼が長崎に帰着したのは三月二九日の復活祭前であったであろう。なお、準管区長コエリョの長崎帰還後、フロイスと共に下関に留まっていたイルマン・ダミアンが、一二月二九日に同地で死没した。五〇ないし四八歳であった。一五五六年頃にイエズス会で伝道士として働き始め、一三年間修道士を務めた（一五八七年度日本年報）。フロイスは、上洛した当時、ダミアンが言葉の不十分であった自分の片腕として教理を説教していたことなどを思いつつ、彼の訃報の記事を書いたのであろう。

四　日本史の執筆

日本教会史の執筆者に推薦される

ポルトガル国王ドン・エンリーケの委嘱によって、「東インドの歴史」執筆のために一五七九年にポルトガルで史料調査に当たっていたイエズス会のジョヴァンニ・ピエトロ・マフェイ神父は、総会長エヴェラルド・メルキュリアンに対する一五七九年一一月六日付コインブラ発信書翰で、日本の教会史の執筆者としてフロイスを推薦し、その理由について次のように述べている。

文才を評価

日本には、当地方において古参で、しかも、いとも晴朗なる当ポルトガル国王の秘書局で若い時から育てられているため、非常に文筆の立つパードレ・ルイジ・フロエス（フロイス）がいます。そして、当島嶼およびキリスト教界から、少なくともその国情、習慣、統治方法、およびその他の特殊性に関するすべてのことが当地までもたらされていますが、あまり一定せず不明瞭な情報であるために、パードレ方は、説教をするなどの労苦のためにすでに疲れきっている前述のパードレ・フロエスが、日本における信仰の進展、その土地の位置や福音［宣教］を阻害している諸侯や戦争、そして歴史に関するその他のことについての解説書（覚書）commentario 作成のために退くことを最良のことと評価するでしょう。その解説書は大きな光明と満足を与えるでしょう。私はすべて猊下の慈愛と見識にお任せいたします（J.Wicki, Historia de Japam［de Luis Frois］, Lisboa, Vol.I（1549-1564）. Apêndices.Lisboa, 1976.）。

執筆命令

メルキュリアンが一五八〇年八月一日に死去したため、マフェイの進言を採用したのは、一五八一年二月七日に開催された第四回総会で第五代総会長に選出されたクラウディオ・アクァヴィーヴァであった。ヴィッキ師によると、彼はおそらく一五八二年末か一五八三年初めに、ヴァリニャーノ神父に書翰を認めて、願望された日本の歴史をフロイス神父が著すよう配慮してくれるように、彼に提言した。総会長の書翰は、一五八三年末にコーチンまたはゴアにいたヴァリニャーノに届き、彼は四月にその旨を伝える書翰を日本の準管区長に発送し、長崎には一五八四年にもたらされた。しかし、その書翰が日本に届いたのは一五八三年であったようである。フロイスが自ら「緒言 Prólogo」の中で述べている「日本史 Historia de Japão」は、彼に対する総会長の執筆命令がインド管区長ヴァリニャーノおよび日本準管区長コエリョを通じて伝えられてから三年を経て完結した、という。なお、この「緒言」が書かれたのは一五八九年末頃である。

フロイスが選ばれた理由

フロイスは自分が「日本史」執筆者に選ばれた理由について、「緒言」の中で憶測している。彼がイエズス会に入って四〇年近くになり、ザビエルが日本に来る以前に入会していたこと、インドに十四、五年間あって日本から送られてくる書翰を常に取り扱っていたこと、日本に来て二四年になり、その大部分を都地方で過ごしたこと、また彼が最初から日本に派遣された神父・修道士全員と久しく連絡を取り合っていたことによるのであろう、という。実際に、彼は豊後臼杵にあっては上長カブラルを助けて各地の同僚から送られて来る通信の受け皿になり、コエリョが準管区長に就任すると、その秘書として全会員と準管区長との連絡役となり、また書翰類の授受に関わっていたから、彼の憶測はほぼ正しかったであろう。しかし、すでに指摘したように、彼がインドおよび日本から書き送った書翰や報告を通じて二〇代半ばから文才を高く評価されていたことが、マフェイによって再評価されたということでもあろう。

執筆に四年を要す

本書執筆の正確な期間は、第一部一一六章を書き終えた本文の後に付記された記載からすると、ほぼ四年であった。その記載には、「日本史」一部が一五八六年一二月三〇日に終わったとし、以下のような一文が続く。

これには、ある程度の中庸をたもって書くことができるために、ほぼ四年が費やされた。そして、一五三章、すなわち日本の固有の事柄に関する三七章と、当［日本の］諸地方における聖福音の宣教の歴史に関する一一六章に分かれる。今は亡きパードレ・メストレ・フランシスコ・ザビエルが日本に到着して以来、四〇年の［年］

数を完全にするために残っていることは、〔一五〕七八年から始まって、〔一五〕八九年末までに至るこの歴史の第二部に広範に見られるであろう。

右に言われるように、日本史の執筆にはほぼ四年を要したため、執筆はポルトガル船ナウ来着の一五八三年七月以後、まもなく着手された。この年、ナウ船は七月二五日に長崎に来着した。執筆の命令書は同船で届いたであろう。

写本「日本史」第一部序文（リスボン市アジュダ図書館蔵）

「日本史」の構成

「日本史」の構成について、フロイスはマカオからローマの総会長に書き送った一五九三年一一月一二日付書翰においても言及している。「歴史を著し、これを三巻にまとめました。第一巻には、日本の諸々のこと、すなわち、土地の気候、その地の特質、人びとの慣習、日本の起源、宗派が正確に語られる。第二巻には、パードレ・マエストロ・フランシスコが日本に来たことから、毎年改宗事業でなされたことについて、このことに関して私たちの古いパードレたちやイルマンたちが受けた苦難と困難が扱われる。第三巻には、同様の問題が、豊後のフランシスコ王の改宗に始まって、［一五］八九年まで続けられる」（J.S.121）。ここにいう第一巻は、「日本史」第一部の付記に述べられた「日本の固有の事柄に関する三七章」を指している。これが「TRATADO（「日本」総論）」である。

「緒言」の末尾に、「日本史」第一部で守られるべき順序について、「緒言」のあとに、「日本六六国誌」を置き、それに次いで、日本の気候、自然、特質、および習俗に関する三十数章の内容目次をこの題材の最後の章に設け、この第一部が終わったのちに、これに続く日本の教化に関する一一六章の内容目次を記す、とある。しかし、「六六国誌」と「日本総論」は現存しない。この二つの著述は、王立ポルトガル歴史学士院がマカオにある歴史史料を謄写してリスボンに送るために、一七四二年に同地に派遣したイエズス会のジョゼ・モンターニャ神父の指導によって作成された謄写本には見られない。二つの著述はすでにその時点で失われていたとされる。「日本総論」の目次のみが残っていて写された。その後、フロイスの「日本史」の原稿は、一八三五年一月二六日、マカオのサン・パウロ学院の書庫が失火によって全焼した際に焼失した、とされる。

歴史的真実を重視

フロイスが「日本の改宗の歴史」を叙述するに当たって最も留意したことは、「緒言」冒頭に述べられているように、歴史的真実 fio e rectitude da verdade に矛盾しないようにすることであり、その主眼点は二つであった。第一は、ありのままの真正な報告を書くことであり、そのために、㈠最初期のことを知っている神父や修道士、存命する古いキリシタンたちからの聞き取りをし、㈡印刷されている諸年報 cartas annuas の記録の助けを得て補足することである。この記録には、彼が一五六三年から一五八六年一一月までに書き送った書翰と年報およそ七七通が含まれる。第二の主眼点は、日本人の改宗について扱うには、当地の気候、日本人の性質・本性・慣習、偶像の祭祀と崇拝について書くことが不可欠であるとしたことである。こうした説明がヨーロッパの人びとの理解を助けると判断したためである。フロイスは、歴史的事実を書くことを基本方針とし、同時に、ヨーロッパとはまったく相反する日本人の生活習慣・人間性・宗教とその祭儀等について丁寧に書き記すことに努めた。「日本総論」三七章は、正史「日本史」を理解するための基礎知識としてまとめたものと思われるが、彼は「日本史」本論においても、そうした説明が必要であると考えていたようである。シュールハンメル師によると、「日本総論」は一五八四年に完成した。彼は「緒言」において、歴史執筆の基本的姿勢

個人書簡を引用収載

を明確にし、自分が関知しない地方の状況と宣教活動については、各地から彼の許に送られた書翰を積極的に引用収載することに努めている。その事例と体裁はすでに言及したように、一五七八年九月三〇日付臼杵発信の書翰に見られ、一五七七・七八年に各地から発信された一三通が一括され、その末尾に彼が加筆した一文が見られた。

「日本史」に収録された個人書翰は、第一部（一五四九～七八年）一一六章に、彼の自筆二通を含む八通、第二部（一五七八～八九年）一三二章に二二通、第三部（一五九〇～九四年）五六章に六通の計三五通である。数量的には必ずしも多くはないが、長文の書翰が多くは省略されることなく収録されて各章の全文ないし大部分を構成している章が一七ある。第一部では、ルイス・デ・アルメイダの一五六五年一〇月二五日付、福田発信の長文の書翰が、五九～六二章の四章に分載されて各章の全体を構成している。この他に、総会長アクァヴィーヴァのローマ発信一通（一五八二年）、ジョゼ・フォルナレト神父の五島発信の二通（一五八八年）はそれぞれ一通で一章をなし、オルガンティーノ神父の都発信の二通（一五八八年）と、グレゴリオ・セスペデス神父の朝鮮発信の二通（一五九三・九四年）でそれぞれ一章を構成している。また、二部一〇七章は、アフォンソ・ゴンサルヴェス神父の大矢野発信（一五八七年）、グレゴリオ・フルヴィオ神父の大矢野発信（同年）、および一神父の天草発信（同年）の三通から構成される。

フロイスは、それらの書翰の内容については、若干の改変を試み、文言や文章の入れ替えを行っているが、現地からの報告を尊重してほぼ全文を転載している。それと同じように、彼は「日本史」が印刷されてヨーロッパのキリスト教徒たちに読まれることを念頭に、読者が容易に理解できるように配慮し、日本および日本人に関する情報を盛り込むことに努めた。彼の「日本史」執筆の基本姿勢には、宗教家・宣教師というよりは、歴史家としての面目を保とうとする意志が強く働いていたと見ることができる。

歴史家としての面目

フロイスは、「日本史」執筆中の一五八五年六月一四日に、加津佐において一つの著述を完成させた。タイトルは「ヨーロッパと日本管区の人びととの間にある習慣の違いと矛盾について略述した概論 TRATADO」（岡田章雄訳・注『日欧文化比較』）である。一四章からなる目次は、男女の風格と衣服、子供の教育と習慣、仏僧（坊主）、寺院と祭儀、日本人の飲食の方法、武器と戦争、医師・薬・治療方法、書物と日本人の書法、家屋の建築・道路・庭園、馬および道具、船舶とその習慣・道具、劇・喜劇・舞踊・歌・楽器、特別な事柄からなる。本文は、先ずヨーロッパのことに言及し、これに対応して日本のことが述べられる。ヨーロッパ人向けであるため、ヨーロッパのことは既知のこととして簡単であるのに対し、日本についての記述は全体的に詳しくなっている。シュールハメル師は、「文化比較」の著述の中に、「日本総論」三七章の内の一五章が保存されてい

「日欧文化比較概論」の執筆

るという。

旺盛な執筆活動

フロイスは、マフェイが総会長に要望したように、宣教活動から開放されて執筆に専念したようであるが、準管区長の秘書としての役務、特に、年報作成はすでに言及したように継続され、大部の年報が書かれていた。新たな使命を与えられて奮起した彼は、短時間で「六六国誌」、「日本総論」そして「文化比較」を書き上げながら、一方で平行して「日本史」執筆を進めていたのであろう。こうした過密な執筆活動が、必ずしも頑健とは言えない彼の肉体に大きな負担を与えた。さらに、長期にわたる過重な執筆のため腱鞘炎(けんしょうえん)に苦しんでいた。彼が総会長に書き送った一五八五年一〇月二五日付書翰がある。

腱鞘炎に苦しむ

私は日本に二三年間おり、猊下が主の大いなる栄光とイエズス会および当地方のキリスト教界の利益のために情報が与えられるべきとされることについて、真実、まがりなりにも報告することができるところです。しかし、私は年齢に加えて、一年近く腕と手に絶えず痛みがあって障害者同前ですので、使われた薬のいずれもこれまで受けつけず、私が望んでいたことですが、自らの手でこれを執筆することはできなくなっています（Jap. Sin. 10 I）。

ヴィッキ師はこの書翰をフロイスの自筆とされるが、その書体は彼のいくつかある書

第一部を完成

体と異なっており、口述されたものに自署したのかも知れない。彼は肉体的に苦しみながら、聖なる従順の誓願を守って聖なる使命感の遂行に努め、翌年一二月に、「日本史」第一部を完成させた。さらに一五七八年から始まる第二部の執筆は、下関滞在中に、第一部の脱稿後すぐに始まったようである。彼は総会長宛一五八九年一月三〇日付加津佐発信書翰で、「私は日本史を書き続けて四年になります。巡察師のパードレが来ますので、できるだけ急いで終わるようにします」（J.S. 45 I）、と報じている。ヴァリニャーノがマカオに到着したことを知って執筆を急いだようである。同年九月一三日付総会将宛

第二部はほぼ完稿

書翰によれば、第二部はほぼ完成していた。「書き始めてからほぼ七年になる日本史は、本年には主の扶けを得て終わるでしょう。したがって、パードレ（巡察師）が来着する時にはすでに終わっているのを見出すでしょう。そして、彼がそれを見た後に、すべての人が喜ぶのを期待して、猊下に送付されるでしょう」（同 11 I）。ヴァリニャーノの来着

「日本史」完結

が待ち遠しかったであろう。ヴァリニャーノが完結した「日本史」第一・二部を手にするのは、一五九〇年七月である。

五　伴天連追放令とフロイス

八代に秀吉を訪問

フロイスが準管区長コエリョおよびポルトガル商人と共に、肥後八代に陣中見舞いのため秀吉を訪れたのは、一五八七年五月二七日である。秀吉は、大友宗麟の要請を受けて島津氏討伐のため、四月八日に自ら大坂城を発ち、八代には前日の二六日に到着していた。フロイスには少しばかり心の余裕ができたのであろうか、「日本の自然は、張られた緞帳(どんちょう)に見事な工夫を凝らして絵を描き上げたように思われる」(二部九四章)と述べて、当地の美しい自然に感嘆している。

秀吉はコエリョの八代来訪を知って、翌二八日の夕食後にコエリョ一行を引見した。一行は通訳のフロイスを含むパードレ三人、イルマン三人とポルトガル人三人であった。「日本史」によると、奥の間に坐していた秀吉は、コエリョらの坐っている部屋の入口に歩み寄って立ったまま、「皆が見るとおり、自分は甚だ見た目が悪く、身体もまったく不格好である。しかし、日本における自分の成功を肝に銘じておくように」と言って、

秀吉、再びシナ征服を表明

このたびの大軍を伴った迅速な遠征について手短に語り、さらに日本全国の平定後にシナ征服に着手することについて、ポルトガル人たちが喜ぶであろうか、と尋ねた。彼ら

が秀吉の意向に逆らうことを答えたとは考えられないから、彼が満足したのも当然であった。彼は元の座に戻って、フロイスの通訳で二時間近く、コエリョと様々のことを話した。前年の大坂城訪問時に、彼がコエリョに要請したナウ船二隻の借用問題も、当然話題となったであろう。フロイスは通訳するに際し、言葉を選んで慎重に受け答えしたと思われるが、この件に関する彼の言及はない。

ナウ船の畿内来航を要望

秀吉は、その後、大坂から持参したお気に入りの茶器で茶をもてなした。座敷には彼らに見せるための黄金の茶器が置かれていた。次いで、彼らは盃と肴の饗応を受け、ポルトガル人はナウ船の日本来航に関する特許状を秀吉に要請して許された。一方、秀吉は、水深が許す限りどこか堺に近い相応しい港にナウ船を廻航して欲しいと希望した。コエリョは、これに応じてナウ船の水先案内人が平戸から先の水路を測深して、船が入りうる港があれば、ポルトガル人は喜んで奉仕するであろう、と答えた。さらに、秀吉はインド副王が彼を訪問のため使節を派遣しようとするならば、準管区長にしたように同様に迎えるであろう、と発言した。彼は別れ際に、コエリョが博多へ赴くように、都に出発する前にまた会おう、と言った（一五八七年度日本年報）。コエリョらは、秀吉に謁見した翌日、二九日に同地を発って長崎に戻った。

平戸に滞在

コエリョは、フロイスおよびイルマン三人と共に、六月二六日頃に大砲を装備したフ

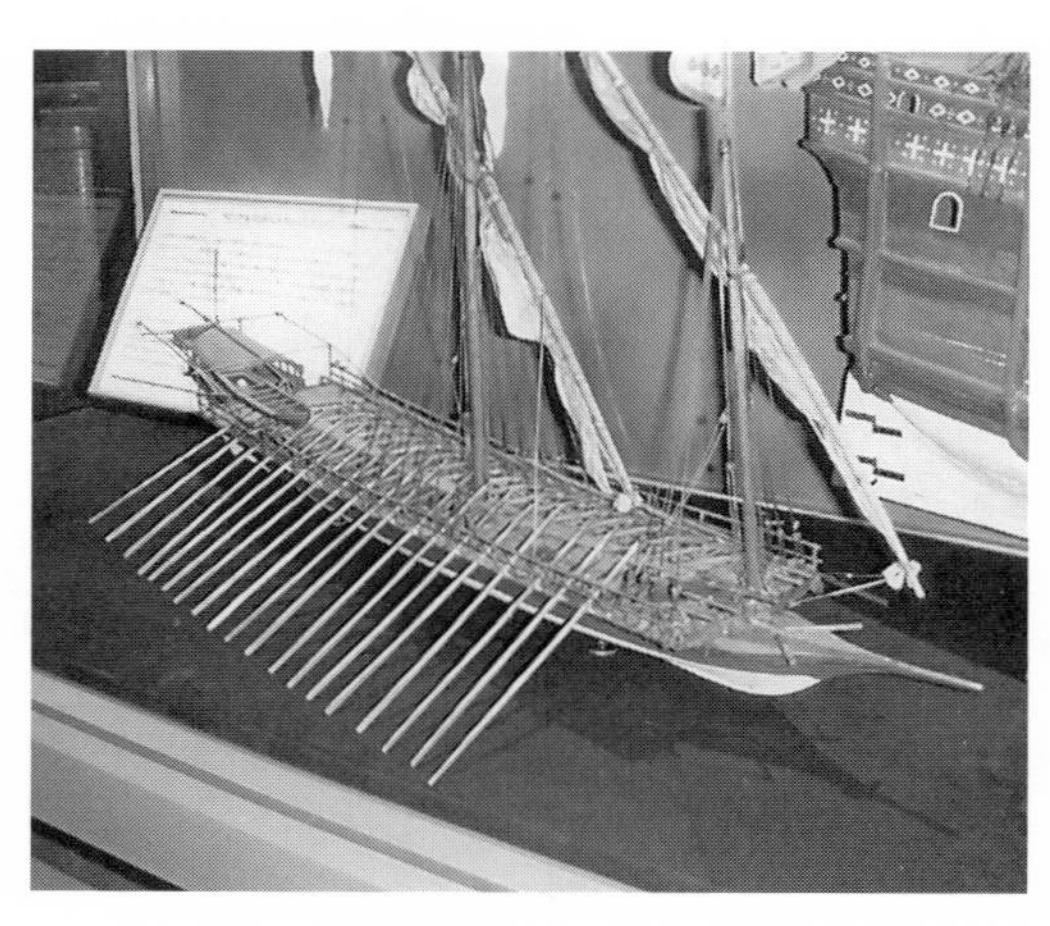

フスタ船模型（長崎・26聖人館記念展示）

スタ船で長崎を出発して平戸に至り、同地に八日間滞在した。これは、前年カピタン・モール（司令官）のドミンゴス・モンテイロのナウ船が同地に二一年ぶりに来港したため、商人や船員らの告解を聴く必要があったためであろう。なお、ポルトガル船の平戸来港は、島津氏が有馬氏を救援して一五八四年に佐賀の龍造寺氏を破って以来、有馬氏のみならずイエズス会への干渉を強め、一五八六年には同会を臣下の如く見なして武器の調達を命じていたため（二部八三章）、ポルトガル人たちは、島津氏の影響下にあったと思われる長崎への入港を敢えて避けたのかも知れない。

秀吉、博多に到着

コエリョ一行は、秀吉の博多到着（天正一五年六月七日、陽暦七月一二日）前に、七日間待っていたというから（同九六章）、七月七日（和暦五月三〇日）頃に博多姪（めい）の浜に着いた。戦乱によって破壊された博多の町を再建しようとした秀吉は、海から町を一望すべく海上に

教会用地を願い出る

出た際にフスタ船を見つけて、これに乗り込んで船内をくまなく見て回った。これは七月一五日（同六月一〇日）とされ、彼の所望によって二度大砲が試射された。コエリョは、秀吉が陸にあがって町割りのための縄張りを命じているのを見て、イエズス会が以前に持っていた教会を建てるための土地を与えられたいと願い出た。彼は「これについてはいともたやすいこととの態度を示して、パードレが望む土地を取るように、と言った」。コエリョが正式に秀吉を宿舎に訪問したのは、七月二〇日（和暦六月一五日）、月曜日の午後である。秀吉は彼らを饗応した後、コエリョには博多滞在が長期に及んでいるので長崎に戻るようにとの許可を与えた。この時その場で、長崎をたびたび襲っていた深堀氏が海賊行為を働いているとして改易されたことがそれとなく伝えられた。フロイスはこれらの記事に続けて次のように報じている。「関白 Quambacu は、ナウをまだ見たことがないので、これを見るために、平戸にいた船を博多まで廻航するよう伝言していた」（同章）。彼はおそらくフスタ船搭乗時に、ナウ船の博多廻航を命じていたのであろう。コエリョは船が大きな危険を冒すことになるので実現は難しいかも知れないと彼に述べ、早速、平戸のカピタン・モールに伝言を送った（日本年報）。秀吉がナウ船廻航にこだわっていたことから見て、この訪問時にも、彼がナウ船の借用問題に言及したと見ていいであろう。コエリョは引き続き博多に留まっていた。司令官の到着を待っていたのであろうか。

ジュスト高山右近がコエリョを訪れて、「何らかのとんでもない急変か迫害が起こるのではないかと恐れている」と言ったのは、二日後の二二日である。その二日後の七月二四日（同六月一九日）、多額の贈物を携えた司令官ドミンゴス・モンテイロがコエリョらを伴って秀吉を訪れ、ナウ船を廻航できない旨を伝え、その理由を説明した。彼の通訳を務めたのはフロイスであったであろう。秀吉は了解した。その日の夜、秀吉は突如ジュスト高山に棄教を命じた。使者は、彼の茶の湯の師匠千宗易（利休）である。彼は師に対して、「侍の所存は一度天に志して不変易を以て丈夫とする、師君の命というとも今軽々敷、これを改むるは武士の本意に非ずと云う」（「混見摘写」）と述べて、信仰を堅持した。宗易は「是を感じて再び異見に及ばず」戻った。秀吉はさらに使者を遣わして、「初めに言ったように振る舞うのであれば、知行と領地を彼から奪い、肥後に赴いて陸奥守（佐々成政）に仕えることを許す、と伝えさせた」（二部九八章）。右近は前言を枉げなかった。二度目の使者が宗易であったかは分からない。秀吉は、右近を改易に処した。怒りの治まらない秀吉は、フスタ船で就寝中のコエリョに、右筆シモン安威了佐と小西行長家臣の二人を遣わした。彼らは与えられた伝言に基づいて詰問するため、彼を行長の陣所に伴った。すでに深夜近く、フロイスも同行した。

ジュスト高山に棄教を命じる

高山右近を改易

コエリョを詰問

詰問は、フロイス執筆の「日本年報」の記載によると、以下のようである。なぜパードレたちは熱心に人々に勧め、強いて彼らをキリスト教徒にしているのか、なぜ神仏の寺社仏閣を破壊し、坊主たちを苦しめて彼らと融和しないのか、なぜ道理に外れ、人間に奉仕して有用であるのに、牛馬を食べるのか、なぜポルトガル人たちは多くの日本人を買い、奴隷として彼らの国に連れて行くのか。彼がその一、二年後に書いた「日本史」では、使者二人がコエリョに伝えた詰問は三つであった。一では、なぜ日本でそれまであのように振る舞ってきたのか、他宗派の坊主たちに融和するのが良かったのではないか。彼らは自分たちの家や寺で説教をして他所に行ってまで勧めることはしない。汝たちも今後は全員がシモ（九州）に留まって［他所に］汝の宗派を弘めてはならない。これを望まないならば、全員がシナ（マカオ）に戻られよ（九七章）とあり、「日本年報」の一、二点が一緒に述べられている。コエリョは、各詰問に沿って返答した。シモ地方のみでの宣教活動については、自分たちは外国人で、新しい教えであるために聴聞者を探し求めて歩かなければ、教えを弘布することができないと答えて、秀吉の申し出を謝絶した。コエリョの回答後に、秀吉が遣わした別の伝言がもたらされた。それは、ジュスト右近の改易に関する通達書であった。「日本史」には、安威了佐らが詰問後に、彼らが右近に対する宣告文をコエリョに見せるよう秀吉が命じた、とあるが、「年報」では、秀吉は二つの伝言を、返答を待つ間もなく準管区長のパードレに送った、とある。「年報」の記載が妥当のように思われる。シモン安威らはコエリョの回答をもって秀吉の許に戻った。

伴天連追放令

サンティアゴの祝日に当たる翌七月二五日（土）の朝、秀吉は伺候していた武将たちに、宣教師が大坂の一向宗の坊主よりも有害で危険な存在であると指弾し、二人の使者をコエリョに遣わして、五ヵ条からなる「定書」を通達し、二〇日以内に日本を退去すべしと命じた。これが、所謂、伴天連（バテレン）追放令である。これは、フスタ船にいた司令官モンテイロにも伝えられた。「定書」の日付は、前日の「六月一九日（陽暦七月二四日）」である。コエリョは、船の出帆は六ヵ月先であり、二〇日以内の退去が不可能であると伝えた。秀吉は宣教師たちが全員平戸に集結し、船の出帆まで同地に留まるべしと命じた。

追放令撤回を働きかける

コエリョは、博多から各地に居る司祭たちに書翰を送って、秀吉の命令と宣告について知らせ、家財を人に託してできるだけ速やかに平戸に来るように指示して、フロイスらと共にフスタ船で同地から平戸に戻った。コエリョは、追放令撤回のために動き、日向の戦場から戻ったばかりの小寺（黒田）官兵衛に一キリシタンを遣わして書状を送り、秀吉への取り成しを依頼した。しかし、彼は書状を読んでそれを納め、また他の異教徒の領主たちに宛られた書状も、時期尚早であるとして差し止めた。コエリョはまた秀吉の正妻北政所に使者を遣わして追放令撤廃のための助勢を求めた。こうした書状の作成にフロイスが何らかの形で関わっていたことが「日本史」の記述から窺われる（九九章）。

フロイスの考え

フロイスは、秀吉が追放令を発したことについて、彼が従前より計画していたことなのか、突然の怒りに駆られて発令したものなのか、判断ができないとし、時がたてば明らかになるであろうとしながらも、七月二四日夜の秀吉の面前における誤った情報に基づく話しが発端であったかのように「年報」に記す。それは、有馬地方を視察し、秀吉のために女性を博多に連れて来ようとして失敗した徳雲（施薬院全宗）の話が、キリシタン教界殲滅の引き金になったと指摘するが、これはうがった見方であろう。フロイスは、総司令官モンテイロが秀吉の期待に反して遅延して到着し、しかもナウ船を廻航できなかった事実を過小視しようとしたのかも知れない。それには当然ナウ船借用問題が絡んでいたことであり、フロイスは総司令官の秀吉訪問について深入りして述べることを敢えて避けたのではなかろうか。フロイスは同「年報」の後半で、秀吉の怒りが和らぎつつある兆候をいくつか述べて先ず、布告発令から七ヵ月が経ち、今も継続していることから、彼の怒りは突然のものでなかったように思われるが、彼はあの大きく無分別な変化のために軽薄で怒りやすい男と思われないように、取り繕った態度をとって、突然の迫害後にすぐに反対の変更をまたすれば、軽率の誹りを免れないと思ったからであろう、と推測した。

宣教師ら平戸に集結

平戸には八月中に、畿内にいたオルガンティーノら三人と豊後地方にいた五人を除く会員一〇五人と神学生七〇人が集まった。フロイスは八月五日付で、豊後地方を扱った「一五八七年度日本年報」（第二年報）を完成させ、一〇月二日付で、豊後とシモ地方に関する第一年報を書き終えた。彼は、同日付および一〇月八日付で、第三年報を度島から発信している。平戸の教会と住院が手狭であったので、多くの宣教師とコレジオの学生や修練院生らは、ドン・ジェロニモ籠手田安一の所領生月島の山田の教会に、都の神学生たちは壱部の教会に居た（二部一〇八章）。平戸の教会に居たと思われるフロイスは、一〇月二日には度島に渡っていた。度島居住は二三年ぶりである。同島には一二月半ば頃までいたようである。準管区長も一緒であった（同一〇二章）。コエリョは、降誕祭の少し前にパードレ数名を伴って有馬を訪れ、有馬晴信との間に宣教師や神学生の潜住について協議した。同行した司祭数名の一人は、秘書のフロイスであったであろう。その後、

コエリョとフロイス、加津佐に移る

彼はコエリョと共に加津佐に住むことになる。彼は、一五八八年二月二〇日付で有馬（加津佐）から、一五八六年一〇月から一五八八年二月に至る長文の「一五八七年度日本年報」を発信した。彼が編集した「一五八九年度年報」も加津佐から発信された。

一五八九年に、準管区長は筑後・久留米城主毛利秀包（藤四郎）の妻マセンシア（大友

宗麟女）から、生まれた男子（元信）の洗礼のためにパードレ派遣を要請された。彼は同年春に彼女の告解を聴くために赴いていたフロイスを再び派遣した（結城了悟『キリシタンになった大名』）。フロイスはイルマン・ジョアン近江と同宿一人を伴って六月末近くに加津佐を発ち、同二九日に久留米に着いた。七月二日（日）、彼は男子（元信）に洗礼を授け、祖父宗麟の洗礼名フランシスコを与えた。他にも城中の者二四名に授洗した。彼の久留米来訪を知って博多から来たキリシタンたちの告解も聴いた。イルマン近江は同地から黒田長政のいる豊前に赴き、フロイスは瀬高の港で乗船して川下りして有明海に出、島原港を経由して加津佐に戻った（フロイス、一五八九年七月二三日付書翰〈J.S.51〉、日本史二部一二四章）。同じ七月二七日、フロイスは、天草上島の栖本（すもと）に行くため加津佐から本渡に渡り、ジョアン栖本親高の迎え船で翌日栖本に着いた。二九日、アフォンソ・ゴンサルヴェス神父と共に、彼の父鎮通（バルトロメウ）とその妻（ドナ・クララ）、およびおよそ八〇〇人に洗礼を授けた。その日の午後、フロイスは海路天草河内浦に向けて発った（同章、同年八月八日付加津佐発信書翰）。その後、加津佐に戻ったフロイスは、すでに「二」で言及したように、九月二〇日付の「一五八九年度日本年報」をコエリョと連名で編集している。

久留米に赴き洗礼を授ける

栖本で洗礼を授ける

同年一一月初旬に、すでに六一歳になっていた準管区長コエリョは、日本人修道士四人を伴って、加津佐を出発して諫早（いさはや）領に近い山田、守山、北目筋の西郷、伊福、多比良

コエリョ、有馬領北目筋を巡歴

コエリョ病没

の村々で宣教活動に従事し、改宗者三三〇七人を得た。ソコトラ島（イエメン）での宣教活動以来二〇年以上も、持病の胃痛に苦しんでいたことから見て、この長期にわたる巡回宣教は肉体的にかなり無理を押してなされたようである。この時、フロイスはなぜか彼に同行しなかった。コエリョは年が明けて病気が悪化したようであり、勧められて加津佐に近い小浜の温泉で療養したが、効果なく長崎に移り、二月頃には加津佐に戻った。二ヵ月を超える病床生活ののち、五月七日に病没した。フロイスは、およそ八年半行動を共にした上司として、またゴア時代から知っていた同じポルトガル人の誼（よしみ）から、長い追悼の一章を「日本史」に書いて、彼に捧げた（三部四章）。有馬のミゼリコルディア（慈悲院）における彼の葬儀・埋葬が終わった九日の夕食後に、パードレとイルマンの全員が大きな修院に集まった。そこで、全員の前で巡察師ヴァリニャーノが日本に残していった書類綴りと継承に関する書類が開封された。そこに現れたのは、「日本［イエズス会］全体の上長および準管区長として、四誓願の立願者でイエズス会の古参の人物であるパードレ・ペドロ・ゴメス［の名］であった」（同、四章）。その秘書（補佐）についての記載はなかったようであり、フロイスが当面準管区長ゴメス神父の秘書を務めたようである。

第七　晩　年

一　ヴァリニャーノの再来日とフロイス

ヴァリニャーノ再来日

巡察師ヴァリニャーノがインド副王使節の名義で、遣欧使節四人を伴って一五九〇年七月二一日に長崎に着いた。八年五ヵ月振りの再訪であったが、一五八二年の日本出発時とは異なって厳しい状況下の再訪であった。彼は、上洛前に加津佐で第二回協議会を開いた。一五八〇年に開催した第一回協議会で決定したことが禁教令施行により実施不可能となっており、さらに対応すべき諸問題が新たに生じていたためであった。有馬・大村・天草周辺のレジデンシア（住院）やカーザ（修院）、コレジオの院長ら二三名が参加し、八月一三日から同二五日まで一四議題について議論がなされた。フロイスも出席した（J.L. Alvarez Taladriz「日本イエズス会第二回総協議会議事録と裁決」）。彼の肩書きは、準管区長の元秘書（同伴者・補佐）foi Companheiro do Pẹ Vice-Provincial であった（J.S. 51）。

協議会で代議員を選ぶ

協議会開催の冒頭、巡察師の提案によって、問題の早期処理のための秘書 Secretario

と、これを補佐する者Comapanheiro各一名、協議会で提起される諸問題を巡察師と共に検討する代議員（代表委員）deputado二名が選出された。秘書（書記）にフロイス、その補佐にセミナリオの院長ダミアン・マリン、代議員に準管区長ゴメスと都教区長オルガンティーノが選ばれた。また巡察師は、自分の補佐兼教誡者admonitor選出をも提案し、協議会選出の代議員四名がこれを指名することになった。選出された代議員四名は、ゴメス、オルガンティーノ、フロイスとコレジオ院長のフランシスコ・カルデロンであった。代議員四名により指名された巡察師の補佐兼教誡者は、イタリア人司祭フランシスコ・パシオである。フロイスが秘書と代議員に選出されたのは、日本滞在の最古参者としてその豊富な経験と見識が高く評価され信頼を得ていたからであろう。協議会閉会後、巡察師は、協議事項に裁決を下すために前記の代議員四名と、彼らが指名した司祭三名と共に協議を重ね、一一月五日の日付をもって一四議題に裁決を与えた。

巡察師ら上洛

　巡察師は、その前後に秀吉の上洛命令を長崎代官の毛利吉成と鍋島直茂から通達され、同月七日頃に長崎を出発した。一行は二六名からなり、ディオゴ・メスキータ神父引率の遺欧使節四名は海路先発し、巡察師は陸路下関に発った。通訳（通事）の修道士二人が同行した。

通訳はロドリゲス

巡察師は自らの通事(つうじ)（通訳）に、六〇歳近いフロイスではなく、三〇歳前後の修道士ジョアン・ロドリゲスを抜擢した。巡察師はフロイスの年齢を考慮したのか

コエリョとフロイスの言動が問われる

も知れない。そして、巡察師が彼を忌避した理由の一つは、一五八六年のコエリョの秀吉訪問時に見られた彼の軽はずみな言動であったようである。ヴァリニャーノは、すでにオルガンティーノの前記総会長宛一五八九年三月一〇日付書翰の内容を知っていた。秀吉の面前におけるコエリョとフロイスの言動に秀吉が懸念を抱いたということが、彼の総会長宛一五九〇年一〇月一二日付長崎発信書翰の追って書き（一〇月一四日）に語られている（高瀬弘一郎編訳『イエズス会と日本　一』）。ヴァリニャーノは、秀吉による迫害は、ナウ船斡旋や西国のキリシタン領主層の動員、フスタ船の博多廻航等に見られる準管区長コエリョの思慮を欠いた無謀で軽率な行為が引き金になった、と見ていた。彼は死者に鞭うつことを努めて避けようとしたようであるが、一方で、自分が任命した者が大きな過ちを犯したと強く責任を感じていた。その思いが、「彼が生存していたならば存分に処罰していた」、と彼に言わせたのであろう。同書翰にフロイスについての言及はない。彼は、コエリョが生来傲慢で衝動的で、道理に決して耳を傾けず、彼を説得して一度で従わせることは困難であると見ていたため（同書）、フロイスには上司に反発し諫言するだけの気概がないと見ていたようである。しかし、内心ではフロイスの軽率さも誹りを免れ得ないと考えていたであろう。

ヴァリニャーノが秀吉のインド副王宛返書を得ることなく、平戸を経由して長崎に戻ったのは、一五九一年四月六日頃である。彼は、七月二五日に天草・河内浦のコレジオで、遣欧使節四人のイエズス会への入会を許した。この年、フロイスは盛式四誓願を果たした。一五九三年一月一日作成の名簿によると、オルガンティーノ、カルデロン、パシオ、ペロ・ラモンら八名が、同年、最終の四誓願の立願者となった。四誓願者は要職に就任する資格者であった。ヴァリニャーノは一五七九年一二月に作成した名簿に、フロイスについて次のように記載していた。

遣欧使節四人、イエズス会に入会

盛式四誓願者となる

ヴァリニャーノのフロイス評

徳操と分別があり、十分に敬虔である。しかし、日本において全般的な責任を担うための気概 animo は乏しく、ない。なぜなら、彼には当地で生じる困難や危険を打破するために必要な気概がなく、また、時に応じ有益であるように、私たちに反対し、私たちを畏れさせ、従わせるための勇気がないからである。とは言え、私たちの修院 casa ないしコレジオを統轄することはできる。そして、彼が身につけている言葉（日本語）と徳操によって豊かな成果を上げている。哲学と神学をある程度学んだけれども、たいした学問はない。また、三誓願者の位に値しており、私が彼にそれを与えることはあり得る（Wicki, Historia. I, Apêndices）。

右は、巡察師が初来日した半年後に作成されたもので、豊後地区の上長を務めていたフロイスにはまだ会っていない時点での人物評価である。彼は来日後に蒐集した情報に基づいてフロイスについて評価したのであろう。彼は、カブラル神父の後任人事では、フロイスに九年遅れて来日した二歳年長のコエリョを初代の準管区長に指名した。彼は、前記名簿によれば、フロイスが日本イエズス会を統轄・指導する資質に欠け、また、果敢に難局に立ち向かう心意気もなく、積極的に自己を主張せず、学問の面でも見劣りする、と見ていた。フロイスが、イエズス会の従順の誓願に従って、上司の準管区長コエリョに忠実に仕え補佐し、また彼に敬意を払っていたことは、「日本史」で彼を懇ろに追悼していることからも伺い知ることができる。

フロイスの文筆活動

フロイスは、日本イエズス会にあって統治・指導面で主導権を発揮したいと思うよりも、文筆活動の面で自己を主張することに意義を見出していた、と言えるようである。それは、「第六 一二」で言及したように、巡察師が標榜した「ただ一つの年報」の原則に逆らって、一五八四年度に三つの年報を作成し、その後もいくつもの年報を作成したことに彼の真骨頂を見ることができる。彼がマカオに発送した一五八七年の年報は少なくとも五つが確認され、ヴァリニャーノはマカオでこれらに他から得た情報を加えて再編集させ、フロイスの名で一五八八年二月二〇日付年報を発信した。それは、フロイスの年報を六対一の割合で短くしたものであった（Wicki. Historia, Introdução）。このことを、フロイスは知る由もなかった。

年報は年一つ

巡察師ヴァリニャーノは、一五九二年二月三日から同二四日まで長崎で第一回管区総会議を開催した。九名の四誓願者と、他に司祭三名が参加し、フロイスが秘書を務めた（家入敏光訳編『日本のカテキスモ』）。ヴァリニャーノは、一五九〇年に加津佐で開催の第二回協議会、一五九二年に長崎で開催の第三回協議会および第一回総会議における、それぞれの決議事項から抜粋した「服務規程」を作成し、その第一七章で、「年報」作成の手順・方法について述べ、「ただ一つの年報」制度を確立した（拙稿「イエズス会日本年報について」）。フロイスはこの「服務規程」に従って、引き続き「日本年報」の編集・作成に従事し、一五九〇年度、一五九一・九二年度分を作成した。いずれも一年に「ただ一つの年報」である。

「日本史」続編の執筆を中断

フロイスは、「日本史」第一部を一五八六年末に書き上げたのち、一五八八年頃に第二部に着手した。その序文によると、一五七八年以降一〇年間における日本イエズス会の宣教の歴史が対象となり、とりわけ来日する宣教師たちの指針の書となるべきものであった。しかし、彼は、一五九三年一一月一二日付マカオ発信の総会長アクァヴィーヴァ宛書翰に、「一五八九年から今（一五九三年）まで歴史［の執筆］は停止したままであり、それについては何もせず継続もしていない」（J.S. 12 I）と報じている。ヴァリニャーノが再来日した時、彼は一五八九年以降の続編の執筆を中止していた。ヴァリニャーノは

「遣欧使節記」を執筆

「日本史」一・二部を一読したが、これに納得しなかった。このことが、フロイスに「日本史」続編の執筆を中断させたようである。

編年史「日本史」の執筆を一五八九年から一五九三年一一月まで中止していたと述べるフロイスは、この間一五九一年から翌九二年にかけて、一一四丁二四章からなる「遣欧使節記 Tratado dos Embaxadores Japões que forão de Japão á Roma」（『使節記』と略称。翻訳書に岡本良知『九州三侯遣欧使節行記』（『使節行記』と略称）がある）を執筆・編纂していた。同書と編年史「日本史」は、ポルトガル歴史学士院の指示によりマカオで一七四二年以降に謄写されてポルトガルに送られた。謄写に当たったのはイエズス会のジョゼ・モンターニャ神父で、一七四五年の彼のシャム転任後は、ジョアン・アルヴァレス

写本「遣欧使節記」（リスボン市国立図書館蔵）

修道士が後継した。『使節記』の写本二巻は、のちフランスの東洋学者で、『日本キリスト教史』（吉田小五郎訳『日本切支丹宗門史』）の著者であるレオン・パジェスが所持し、彼の死後（一八八六年）、トゥルーズの彼の友人ポール・サルダの手許にあった。これがフランシスコ会士ドロテウス・シリング師により確認されたのは一九三一年（昭和六）である。しかし、一九四四年（同一九）にサルダ氏が死去すると、所謂、サルダ本二巻は行方不明になり、一九五七年（同三二）にリスボンの国立図書館によって購入された（Introdução）。サルダ本二巻は、一五八三年より一五八七年に至る編年の宣教報告書であり、「マカオ司教区教会史資料 Apparatos para Historia Eccleziastica do Bispado de Macao」（「アパラートス」と略称）の表題を持つ。一巻は、巻首に一一四丁からなる「使節記」と、これに続く「マカオ司教区資料」五三章からなる。二巻も一五八三年より一五八七年までの編年史で、一巻と同文であるが、一巻の「使節記」の諸章が年別に本文中に分載されている（岡本前掲書）。「使節記」が「アパラートス」と一緒にされたことについては、フロイスの意図とは無関係になされた、とされる（松田毅一『南蛮資料の研究』）。「使節記」が二巻の中に分載されたことも、「アパラートス」の編纂者の意図によったという（同書）。「アパラートス」は、謄写に従事したイエズス会員によって「マカオ司教区史」編纂のために作成された。

『デ・サンデ天正遣欧使節記』

『日本遣欧使者記』

フロイスは「日本史」二部三四章（一五八一年）において、遣欧使節派遣の事跡に関しては、「特別な著述 Tratado particular」でいずれ述べられると予告していた。彼が「使節記」を執筆編集するに際して利用できた史・資料には、すでに一五九〇年にマカオで印刷された『デ・サンデ天正遣欧使節記』があった。これは、ヴァリニャーノが日本のセミナリオでのラテン語教育のために、使節一行の各人の日記や備忘録などに基づいてゴアで編纂に着手した。スペイン語で書かれた対話式の本書は、マカオ到着後にディオゴ・デ・サンデ神父によってラテン語に訳された。

DE MISSIONE LEGATORVM IAPONENSIUM ad Romanam curiam, rebusq; in Europa, ac toto itinere animaduersis DIALOGVS

EX EPHEMERIDE IPSORVM LEGATORVM COLLECTVS, & IN SERMONEM LATINVM VERSVS ab Eduardo de Sande Sacerdote Societatis IESV.

In Macaensi portu Sinici regni in domo Societatis IESV cum facultate Ordinarij, & Superiorum.
Anno 1590.

『デ・サンデ天正遣欧使節記』（マカオ，1590年）

また、一五八六年にローマで出版され、一五九〇年頃に日本にもたらされていた、ギド・グァルティリの『日本遣欧使者記』（木下杢太郎訳）は同書に引用されなかった、とされる。しかし、両書を

「使節記」と比較対照すると、「使節記」は両書とほぼ同じ資料を使用しているものの、両書に依拠することなく別の資料を多く参照しているとされ、また、使節をローマまで引率したメスキータ神父の書翰や彼の報告、そして四使節とその随行者たちの記録・覚書類が多用され、両書の内容とは異なった独自の叙述となっている、という（『使節行記』序文）。「使節記」の内容は、一章で、使節派遣の決定と派遣理由、長崎出発からマカオ到着について、二章で、ゴアからリスボンまでの航海について、三章から二四章までは、リスボンからローマまでの往還について述べる。特に、ポルトガルとエスパーニャの往還、ローマ滞在について詳述した。望郷の念が強く働いたのであろうか。「使節記」は、一五八六年四月八日にリスボンで乗船して順風を以てインドに向かうところで終わっている。

二　マカオにおける憂愁

ヴァリニャーノに伴ってマカオへ

フロイスは、一五九二年一〇月九日に巡察師ヴァリニャーノに伴って長崎を出発し、同月二四日にマカオに着いた。マードレ・デ・デウスのカーザに居ついた彼の役務は、巡察師の同伴者（補佐）companheiro および顧問 consultor であった（一五九二年一一月作成の名簿、Catalogorum)。先に引用した彼の総会長宛一五九三年一一月一二日付書翰に、「巡察師は、インドおよびヨーロッパへの連絡について彼に手助けさせるために私を一緒に連れて来ました」と言っているように、彼はいわば上司の命令で強制的にマカオに連れてこられた。彼は上司である巡察師から「日本史」の原稿を所持してマカオに来るよう命じられていた。巡察師は「日本史」を一読して納得できず、彼を補佐（秘書）に任じてマカオに伴い、彼を指導してより簡潔な内容の「日本史」に書き替えせようとした。フロイスはその件について、マカオ到着後一五九三年一月一八日付書翰で、総会長に次のように報じている。

タイルに描かれた16世紀のマカオ

日本史は、主の御恵みによって完成しています。これには六、七年を費やしました。ところで、巡察師は、私がそれを「マカオに」携えてくるよ

「日本史」を推敲

う命じました。それは、彼が繁忙な用務のなか少しの時間で、それを推敲し改訂しようとするためです。日本史が神への奉仕となり、猊下の御目に叶うように主に懇願致します（J.S. 12 I）。

「役立たずの書記」

フロイスは同書翰の初めに、マカオに来て三ヵ月近くになり、自分の思い通りに書くことができなくなったと三つの理由を挙げて説明し、自らを「役立たずの書記 ruin escriuano」と卑下している。三つの理由とは、日本情報に関しては、可能な限り詳細に語られた冗漫な年報が総会長に送られること。これは、彼が長崎において一五九二年一〇月一日付で編集した「一五九一・二年度年報」を指している。次に、総会長に正確に伝えられる必要のある諸問題に関しては、巡察師が三〇通かそれ以上の書翰ですべてを書いており、この他にも、日本準管区総会議での選任と命令により代表としてローマに赴くヒル［・デ・ラ・マタ］神父に詳しく知らせていること。さらに彼が自由に執筆できなかった理由の三つ目は、巡察師の切れ目ない口述筆記と身体的障害であった。

切れ目ない口述筆記と身体的障害

「私は巡察師が立て続けに言ったことを午前に三、四時間、午後にもっと多くの時間書いています。私は役立たずの書記ですので、また、手がすでに震えていますが、巡察師の許にある原稿を作成し、他の原稿は謄写されます。重要な書翰および秘密を要する書翰は、私が三便（通）書きます。一便は彼の許に残し、二便は猊下に送られ、同じもの［三便」はインド管区長と他の人々に送られます」。彼が手と腕の痛みをかかえていたことは、すでに「第六　四」に述べたことである。病状は一五八五年時よりさらに悪化していたであろう。

彼の口述筆記者としての立場は一一月になっても変わらなかった。総会長宛一一月一二日付書翰に、「このように、私はこの三ヵ月間続けて、彼（巡察師）が口述したものを書いて来ました。毎日七、八時間、三ヵ月間続いてです」とある。体調も相変わらず勝れず、生活環境の激変に六一歳の身体はついていけなかったのかも知れない。この事情は、「この［一五］九三年に、私はすでにかなり身体が弱くなって衰弱していましたが、再び同じ仕事を続けています。私は三〇年日本に居ましたので、このシナの港（マカオ）に着いた時には、気候、空気、食物の変化が私に大きな衝撃を与え、健康な日はただの一日もなかったと思います」（J.S. 12 I）という一節からも窺（うかが）い知ることができる。

体調勝れず

ヴァリニャーノによる「日本史」の原稿の検閲と修正は、一月から一一月一二日までの間に、どのように推移したのであろうか。彼とフロイスとの話し合いは幾度かなされたが、フロイスの一一月一二日付書翰に見るところ、巡察師は妥協せずに自説を枉げなかった。

昨年、私たちが日本を出発した時、巡察師は私に歴史（日本史）を所持して来るように、そして、当地シナで少し休みがある時に、猊下に送ることができるようにそれを見直し推敲することに従事するだろう、と言いました。パードレは日本ですでにそれを少し見ていました。しかし、当地では多くの用務が頻繁に彼にのし掛かっていますので、他のもっと大事な諸問題にほとんど対応することができなかったために、本年中はこの件にはまったく便宜を与えられませんでした。

巡察使多忙のため進展せず

日本史の検閲・改訂問題は一月以降も進展が見られなかった。ヴァリニャーノは何回か日本史についてフロイスと話しあったが、自説に拘泥した。彼の書いたものは日本に居るパードレやイルマンには彼らが元気づけられる利点はあるが、ローマに送られ、世界中の人々によって読まれるためにはもっと短い概説書にし要約する必要があり、ローマで印刷される年報と同じほどの数巻に留めるべきとの要求であった。フロイスは総会長宛前記書翰で、推敲すべきことが多くあることを理解していると認めながらも、削除しうるいくつかの事柄には欄外に書き込みをして「日本史」を総会長に送ることを望んでいた、と伝えている。しかし、それができない不都合が二点あった。一つは、それが彼の母国語ポルトガル語で書かれていることで、自分を助力できる人手が他になかったこと。また一つは、すでに老齢で多くの病気があり、発送の途中で失われることを想定して、写しを当地に残すために自分の手で再度写しを作ることは難しいということであ

ヴァリニャーノは自説に拘泥

った（同書翰）。フロイスはこうした不都合を直接ヴァリニャーノに開陳して、彼の要求を拒んだのであろう。彼の大きな支えは、「日本史」を評価していた同僚たちがいたことであった。彼は、総会長宛書翰に「私たちの学識者で、日本の事情についてよく理解しているパードレ数名は、それ（日本史）を見て、猊下がそれを手にされたならば、たいへん喜ばれるに違いない、と私に保証しております」と書き添えている。

ヴァリニャーノ、ゴア帰還、フロイスは同行を拒否

彼は、ヴァリニャーノがマカオからゴアに発った一五九四年一一月一六日頃までの二年余り、彼の補佐として口述筆記を務めた。ヴァリニャーノはゴア帰還時に、フロイスに同行を求めた。彼はこれを断ったようである。彼の総会長宛一五九六年一月二〇日付書翰には、次のような記載がある。

私は昨年一五九五年にシナから日本に戻りました。そこには巡察師アレシャンドロ・ヴァリニャーノと共に三年間滞在していました。彼は自分の仕事を手伝わせるために私を当地から連れて行きました。そして、彼はシナからインドに出発した時、同じ目的のために私を連れて行くことを強く望みましたが、しかし、私の老齢といくつもの病気がこれに口実を与えないと分かりましたので、彼には私が再び日本に帰るのがいいと思われました（J.S.12 II）。

フロイス、日本に戻る

フロイスは、ヴァリニャーノが一五九四年一一月半ばにマカオを出立してから、八ヵ

月後に日本に戻った。ヴィッキ師によると、フロイスは上長たちの判断に期待して、「日本史」の原稿をマカオに残したようである（Introdução）。彼は、一五九五年七月、カピタン・モール、マノエル・デ・ミランダのナウ船で長崎に帰着した（フランシスコ・ピレスの覚書）。

三　日本帰還後の動静

長崎の岬のサン・パウロ教会の修院に住む

日本に戻ったフロイスは、一五九六年一月二〇日付書翰に、長崎にあって準管区長ゴメスと一緒であると述べているので、岬のサン・パウロ教会の修院に住んでいた。ゴメスは一五九二年一一月作成の名簿では、彼の補佐（秘書）・教誡者・顧問のフランシスコ・パシオと共に、トードス・オス・サントス（諸聖人）教会のカーザにいたが、それは、岬のサン・パウロ教会が、スペイン人商人ファン・デ・ソリスやドミニコ会士ファン・コーボの中傷により一五九二年八月に長崎奉行寺沢氏によって破壊されて、諸聖人の教会に避難したためであった。この時、巡察師ヴァリニャーノはミゼリコルディア（慈悲の組）の家に避難した（日本史三部三一章）。彼の同行者（補佐）フロイスも一緒であったろう。巡察師とフロイスが乗ったナウ船が一五九二年一〇月九日に長崎を出帆した後、ゴメス

日本年報の編集・執筆に従事

は翌一一月末から小西行長領の天草島志岐に避難し、ナウ船が来航する一五九三年七月に長崎に戻った。長崎代官アントニオ村山等安の斡旋によって奉行寺沢志摩守広高は、イエズス会への態度を軟化させ、秀吉の許可を得てパウロ教会の再建を許した。教会はナウ船の碇泊中に短期間で建てられ（同三五章）、ゴメスらは同教会に移った。

長崎でのフロイスの生活は、日本年報を編集・執筆する毎日であったようである。前記一月二〇日付書翰で、都で生起した事柄に言及している年報の他に、二便で送付される年報に、当地方（日本）で一年間に起こったことすべてを現在詳細に総会長に書いている、と報じている。一五九五年に書かれた年報は、ローマのイエズス会文書館に三本現存する。一つは、九月三〇日付、第一便で、都地方のみについて述べる。二つ目は、一〇月二〇日付、第一便で、一五九四年三月から九五年一〇月まで言及され、都地方のことも含まれている。三つ目は、二つ目と同文で、第二便である（拙稿「イエズス会日本年報について」）。フロイスの前記書翰との関連で述べている都についての年報は、一つ目に相当し、一年間のことを詳述した二便は、二つ目と三つ目の「第一便と第二便」に当たるようである。彼が執筆した年報は、一五九五年来航のナウ船の長崎出帆が遅れていたため、まだ彼の手許にあったのであろう。彼は翌年の年報も執筆した。一五九五年九月から翌年九月まで扱った長文の「一五九六年度日本年報」の作成日は、一五九六年一二

日本年報の作成終る

月三日付である。年報作者としての使命は、この年報をもって終わった。一五八二年一〇月三〇日付「一五八二年度日本年報」執筆から一五九六年度まで、一五年間にわたり一三年度分の年報を作成した。

世事および地震を報じるノート

彼は、一五九六年度年報とは別に、休む間もなく一二月二八日付で、日本の世事および一五九六年に発生した災害について報じたノートQuadenoを作成した。これは、明使節の来日、大坂城における秀吉の引見とその結果を主題にして、関白秀次の殺害、都およびその周辺地域と豊後の地震について報じたもので、京都にいたオルガンティーノやフランシスコ・ペレスらの報告に基づいて作成された。

二六人の殉教報告

彼の最後の執筆は、死没する三ヵ月余り前の一五九七年三月一五日の日付をもつ、「当キリスト教界の迫害について、および日本国王の命令によって［一五］九七年二月五日に長崎で磔刑（たつけい）になった聖フランシスコ会の六修道士とイエズス会の三人および日本人キリスト教徒一七人の光栄なる死についての報告」、いわゆる二六人の殉教報告であった。彼は、処刑の日からわずか四〇日間で、同殉教事件の発端となるサン・フェリーペ号の土佐漂着から迫害の開始、フランシスコ会修道士の逮捕、長崎への護送とその様子、処刑等について、六八丁、二〇章にまとめた。フランシス会のペドロ神父や、イエズス会の修道士ミゲル三木、通過路となった土地のキリシタンたちから長崎に送られた書状が引用されている（J.S. 53）。フロイスは病体であったため刑場となった西坂に行くことができず、岬の修院から処刑場を望見することもままならなかったようである。すでに自由に動き回って情報を蒐集することができなかったため、同僚たちを通じて資料や情報を入手した。慢性的であった手首の痛みに堪えて、彼はこの殉教報告を鞭打つ思いで、正に心血を注いで書き上げた。これが、彼の遺稿となった。

長崎で死没

フロイスは、一五九七年七月二〇日に長崎の岬の教会に附属する修院で死没した。六六歳であった。準管区長ゴメスは、一五九八年二月一七日付長崎発信の「一五九七年度日本年報」に、「私たちの主であるデウスが長崎の修院を訪れて、そこからイエズス会の二人を自らの許に導くことを望まれた」との書き出しで、一五九七年に死去したセバスティアン・ゴンサルヴェスとフロイスの二司祭の訃報を伝え、追悼記事を書いている。

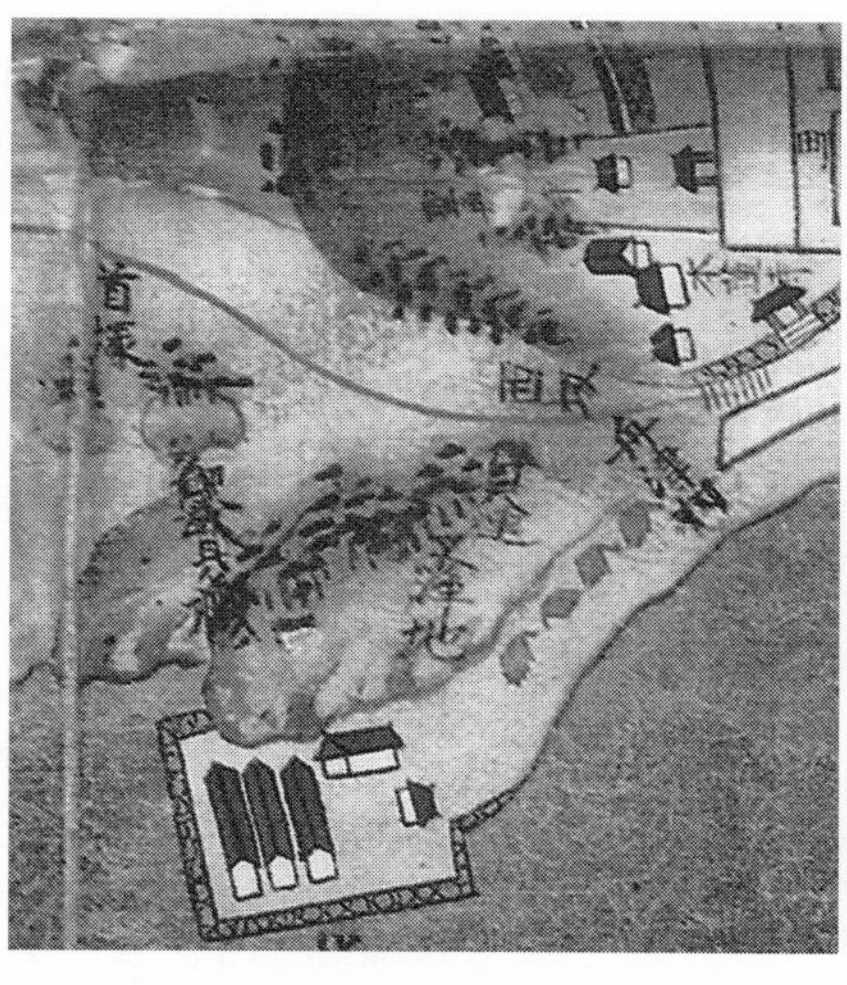

長崎・西坂の処刑場図（「長崎近郷之図」長崎歴史文化博物館蔵）

第二の者はパードレ・ルイス・フロイスであり、多年にわたってインドと日本から書いた年報によりよく知られ著名であった。彼がそれを特別の洗練さと愛着をもって作成したのは、（略）イエズス会の息子たちが当地方で活動していることについての叙述や歴史によって、ヨーロッパの私たちパードレやイルマンたちを慰め喜ばせるためであった。彼の下肢が異常に腫れ始めたのは一年ほど前であった。腫れが広がっていたので、ひどい倦怠と激痛を我慢していたけれども、寝台で動くことも、また夜には短い眠りを取ることもできなくなるまでになり、著しく力が衰えていくのを感じていた。彼はすべてを辛抱強く謙虚に堪えていたので、彼を見舞った者すべてを慰撫し教化した。彼はたびたび聖なる秘跡を受けたのちに、命が縮まってゆき、すでに手が動かなくなり声が出なくなったのを見て、ついに聖なる終油［の秘跡］を求めた。そして、かなり以前からイエズス会の

長崎・西坂にあるフロイスの記念碑

真実の息子として終えるための準備がなされていたので、不在者には文書で、居合わせた者にはたいへん穏やかに優しさの籠もった言葉をもって別れを告げて死去した。（略）彼がイエズス会にいたのは五〇年であった。そのうち、四九年を東洋の諸地方で過ごした。この内の三四年は日本で、都および他の土地で多くの追放と迫害に堪えた。彼はたいそう愛されよく知られていたので、その死はたいへん悲しまれた（J.S. 52）。

おわりに

フロイスは、全身の懈（だる）さを感じ激痛に苦しむ健康状態の中で、「一五九六年度日本年報」と「二六殉教者報告」を書き上げた。さらに「日本史」三部を書き続けていた。彼の日本在住は三一年に及んだが、その前半の一二年間に、危険を顧みずに使徒的熱意をもって、ヴィレラに続いて京都・堺・三箇・高槻において初期宣教の基盤造りに尽力したことは特筆すべきであった。彼は来日早々に平戸の度島に一年間生活して島民たちに接触し、日本人の生活習慣や有り様について知ることができたが、上洛後の一二年間には、困難な宣教活動を続ける中で領主層との折衝や、キリシタンとなった町人（まちじん）との交流を通じて五畿内の人々の生活について見識を深めることができた。日本の都鄙の生活を経験したことは貴重であった。

フロイスは書くために生を受けたと形容できる人生を歩んだ。ポルトガル王室秘書庁に務めて書記官としての素養を身につけたのち、イエズス会に入ってゴアに渡航した彼は、その資質を認められて聖パウロ学院長やインド管区長の許で秘書に抜擢されて報告書の執筆を任された。来日後にも長文の書翰を何通も書き送り、準管区長の秘書に指名されて日本年報の執筆に携わった。年報記作者としての天職を与えられ、縦横無尽に筆を走らせる場を与えられた。彼が「日本史」の執筆者に指名されたのは必然であった。彼が「日本史」執筆に当たって留意したことは、歴史的事実に基づいて「ありのままの真正な報告」を書くことであった。彼自らも認めるように「日本史」のみならず諸年報においても、彼は冗漫・饒舌な difusa 文章を書いた。確かに詳細を極めた叙述である。しかし、史実を枉げてまで脚色した記述は見られない。彼は見たこと、知っていることすべてを余すところなく書き切ろうとしたようである。それが、歴史を書く、歴史を残す最良の目的であり方法であると確信していたのであろう。些事に拘ると批判されても、それが彼の歴史家としての真骨頂であったことは否定できない。

彼はまた、歴史家としての鋭い観察力を備えていた。上洛して寺院廻りをし、その伽藍配置や仏像などについて、母国ポルトガルの教会(修道院)やインドのバラモン教の寺院と比較しながら描写している。彼は子細な点まで観察していた。もしもキリシタン教界に不測事態が起こらなければ記録されなかったと思われる記事がある。

彼は背の低い、非常に醜い容貌の人物である。彼の片手は六本指 Tinha seis dedos であった。目は飛び出ていて、シナ人のように髭は少ない。息子も娘もいない。抜け目なく狡猾（こうかつ）である。彼の権力、地位、財産が増大し繁栄して行けばゆくほど、彼は比べようもないほど多くの悪癖と邪悪を重ねていった（日本史二部九七章）。

これは、秀吉を悪漢視した一節で、彼が一五八七年に伴天連追放令を発令したことを述べた章に記載されている。彼が反キリシタン政策を採った時点で、フロイスの秀吉に対する評価は一転し、彼の身体的弱点を暴露するに至った。禁教・迫害の事態に至らなかったならば、彼は封印していたと思われる記載である。前田利家の言行録『国祖遺言』に、秀吉の指についてのエピソードが語られている。

太閤様ハ右之手おやゆひ一ッ多、六御座候、有時、蒲生飛驒殿（氏郷）、肥前様（前田利家）、金森法印（長近）御三人志ゆらく（聚楽）にて大納言様へ御出、人ませす、御居間のそは四畳半敷御かこいにて夜半迠御咄候、其時上様ほとの御人成か、御若キ時六ッゆひヲ御切り捨て候ハン事ニて候ヲ、左なく（マヽ）事ニ候、信長公大こう様ヲ異名ニ、「六ッめか」なと、、御意候由、御物語共候、色々御物語有之事

蒲生氏郷、前田利家、金森長近の三人が聚楽第の茶室で人を交えずに夜半まで話した折に、信長が若い時の秀吉が六本指であったため彼を異名で「六ツ奴が」と称していたということが語られたという。フロイスが、秀吉の右手の六本指を実際に見たか否かについては明確でない。「日本史」の表記は、「Tinha seis dedos 彼は指六本を持っていた」

と半過去形となっている。秀吉は、信長が上洛した一五六八年九月以降明智光秀と共に京都の政務に携わっていたため、翌年三月に堺から京都に戻ったフロイスは、木下藤吉郎に会った可能性があるが、当時三十二、三歳の秀吉はすでに指を切り取っていたかも知れない。あるいは一五八六年に準管区長コエリョと共に大坂城で秀吉に謁見し、饗応の際には彼が手ずから酒肴を与えたから、フロイスは彼の右指を注視しその痕跡を確認したかも知れない。六本指の情報は、彼に昵近（じっこん）していた右筆（ゆうひつ）安威了佐や小西行長らから得られたようである。フロイスはこの件についても憶測で書くことはなかったであろう。

ヴァリニャーノは、フロイスについて、ヌーネス・バレトらが作成した「身上調査」に影響されて先入観をもっていたようである。才気煥発にして気さくで世事に長け、意に沿わない仕事には不平を述べ、事を荒立て、内密のことを同僚に漏らしたということなどが、ヴァリニャーノが作成した一五七九年一二月の名簿の人物評価に反映している。彼は二〇年以上も前の調書に拠ってフロイスを見ていた嫌いがある。口軽で、小心者、中庸を保ち得ないとの評価は、日本における宣教師フロイスの活動について知る時、正鵠を得ていないように思われる。京都での政情不安の中で、つねに困難にさらされていた一二年間に彼が体得したものは、日本人、特にロウレンソの助言に耳を傾け慎重に対処する姿勢であった。また日本人のもつ隠蔽的で移り気な性格を知るようになって、上長コエリョのように果敢に突っ走ることはなく、むしろ自重していた。彼はコエリョの妥協しない押しの強さを熟知していたために敢えて彼に逆らわずに従順に従うところがあったが、書くことに自己主張できる場を確保していたことが、何よりも彼の強みであった。ヴァリニャーノの「多少慎重さに欠けている」との評価は、大坂城での秀吉の面前におけるコエリョの言動に関わってなされたようである。

　ローマの総会長アクァヴィーヴァは、フロイスの嘆願を受けて一五九七年四月にヴァリニャーノに送付した書翰一〇通の中の七通目で「日本史」のローマ送付を促したようである。ヴァリニャーノは総会長に対する一五九八年一〇月一九日付長崎発信の返書で、「パードレ・ルイス・フロイスによって書かれた日本史がローマに送られるようにとの件については、適切でないために、目下のところそれを送ることはどうしてもできなかった」と手短に答えている。

　フロイスの「日本史」は、マカオで一七四二年以降に謄写本が作成されてポルトガルに、また一部はイエズス会の解散によってマニラを経由してスペインに送られたのち、数奇な運命を辿った。リスボンの国立図書館が謄写本の収納に努め、一九七二年四月に「日本史」の完全なテキストを準備することを決め、ヴィッキ神父校訂・編集の五巻本が一九七六年から出版された（〜一九八四年）。日本では、「はしがき」に述べたように、松田毅一・川崎桃太両氏が一九七七年から一九八〇年にかけて全一二巻の日本語訳本を刊行した。本書が、キリスト教が伝来した戦国期の日本社会を詳細に活写しているために、日本の中世史解明に資するところは大きい。フロイスが自らの主張を枉げてヴァリニャーノの要求に屈していたならば、多くの歴史事実に光が当てられることはなかったであろう。彼にはつねに事実を、そして歴史的真実を伝えたいとする熱い思いがほとばしっていた。重量感のある長い文章は、彼の命そのものであった。

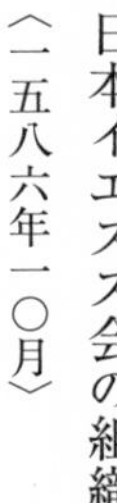

日本イエズス会の組織表
〈一五八六年一〇月〉

修院 Casa
住院 Residencia

- 準管区長
  - 下教区長（有馬）
    - 有馬修院・セミナリオ併設
    - 千々石住院
    - 有家・口之津住院
    - 長崎住院
    - 大村修院
    - 平戸修院
    - 天草修院
    - 本渡住院
  - 豊後教区長（府内）
    - 府内修院・コレジオ併設
    - 津久見住院
    - 臼杵修院・プロヴァサン（ノビシアド）併設
    - 由布院住院
    - 志賀住院
    - 妙見（豊前）住院
    - 山口
    - 伊予
  - 都教区長（大坂）
    - 大坂修院
    - 堺住院
    - 都住院
    - 高槻住院
    - 明石住院

〈一五九二年一一月〉

長崎に近いトードス・オス・サントス（諸聖人）の修院—準管区長居住

長崎ミゼリコルディアの修院

古賀住院

神浦住院

時津住院

平戸住院

大村修院

郡住院

天草修院　コレジオ（神学院）・プロヴァサン（修練院）を併設

志岐住院

栖本住院

上津浦住院

大矢野住院

有馬修院

加津佐住院

千々石住院
島原住院
有家住院
八良尾セミナリオ（神学校）
（豊後）二司祭派遣
（都）二司祭・三修道士潜在

宣教師の栞

コスメ・デ・トルレス（一五一〇～一五七〇）スペイン・バレンシア出身。司祭。モルッカ諸島のアンボイナ（インドネシア）でザビエルに会い、ゴアに赴いて一五四八年にイエズス会に入る。ザビエルに同行して来日し、彼の離日後、初代上長として初期教会の基礎を築く。平戸、山口、府内、横瀬浦、高瀬、口之津、志岐、大村、長崎に住み、各地に宣教師を遣わす。志岐で死没。

ジョアン・フェルナンデス（一五二六～一五六七）スペイン・コルドバ出身。商人としてリスボンにいる時にイエズス会に入る。修道士。ザビエルと共に来日し京都に上る。山口、府内、横瀬浦、度島、平戸で宣教し同地で没す。

バルタザール・ガーゴ（一五一五～一五八三）リスボン出身。司祭。一五四六年入会。五二年来日し府内、平戸、博多で宣教。「二五ヶ条の教理」を編纂し、仏教用語の使用を制限。六〇年ゴアに帰還。

ルイス・デ・アルメイダ（一五二五～一五八三）リスボン出身。貿易商人として一五五二・五五年に来日。一五五六年入会。府内、鹿児島、市来、横瀬浦、口之津、五島、志岐、天草河内浦、長崎で宣教。一五五七設立の府内の病院で外科を担当。一五六五年上長トルレスの名代として五畿内視察に赴く。初期キリシタン教会発展の原動力となった。一五八〇年マカオで司祭に叙階。天草河内浦で死没。

メルシオール・ヌーネス・バレト（一五二〇?～一五七一）ポルトガル・ポルト出身。司祭。神学博士。

一五四三年入会、五一年ゴアに渡航、五三年インド管区副管区長に就任。翌年日本視察のためゴアを出発。五六年来日し「二五ヶ条の教理」編纂を指導。五七年ゴアに帰還。

ガスパール・ヴィレラ（一五二五？〜一五七二）司祭。ゴアで一五五三年に入会。五六年来日し、府内、平戸で宣教し、平戸より追放後、一五五九年京都宣教を命じられ上洛。一五六五年の追放令により堺に避難。翌年九州に下り、五九年長崎郊外の廃寺を改修しトードス・オス・サントス教会と称す。一五七〇年にゴアに帰還。

ジョアン・バウティスタ・デ・モンテ（一五二八〜一五八七）イタリア・フェラーラ出身。一五五五年入会。六一年インドに渡航し、同年ゴアで司祭に叙階。フロイスと共に一五六三年横瀬浦に到着。府内、臼杵、天草、野津で宣教。平戸で死没。

フランシスコ・カブラル（一五三三〜一六〇九）アゾレス諸島サン・ミゲル島出身。司祭。一五五四年にゴアで入会。六二年以降バサインとコーチンのコレジオ院長。六八年第二代上長（〜一五八一）としてゴアを発ち、一五七〇年志岐に到着。七一・七四年の二回上洛し織田信長に謁見。大友宗麟に授洗。一五八三年豊後布教長、一五八六年マカオ修院長、のちゴアに戻り、一五九三〜九七年にインド管区長を務める。

ニェッキ・ソルド・オルガンティィーノ（一五三三〜一六〇九）イタリア出身。司祭。一五七〇年志岐に到着。京都、安土、大坂、志岐で宣教。一六〇五年京都より長崎に異動。排耶書に「宇留岸伴天連」として表記される。長崎で死没。

ガスパール・コエリョ（一五三〇？～一五九〇）ポルト出身。一五五六年インドで入会。司祭。七二年来日し、大村で宣教。八一年に初代準管区長に就任。八六年大坂城に豊臣秀吉を訪問。加津佐で病死。

アレシャンドロ・ヴァリニャーノ（一五三九～一六〇六）イタリア・キエティ出身。一五六六年入会し、七〇年司祭叙階。七三年インド東管区巡察師に指名され、翌年ゴア到着。七九年口之津に着き、協議会開催、八一年上洛し京都・安土で信長に謁見。翌年天正遣欧使節を伴い離日。九〇年インド副王使節として再度来日。翌年京都聚楽第で秀吉に謁見。九八年三度目の来日。一六〇三年マカオに戻り、同地で死没。

ペドロ・ゴメス（一五三五～一六〇〇）スペイン・アンテケラ出身。一五五三年入会。五五～五九年ポルトガル・コインブラで哲学を講義、五九年司祭に叙階し神学教授となる。八三年来日、府内コレジオ院長となる。九〇年第二代準管区長に就任。コレジオの教科書「神学綱要」を著述。長崎で死没。

ロウレンソ（一五二四または二六～一五九二）肥前白石出身。元琵琶法師。一五五一年山口でザビエルより受洗。伝道士を務め、一五六一年入会。五九年ヴィレラ神父に伴って京都宣教に従事、六三年、奈良で結城忠正・清原枝賢と宗論し彼らの改宗に尽くす。六五年九州に下り、翌年アルメイダと共に五島に宣教。六九年畿内に戻り七〇年代にフロイスを補助し畿内宣教に尽力。八三年オルガンティーノと共に大坂城に秀吉を尋ね教会用地を彼の名義で与えられる。八六年に堺の住院にあり、伴天連追放令施行後平戸に下り、八九年長崎に近い古賀の住院にあり、長崎で死没。説教者として武士などの有識層の宣教・教化に本領を発揮し、初期キリシタン教会発展の貢献者の一人であった。

略年表

（　）内は和暦

西暦	和暦	年齢	事跡	関連事項
一五三三		一	リスボンに出生	
一五三四				八月一五日、イグナティウス・デ・ロヨラら七名、パリで信心会イエズス会を結成
一五四〇				九月二七日、教皇パウロ三世、イエズス会を修道会として承認
一五四一				四月七日、フランシスコ・ザビエル、ゴア渡航のためリスボンを発つ
一五四二				五月六日、ザビエル、ゴアに到着
一五四三	天文一二			八月、種子島に鉄砲伝来
一五四八		一七	二月、王室秘書庁を辞しイエズス会に入る○三月一七日、ガレガ号でリスボンを発つ○一〇月九日、ゴアに到着○同下旬、ゴンサルヴェス神父とバサインに赴任	
一五四九	天文一八			四月一五日（三月一八日）ザビエル、日本渡航のためゴアを発ち、八

西暦	年号	年齢	事項	参考事項
一五五〇		一九	一〇下旬、バルゼオ神父に同行してバサインを発ち、一一月中旬、ゴアに着く	月一五日鹿児島に到着
一五五一		二〇	九月末、修練院の講義を聴講	
一五五二	天文二一	二一	一二月一日（一一月一六日）ゴアから最初の書翰をポルトガルの会員等に送る	二月、ザビエル、日本よりゴアに帰着○四月一四日、ザビエル、中国渡航のためゴアを発つ
一五五三	二二			八月、武田信玄と上杉謙信がはじめて川中島で戦う
一五五四	二三	二三	四月一五日（三月一四日）日本渡航のヌーネス・バレトに同行してゴアを発つ○六月一八日（五月一七日）マラッカ到着	
一五五五	弘治元	二四	四月一日（三月一〇日）バレト一行マラッカを出発。フロイスは同地に残る	
一五五七	三	二六	二月一七日（一月一八日）日本から戻ったバレトと共にゴアに帰着○この年、修練期を修了	
一五五九	永禄二	二八	この年、神学院で論理学と修辞学を聴講	
一五六〇	三	二九	一一月一三日（一四日）学院長に代わり総書翰を執筆○この年、倫理神学を聴講	
一五六一	四	三〇	この年の秋、司祭に叙階	五月、織田信長が桶狭間の戦いで今川義元を討つ

西暦	年号	年齢	事項	一般事項
一五六二	五	三一	四月（三月）日本渡航のためゴアを発つ○八月二三日（七月二四日）マカオに着く	
一五六三	六	三二	六月、日本渡航のためマカオを出帆○七月六日（六月一六日）肥前大村領横瀬浦に着く○八月一五日（七月二七日）トルレス神父の盛式誓願式を司る。この夜、大村氏への謀反発生○一一月一七日（一一月二日）頃、横瀬浦放火により焼亡し度島に移る○一一月二六日（一〇月三〇日）度島の教会と住院、失火により焼失	
一五六四	七	三三	四月二日（二月二一日）度島で初めて復活祭のミサを執行○八月二四日（七月一八日）平戸に赴き松浦隆信に謁す○一〇月二四日（九月二〇日）度島から平戸に至り一八日間滞留、一一月九日平戸出発、翌日口之津到着、一三日同地出発、島原、肥後高瀬、豊後朽網を経て二〇日に府内到着、二七日臼杵に大友宗麟を訪問○一二月二六日（一一月二三日）日出港を出帆し、二八日伊予堀江に寄港	
一五六五	八	三四	一月五日（永禄七年一二月三日）堀江を出帆し塩飽、播磨坂越を経由し、二七日堺到着○一月三一日（永禄七年一二月二九日）京都に着く○二月一	六月一七日（五月一九日）足利義輝弑逆される

			二日（一月一二日）ヴィレラと共に将軍足利義輝に歳首を賀す○七月三一日（七月五日）女房奉書「大うすはらひ」が出、フロイス河内三箇を経て堺に避難○一二月二四日（一二月二日）ヴィレラ、堺で降誕祭のミサを執行	
一五六六	九	三五	一二・二四（一一・一三）堺で降誕祭ミサを執行	
一五六七	一〇	三六	三・二三（二月一三日）堺から三箇に赴き、同三〇日に復活祭のミサを執行	一〇月、松永久秀と三好三人衆の戦いにより、東大寺大仏殿焼亡
一五六八	一一	三七		一〇月一六日（九月二六日）織田信長、足利義昭を奉じて入京
一五六九	一二	三八	三月二八日（三月一一日）信長の認可を得て三年八ヵ月ぶりに帰京○三月三〇日（三月一三日）和田惟政の斡旋により信長を表敬訪問するも謁見叶わず○四月一九日（四月三日）頃、二条城普請場に信長を再訪し謁見す○二一日（五日）頃、将軍義昭を表敬訪問し謁見す○二四日（八日）この日、信長から朱印状を交付される○五月六日（四月二〇日）信長の岐阜帰還につき暇乞いに行き、日乗上人と議論す○六月二日（五月一八日）信長の保護を得るため京都を発ち坂本で待機し、和田惟政の書状をえて七日に岐阜に出発、八日岐阜に	五月一一日（四月二五日）正親町天皇、再び「ばてれん」追放の綸旨を出す○五月、今川氏滅亡

一五七〇	元亀　元	三九	着く○六月一一日（五月二七日）信長に会い、岐阜新城に案内される○一〇月頃（九〜一〇月頃）高槻に和田惟政を訪問 六月一八日（五月一五日）新布教長カブラルとオルガンティーノ、天草島志岐に到着○一二月三一日（一二月五日）オルガンティーノ、二ヵ月間堺に足止めされ、この日、入京	
一五七一	二	四〇	八月（七月）ダリオ高山子息の葬儀執行のため芥川城に赴く○一〇月一日信長入洛し妙覚寺に逗留、六日に岐阜帰還、この間、フロイスはオルガンティーノと共に信長に謁見○九月（八〜九月）この月、カブラル畿内視察のため長崎を発ち、一二月一五日堺到着	九月三〇日（九月一二日）信長、比叡山を焼く
一五七二	三	四一	一月五日（元亀二年一二月一〇日）カブラル上洛しフロイスに迎えられる、数日後に将軍義昭を表敬す○一月中旬頃（一月初旬）カブラルに同行して岐阜に信長を訪ねる○二月（閏一月）この頃、カブラルに同行して京都を発ち、同月末〜三月上旬に三箇に着く、四月六日の復活祭を同地で祝う○四月下旬（三月中旬）カブラル、堺より西下、フロイスは帰京	一二月、織田信長・徳川家康の連合軍が三方ヶ原の戦いで武田信玄に敗れる

一五七三	天正 元	四二	二月二二日（一月二一日）将軍義昭に謁見し、のち高槻に和田惟長を訪ね、さらに三箇に行き、二六日に帰京○九月七日（八月一一日）カブラル、上洛のため口之津を発つ	八月一五日（七・一八）山城槙島城の義昭、信長に攻められて降伏○八月、朝倉氏滅亡○九月、浅井氏滅亡
一五七四	二	四三	四月二日（三月一一日）カブラル、堺に到着、四月一一日、三箇で復活祭を祝ってのち上洛○一五～一八日（二四～二七日）この間に、カブラル、フロイスらを伴い信長を表敬訪問○八月二〇日（八月一日）頃、カブラルに同行して高槻に高山父子を訪問○九月六日（八月二二日）カブラル、堺を発って豊後に向かう	
一五七五	三	四四	四月三日（二月二二日）復活祭を三箇で祝う○一三日（三月三日）オルガンティーノと共に相国寺慈照院に信長を訪問・謁見	
一五七六	四	四五	八月一五日（七月二一日）オルガンティーノ、京都南蛮寺落成のミサを上げる○一二月三一日（一一月二九日）京都を発って高槻に至る	一月、織田信長、安土城の築城開始
一五七七	五	四六	一月一日（天正四年一二月一日）ロウレンソと共に伊丹・有岡城に荒木村重を表敬訪問し、三日、兵庫で乗船し、塩飽を経由して一八日に豊後に到着、臼杵に至る○六月中旬頃（五月六日）イルマ	

西暦	年号	年齢	事項
			ン・ロケを伴い大野川流域地への宣教に出る
一五七八	六	四七	八月二八日（七月二四日）大友宗麟、カブラルより受洗○一〇月四日（九月四日）宗麟、臼杵から日向に出陣しカブラルら従軍す○一二月一五日（一一月一七日）頃、大友義統の使者として日向に向かい、敗走するカブラルに会う
一五七九	七	四八	七月二五日（七月二日）イエズス会東インド巡察師ヴァリニャーノ、口之津に着く
一五八〇	八	四九	五月一日（閏三月一六日）オルガンティーノ、信長より安土に修院用地を下付され、三階建ての修院を建造○一〇月四日（八月二六日）ヴァリニャーノ、臼杵の教会でアッシジの聖フランシスコの祝日を祝いミサを上げる、宗麟これに出席す、翌五日より二〇日まで協議会が開催される
一五八一	九	五〇	三月八日（二月四日）ヴァリニャーノ、日出港を出帆し堀江、塩飽、淡路島岩屋を経由して一七日堺に着く、フロイスは通訳として同行○三月二六日（三月二二日）ヴァリニャーノ、京都姥柳の教会に着き、二九日、本能寺に信長を表敬訪問、フロイス同行○四月一五日（三月一二日）ヴァリニャーノ、安土の修院に着き、翌一六日、信長の招

西暦	年号	年齢	事蹟	参考事項
			きにより安土城を訪問○五月一七日（四月一五日）ダリオ高山慰問のため越前北の荘に到着し、三〇日まで滞在○七月（六月）ヴァリニャーノ、安土で協議会を開催し河内・摂津巡歴を終え、九月初め、西下のため堺を出発、フロイス随行し、一〇月三日、府内到着、宗麟建造の教会定礎式のため臼杵に赴く○一〇月一八日（九月二一日）盛式誓願を立てる、この前後に準管区長秘書に就任○一〇月末（一〇月初旬）この頃、ヴァリニャーノと共に府内を発ち、日向細島、大隅・薩摩沿岸を進航して口之津に至る	
一五八二	一〇	五二	一月六日（天正九年一二月一二日）この日、長崎で前年一二月中旬より開催の協議会終了○一〇月三〇日（一〇月四日）一五八二年度日本年報を口之津で編集・作成○一一月五日（一〇月一〇日）口之津で信長の訃報報告を執筆	二月二〇日（一月二八日）ヴァリニャーノ、遣欧少年使節を伴って長崎を発つ○六月、織田信長、本能寺で明智光秀に討たれる。明智光秀が山崎の戦いで豊臣秀吉に敗れる。清洲会議
一五八三	一一	五三	七月二五日（六月七日）ナウ船長崎に到着、同船で、日本教会史執筆の命令書が届く	四月、豊臣秀吉が賤ヶ岳の戦いで柴田勝家を破る○六月、豊臣秀吉が大坂城に入る
一五八四	一二	五三		豊臣秀吉と徳川家康・織田信雄が小

				牧・長久手で戦う
一五八五	一三	五四	六月一四日（一七日）加津佐で「日欧文化比較」を脱稿	七月、豊臣秀吉が関白就任
一五八六	一四	五五	三月二〇日（二月一日）準管区長コエリョ、豊臣秀吉訪問のため長崎を発ち、下関、明石、兵庫に寄港して、四月二三日頃、堺に着く○五月四日（三月一六日）コエリョ、フロイスを伴い大坂城に秀吉を表敬訪問○六月二〇日（五月四日）秀吉、コエリョに特許状（朱印状）を発給○七月二三日（七月七日）この日、コエリョ堺を発ち、伊予松山を経て臼杵に向かう○九月一六日（八月四日）コエリョ、フロイスを伴い臼杵を発ち、二〇日に下関に着く○一二月一四日（一一月四日）コエリョ、長崎帰還のため下関を発つ○三〇日（一一月二〇日）「日本史」一部を脱稿	五月二三日（四月三日）大友宗麟、秀吉を大坂城に訪れ救援を請う
一五八七	一五	五六	一月一七日（天正一四年一二月九日）頃小寺官兵衛の書状をもって大坂に至り、二月九日（天正一五年正月二日）秀吉に面謁す○三月上旬（一月下旬）頃下関帰着○三月二九日（二月二一日）前後に下関より長崎に帰還○七月七日（五月三〇日）頃秀吉の凱旋を祝うため博多姪の浜に着く、一二	四月八日（三月一日）秀吉、大坂城を発って九州に下り、五月二六日に肥後八代に到着、翌二七日、コエリョ、陣中に秀吉を見舞う○七月二四日（六月一九日）ポルトガル船司令官モンテイロ、平戸より博多に至

西暦	和暦	年齢	事項	一般事項
			日、秀吉博多に到着、一五日、秀吉、博多町再建のため海上より町を一望し、フスタ船に乗船○二五日（二〇日）この日の朝、秀吉、前日の日付で定書五ヵ条をコエリョに通達し二〇日以内の退去を命じる、宣教師ら、平戸に結集し、のち籠手田氏の領地生月に移る○一二中旬（一一中旬）頃、コエリョら宣教師、有馬領に潜住	り、同船の博多廻航の不可につき弁明、この日の夜、秀吉、高山右近に棄教を命じる、右近、これを拒み改易される、秀吉、コエリョに使者を遣わし九州のみでの宣教を促すも拒絶される、秀吉、次いで右近の改易をコエリョに通達
一五八八	一六	五七		七月、豊臣秀吉の刀狩り令が出される
一五八九	一七	五八	春、マセンシア毛利の告解を聴くため久留米城に赴き、六月末、再び加津佐より同城を訪れ、男子元信に洗礼を授ける○七月二七日（六月一五日）加津佐より本渡に渡り、翌日、栖本に赴き、二九日、栖本鎮通夫妻らに洗礼を授ける	
一五九〇	一八	五九	五月七日（四月四日）準管区長コエリョ病没、ゴメス、準管区長職に就く○七月二一日（六月二〇日）ヴァリニャーノ、インド副王使節として再来日、遣欧使節を帯同○八月一三日（七月一四日）加津佐で第二回協議会が始まり、二五日に終了、フロイスは書記（秘書）及び代議員に選任される○一一月七日（一〇月一〇日）頃、ヴァリニャー	四月、豊臣秀吉、小田原城を包囲○七月、北条氏が秀吉に降伏

一五九一	一九	六〇	ノ、長崎を発って上洛 この年、盛式四誓願を立てる	二月、千利休が自刃させられる
一五九二	文禄 元	六一	二月三日（天正一九年一二月二〇日）第一回管区総会議が二四日まで長崎で開催、フロイスは秘書を務める○一〇月九日（九月四日）ヴァリニャーノに同行して長崎を出帆し、二四日、マカオに着く	三月、文禄の役が始まる
一五九三	二	六二	一一月一二日（閏九月二〇日）同日付の書翰で、巡察師の口述筆記に明け暮れることを吐露	
一五九四	三	六三	一一月一六日（一〇月五日）頃、ヴァリニャーノ、マカオを発ってゴアに向かう	
一五九五	四	六四	七月（四月六日）マカオから長崎に戻り、サン・パウロ教会の修院に住む	七月、豊臣秀次が高野山に追放され自刃
一五九六	慶長 元	六五	一二月二八日（一一月九日）同年度の年報とは別に、同年京都地方に起こった世事・地震についてのノートを作成	
一五九七	二	六六	三月一五日（一月二七日）二六殉教者報告を作成○七月二〇日（六月六日）長崎のサン・パウロ教会付設修院で病没	二月五日（一二月一九日）長崎西坂でフランシスコ士六人を含む二六人が処刑される
一七四二	寛保 二		ポルトガル歴史学士院、マカオ所在歴史史料の謄写のためイエズス会のモンターニャ神父らを派	

一八三五	天保　五		遣、フロイスの「日本史」などが謄写される 一月二六日（天保五年一二月二八日）マカオのサン・パウロ学院の失火により「日本史」の原稿焼失

参考文献

一　史料

Luís Frois , S.J., Historia de Japam, anotada por José Wicki S.J. I～V. Lisboa, 1976～1984

柳谷武夫訳『日本史』（東洋文庫）平凡社　一九六三～七八年

松田毅一・川崎桃太訳『フロイス　日本史』中央公論社　一九七八～八〇年

JOSEPHUS WICKI, DOCUMENTA INDICA（インド文書）, 1～6, 11. Romae, 1948～1970

GEORGIUS SCHURHAMMER S.I. et IOSEPHUS WICKI S.I., EPISTOLAE S. FRANCISCI XAVERII, tomus 1. Romae, 1944

河野純徳訳『聖フランシスコ・ザビエル全書簡』平凡社、一九八五年

ローマ・イエズス会文書館所蔵、Jap. Sin.（日本・中国部）文書 5, 7, 8 I-II, 9 I, 10 I-II,11 I, 12 I-II, 45 I-II, 49, 51, 52

高瀬弘一郎『イエズス会と日本　二』（大航海時代叢書　第二期　6）岩波書店、一九八一年

マドリード・王立歴史学士院図書館所蔵、ヘスイタス文書九―二六六三

Josef F. Schütte S.J. MONUMENTA HISTORICA JAPONIAE I, Textus Catalogorum Japoniae ...., 1549～1654.

Romae, 1975
Cartas que os Padres e Irmãos da Companhia de Jesus escreverão dos de Iapão & China aos da mesma Companhia da Índia, e Europa, desde anno de 1549 atè o de 1580. Primeiro tomo. Évora, 1598.
Segunda Parte das cartas de Iapão que escreuerão os Padres, & Irmãos da Companhia de IESVS. Évora, 1598.
松田毅一監訳『イエズス会日本報告集』同朋舎、一九九四〜九七年
東京大学史料編纂所編『イエズス会日本書翰集』訳文編之二（上・下）、三　一九九八〜二〇一四年
泉井久之助他訳『デ・サンデ天正遣欧使節記』雄松堂書店、一九六九年
ルイス・フロイス原著、岡本良知訳註『九州三侯遣欧使節行記』東洋堂、一九四二年
Luís Frois S. J. KULTURGENSÄTZE EUROPA-JAPAN（1585）, von JOSEF FRANZ SHÜTTE S.J. Tokyo,1955. 岡田章雄訳註『日欧文化比較』（大航海時代叢書XI）岩波書店、一九六五年
ヴァリニャーノ著、家入敏光訳編『日本のカテキズモ』天理図書館、一九六九年
『言継卿記』三・四巻　続群書類従完成会、一九九八年
『御湯殿上日記』（続群書類従・補遺三）平文社、一九三一年
桑田忠親校注『改訂信長公記』新人物往来社、一九六五年
『上井覚兼日記』上（大日本古記録）岩波書店、一九九一年
「国祖遺言」東京大学史料編纂所所蔵写真帳
東京大学史料編纂所編『大日本史料』第十編之一、四、六、十、十四〜十六、十九、二十八

一九二八・一九三四・一九三八・一九六〇・一九七一・一九七五・一九七九・一九八八・二〇一四年

二　事　典

峰岸純夫・片桐昭彦編　『戦国武将合戦事典』　吉川弘文館　二〇〇五年
谷口克広　『織田信長家臣人名辞典』　吉川弘文館　一九九五年
『イエズス会歴史事典 Dicionario Histórico de la Compañia de Jesus Bibliográfico II』Roma, 2001
Innocencio Francisco da Silva, Diccionario Bibliographico Portuguez Estudos, Lisboa, 1860

三　編　著　書

海老沢有道　『高山右近』　吉川弘文館　一九六三年
岡本良知　『十六世紀日欧交通史の研究』　六甲書房　一九四四年
鹿毛敏夫編　『描かれたザビエルと戦国日本』　勉誠出版　二〇一七年
五野井隆史　『キリシタン信仰史の研究』　吉川弘文館　二〇一七年
竹本弘文　『大友宗麟』　大分県教育委員会　一九九五年
松田毅一　『近世初期日本関係　南蛮史料の研究』　風間書房　一九六七年
結城了悟　『キリシタンになった大名』　キリシタン文化研究会　一九八六年
ヨハネス・ラウレス　『高山右近の生涯』　中央出版社　一九五三年

京　都　市『京都の歴史』３・４　学藝書林　一九六八・一九七一年
オリヴェイラ・マルケス著、金七紀男編訳『ポルトガル：２』　ほるぷ出版　一九八一年
GEORG SCHURHAMMER, S.J., FRANCIS XAVIER HIS LIFE, HIS TIMES, Translated by M. Joseph Costelloe, S.J. vols. 1, 4. Rome, 1973,1982
JOSEF FRANZ SCHÜTTE S.J. VALIGNANOS MISSIONGRUNDSÄTZE F ÜR JAPAN, Roma, 1958

四　論　文

José Luís Alvarez Taladriz 編註「日本イエズス会第一回総協議会議事録と裁決（一五九〇年）」（『キリシタン研究』第十六輯、キリシタン文化研究会、一九七六年）
エンゲルベルト・ヨリッセン「十六世紀カトリックの不寛容主義とルイス・フロイスの文学」（国際日本文化研究センター編『創立一〇周年記念国際シンポジウム　日本における宗教と文学』国際日本文化センター、一九九九年）
平山喜英「キリシタンの街「野津」」（『大分県地方史』第五四〜五五号）一九七〇年
五野井隆史「イエズス会日本年報について—手書本の所在を中心にして—」（『キリシタン研究』第十八輯、キリシタン文化研究会、一九七八年）
「日本イエズス会の通信について—その発送システムと印刷—」（『東京大学史料編纂所研究紀要』一一、二〇〇一年）

「キリシタンの葬礼と墓碑」（聖トマス大学キリスト教文化研究所『紀要』第二七巻第一号、二〇一二年）

「横瀬浦の開港と焼亡について」（聖トマス大学論叢『サピエンチア』第四七号、二〇一三年）

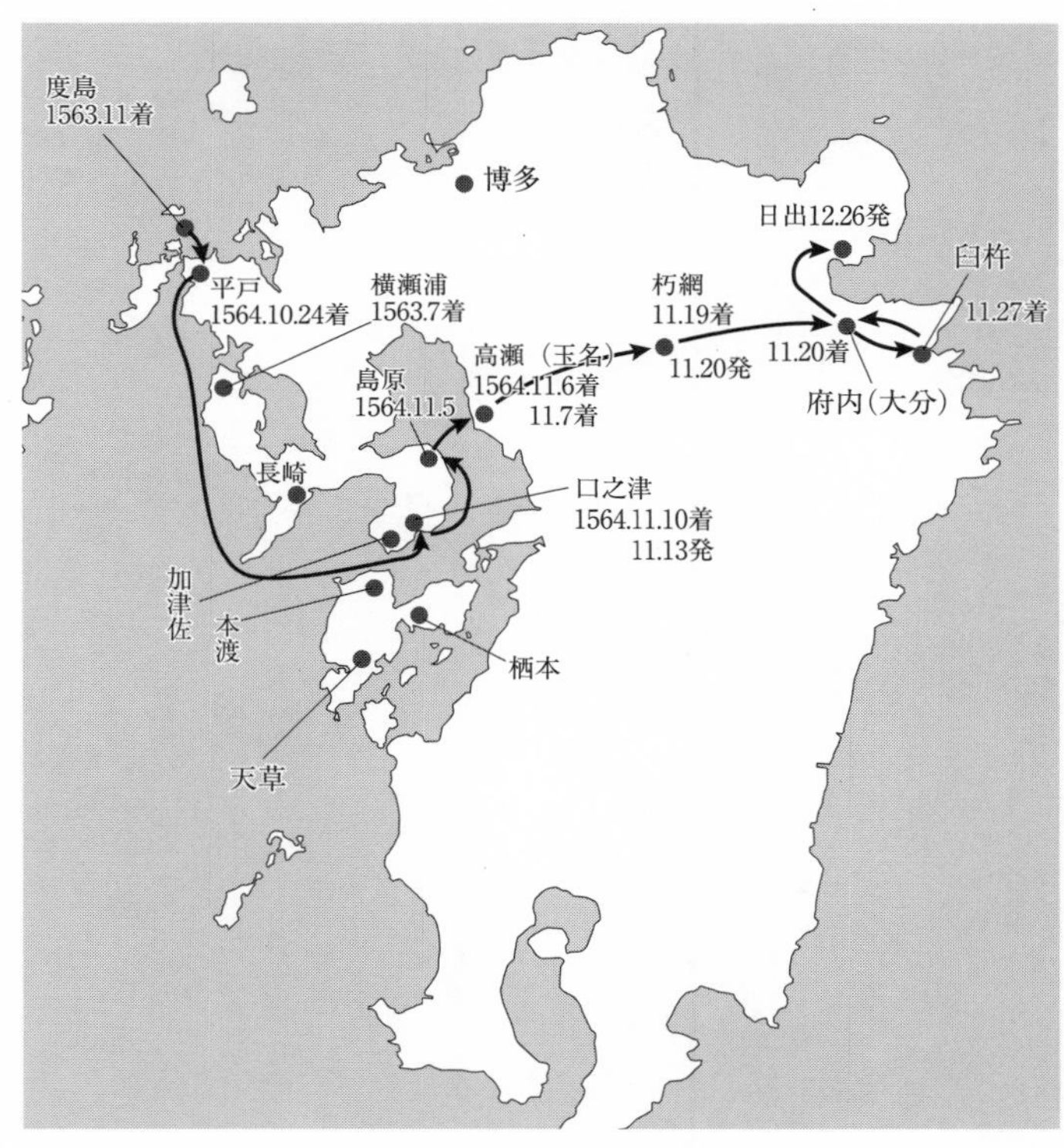

フロイスの歩んだ道１（1563〜1564年）

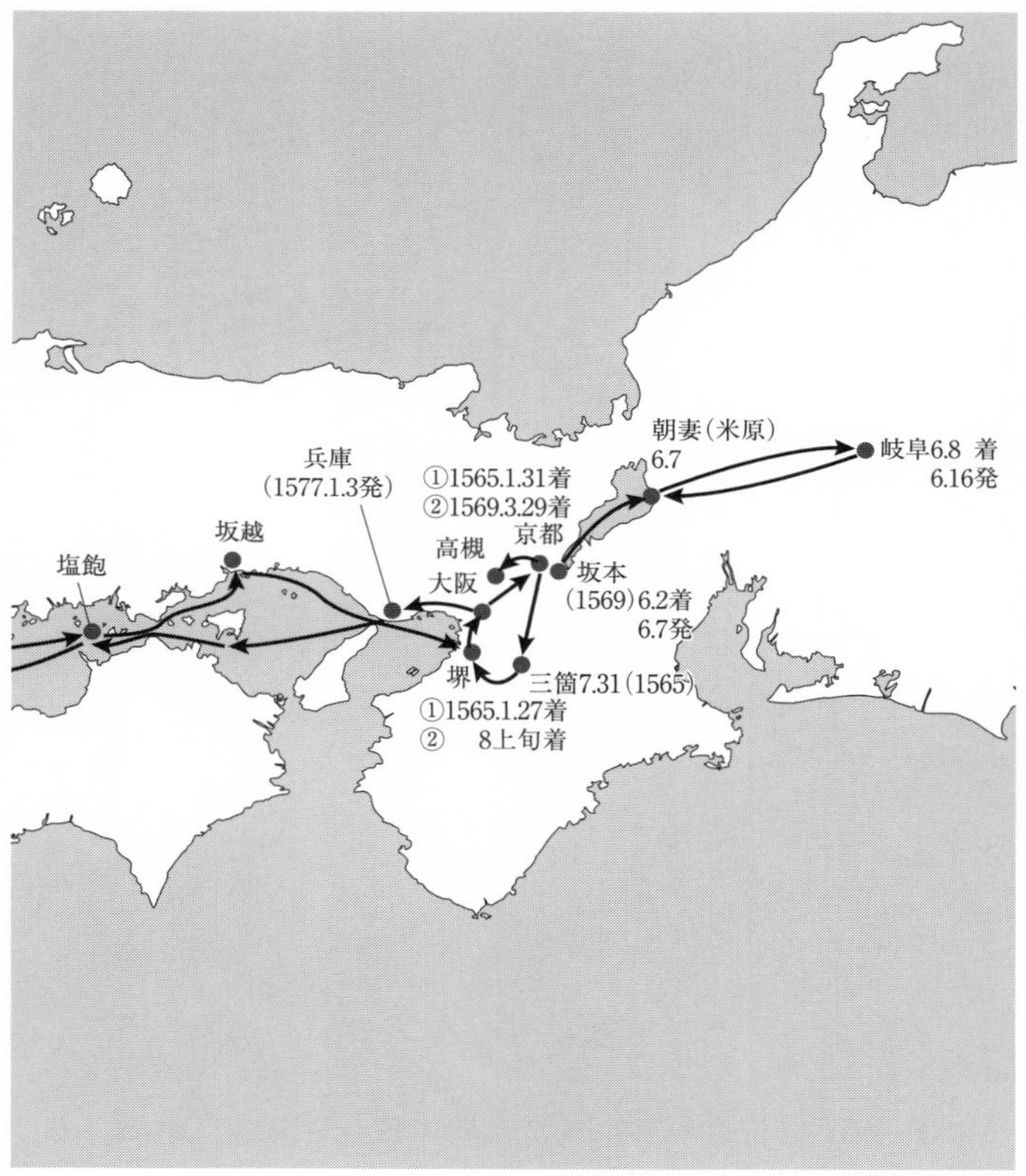

（1564年12月26日～1577年１月18日）

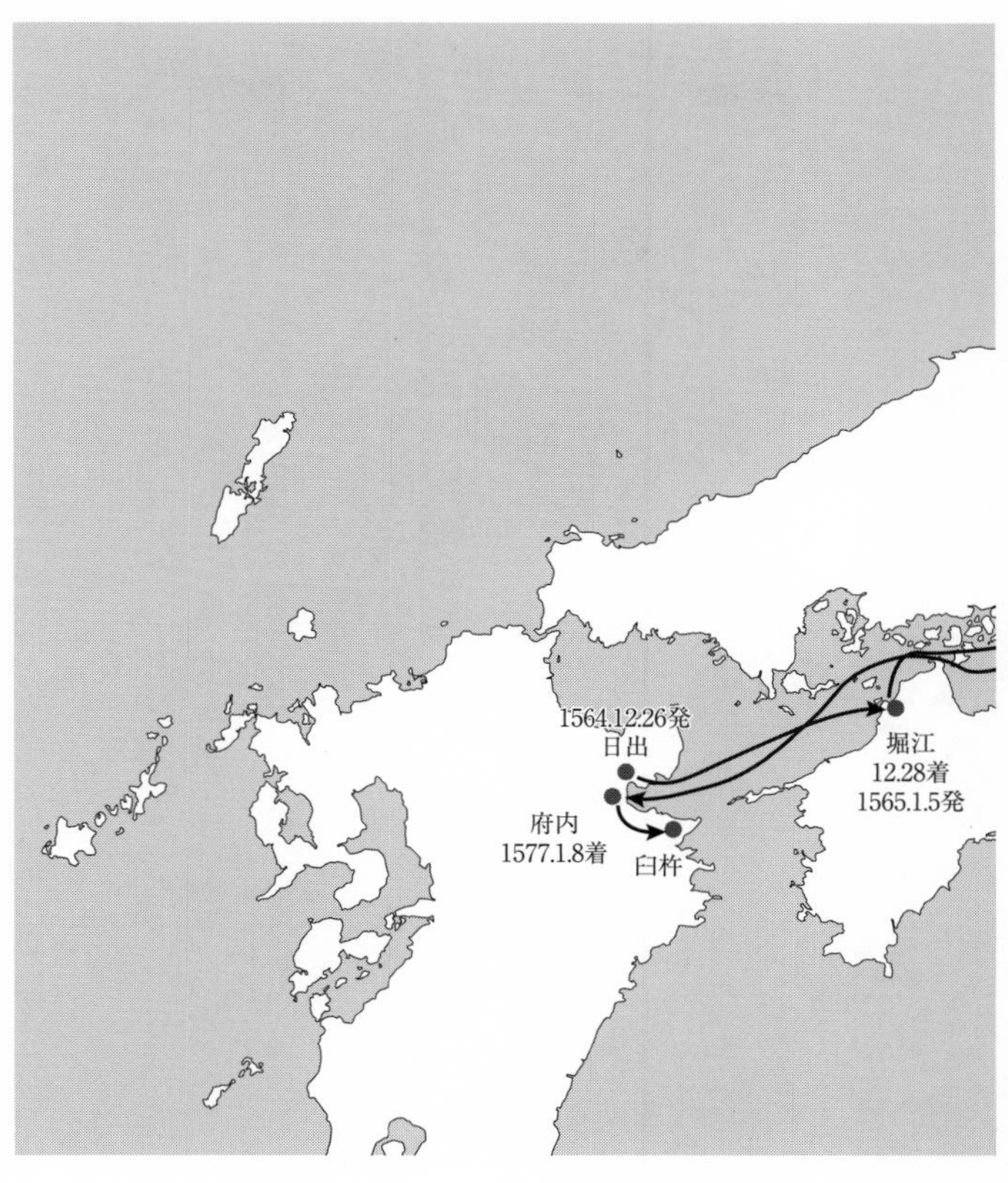

フロイスの歩んだ道2

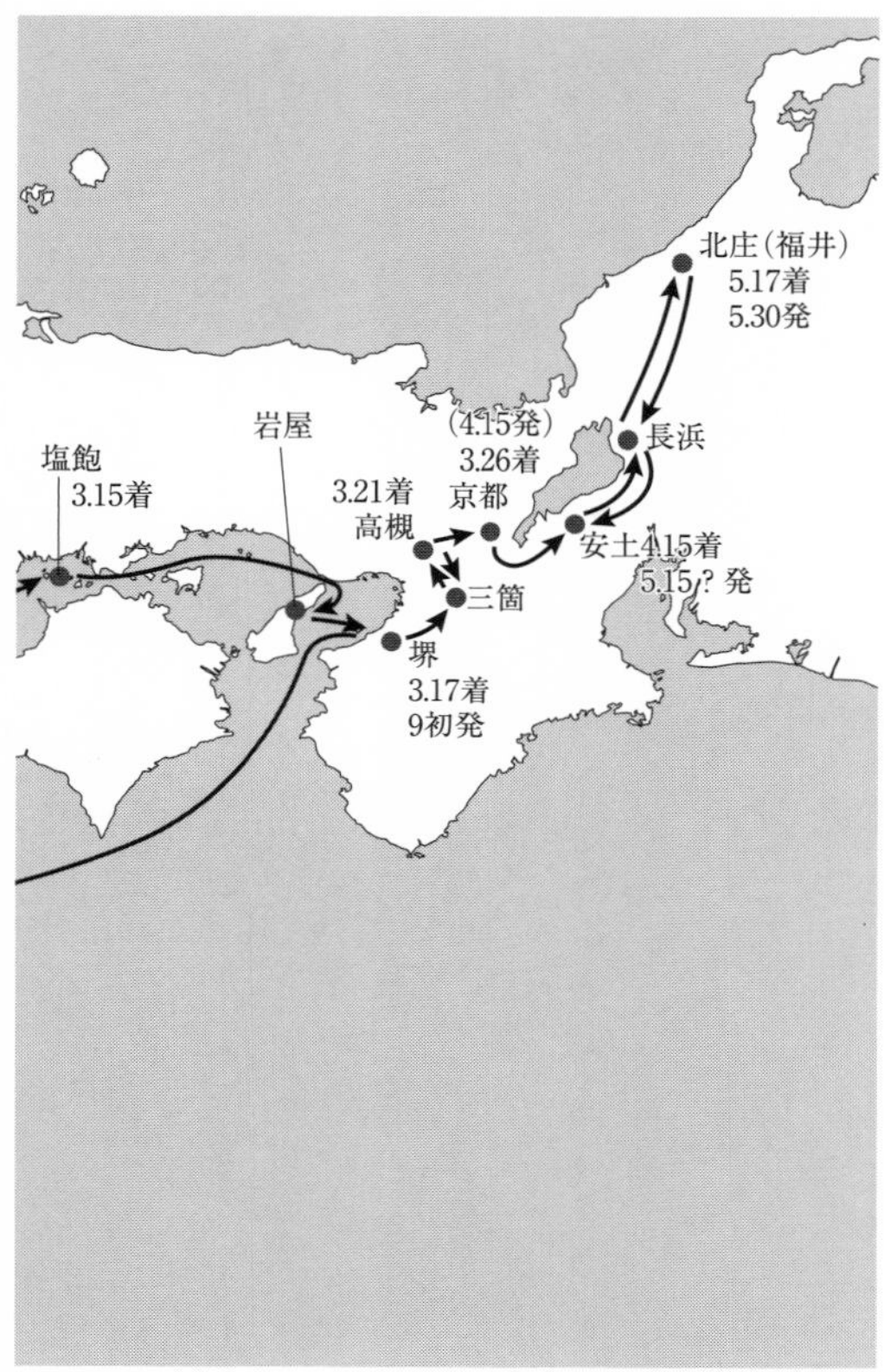

（1581年３月８日～11月上旬）

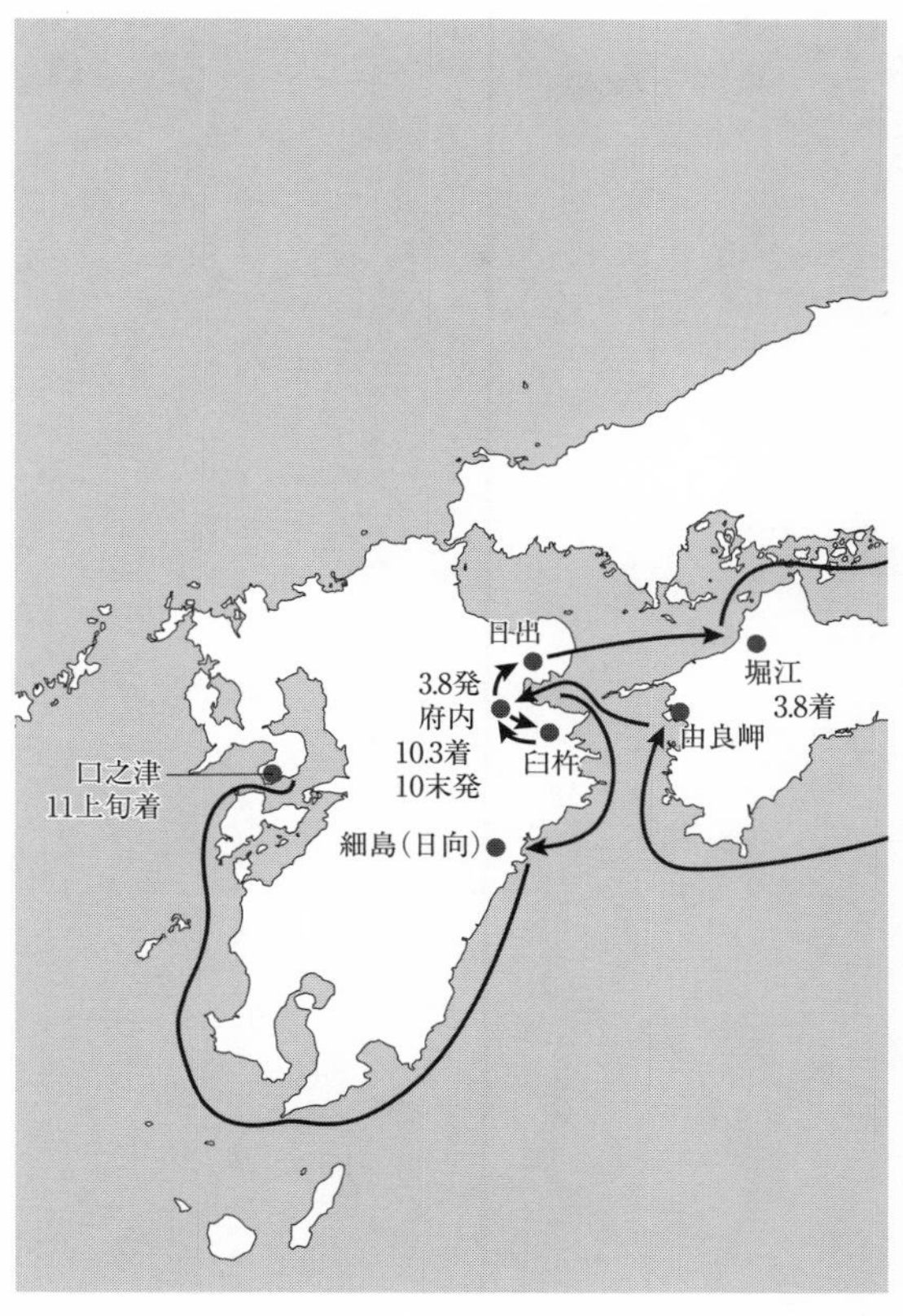

フロイスの歩んだ道3

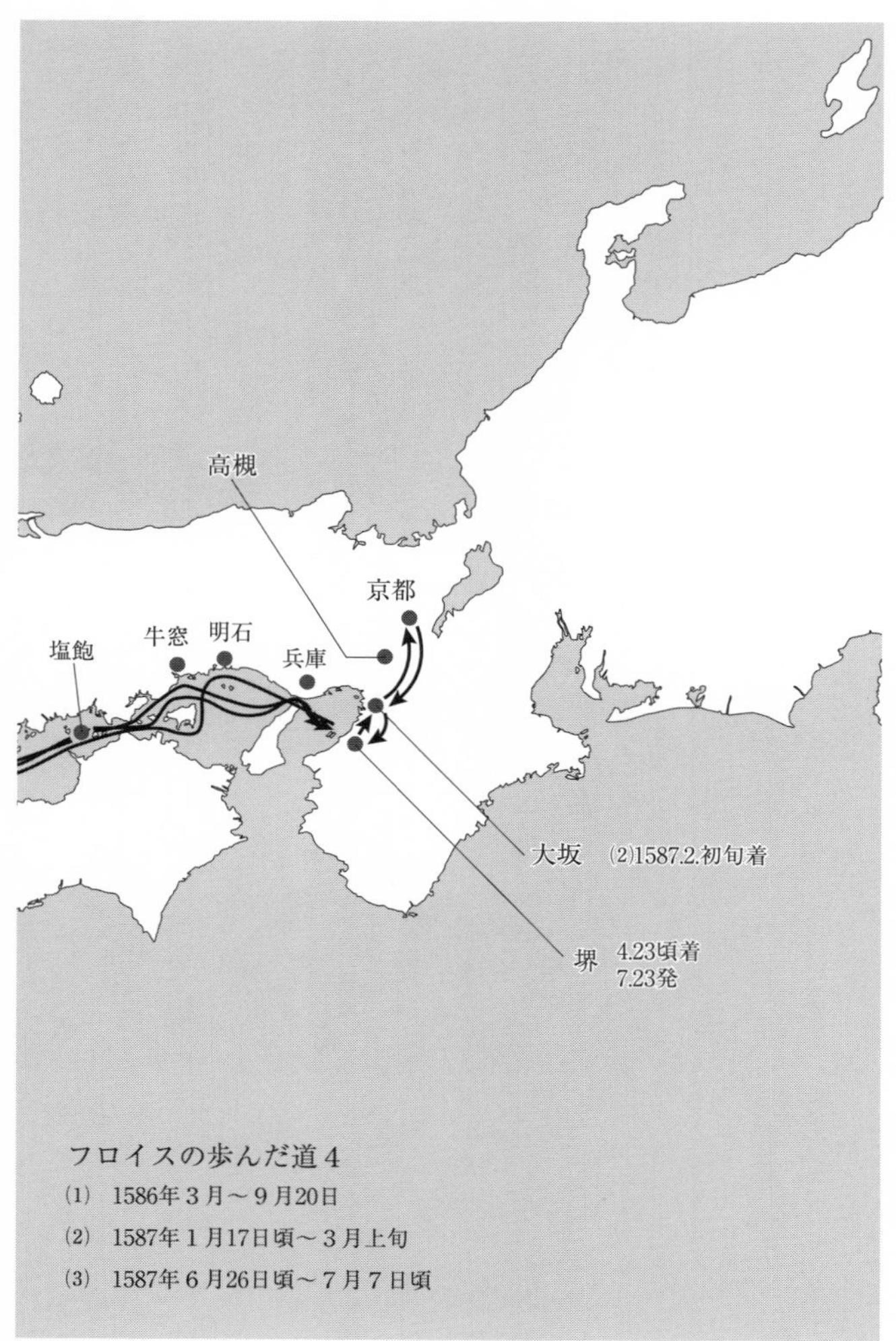
高槻
京都
塩飽
牛窓
明石
兵庫
大坂　(2)1587.2.初旬着
堺　4.23頃着
7.23発
フロイスの歩んだ道４
(1)　1586年３月～９月20日
(2)　1587年１月17日頃～３月上旬
(3)　1587年６月26日頃～７月７日頃

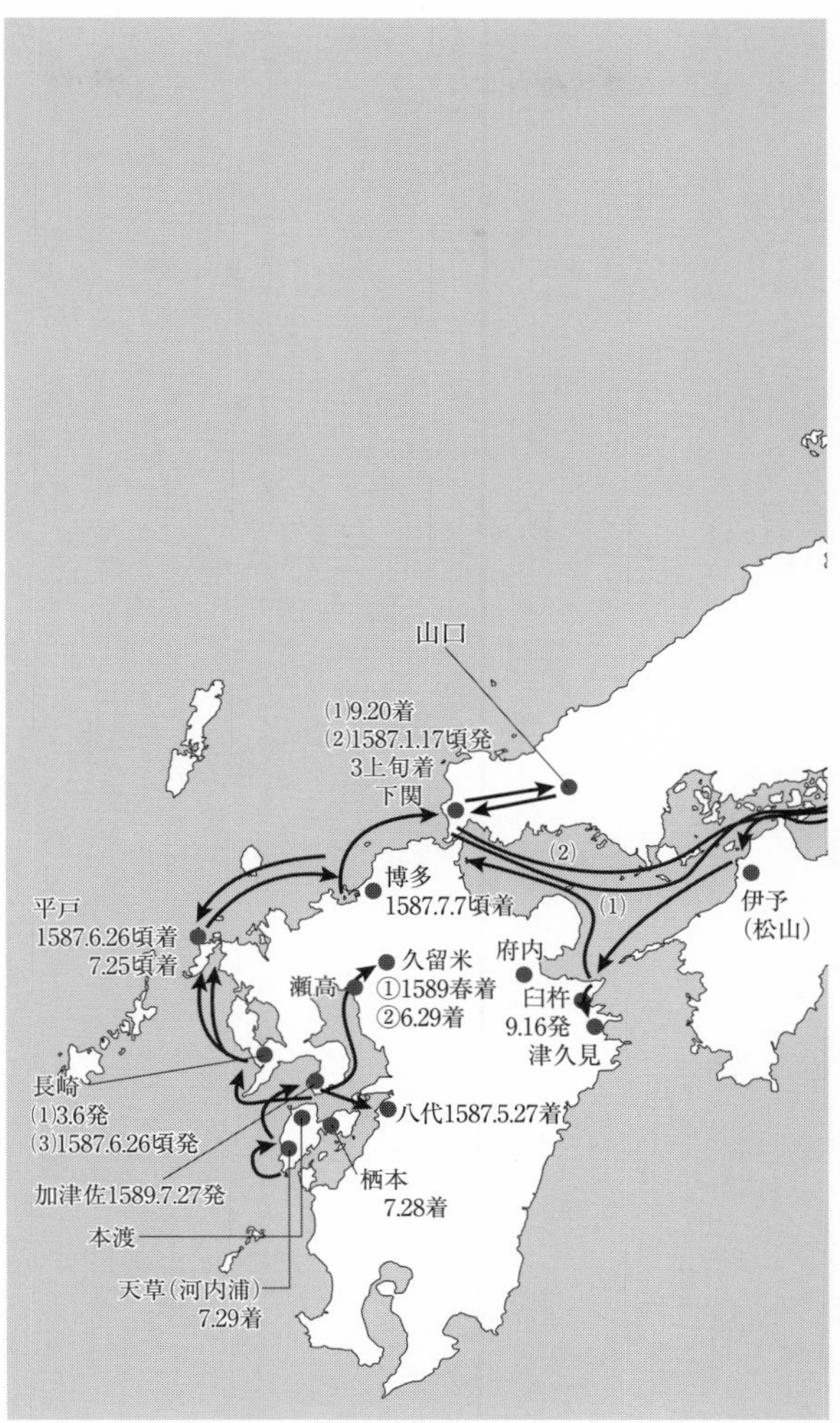
山口
(1)9.20着
(2)1587.1.17頃発
3上旬着
下関
(2)
博多
1587.7.7頃着
(1)
伊予
(松山)
平戸
1587.6.26頃着
7.25頃着
府内
久留米
①1589春着
②6.29着
瀬高
臼杵
9.16発
津久見
長崎
(1)3.6発
(3)1587.6.26頃発
八代1587.5.27着
加津佐1589.7.27発
栖本
7.28着
本渡
天草(河内浦)
7.29着

著者略歴

一九四一年　北海道に生まれる
一九七一年　上智大学大学院文学研究科博士課程単位修了
現在　東京大学名誉教授　文学博士

主要著書

『日本キリスト教史』(吉川弘文館、一九九〇年)
『徳川初期キリシタン研究　補訂版』(吉川弘文館、一九九二年)
『日本キリシタン史の研究』(吉川弘文館、二〇〇二年)
『大航海時代と日本』(渡辺出版、二〇〇三年)
『支倉常長』(吉川弘文館、二〇〇三年)
『ペトロ岐部カスイ』(教文館、二〇〇八年)
『キリシタンの文化』(吉川弘文館、二〇一二年)
『島原の乱とキリシタン』(吉川弘文館、二〇一四年)
『キリシタン信仰史の研究』(吉川弘文館、二〇一七年)

人物叢書　新装版

ルイス・フロイス

二〇二〇年(令和二)二月一日　第一版第一刷発行

著　者　五野井隆史(ごのいたかし)
編集者　日本歴史学会
代表者　藤田覚
発行者　吉川道郎
発行所　株式会社 吉川弘文館
東京都文京区本郷七丁目二番八号
郵便番号一一三―〇〇三三
電話〇三―三八一三―九一五一〈代表〉
振替口座〇〇一〇〇―五―二四四
http://www.yoshikawa-k.co.jp/
印刷＝株式会社 平文社
製本＝ナショナル製本協同組合

ISBN978-4-642-05294-8

『人物叢書』(新装版)刊行のことば

人物叢書は、個人が埋没された歴史書が盛行した時代に、「歴史を動かすものは人間である。個人の伝記が明らかにされないで、歴史の叙述は完全であり得ない」という信念のもとに、専門学者に執筆を依頼し、日本歴史学会が編集し、吉川弘文館が刊行した一大伝記集である。

幸いに読書界の支持を得て、百冊刊行の折には菊池寛賞を授けられる栄誉に浴した。

しかし発行以来すでに四半世紀を経過し、長期品切れ本が増加し、読書界の要望にそい得ない状態にもなったので、この際既刊本の体裁を一新して再編成し、定期的に配本できるような方策をとることにした。既刊本は一八四冊であるが、まだ未刊である重要人物の伝記についても鋭意刊行を進める方針であり、その体裁も新形式をとることとした。

こうして刊行当初の精神に思いを致し、人物叢書を蘇らせようとするのが、今回の企図である。大方のご支援を得ることができれば幸せである。

昭和六十年五月

日本歴史学会

代表者　坂本太郎

藤原定家 村山修一著
北条泰時 上横手雅敬著
道元 竹内道雄著
北条重時 森幸夫著
親鸞 赤松俊秀著
北条時頼 高橋慎一朗著
日蓮 大野達之助著
阿仏尼 田渕句美子著
北条時宗 川添昭二著
一遍 大橋俊雄著
叡尊・忍性 和島芳男著
京極為兼 井上宗雄著
金沢貞顕 永井晋著
菊池氏三代 杉本尚雄著
新田義貞 峰岸純夫著
花園天皇 岩橋小弥太著
赤松円心・満祐 高坂好著
卜部兼好 冨倉徳次郎著
覚如 重松明久著
足利直冬 瀬野精一郎著
佐々木導誉 森茂暁著
二条良基 小川剛生著
細川頼之 小川信著
足利義満 臼井信義著
今川了俊 川添昭二著
足利義持 伊藤喜良著
世阿弥 今泉淑夫著
上杉憲実 田辺久子著
山名宗全 川岡勉著
経覚 酒井紀美著
一条兼良 永島福太郎著
亀泉集証 今泉淑夫著
蓮如 笠原一男著
宗祇 奥田勲著
万里集九 中川徳之助著
三条西実隆 芳賀幸四郎著
大内義隆 福尾猛市郎著
ザヴィエル 吉田小五郎著
三好長慶 長江正一著
今川義元 有光友學著
武田信玄 奥野高広著
朝倉義景 水藤真著
浅井氏三代 宮島敬一著
織田信長 池上裕子著
明智光秀 高柳光寿著
大友宗麟 外山幹夫著
千利休 芳賀幸四郎著
松井友閑 竹本千鶴著
豊臣秀次 藤田恒春著
ルイス・フロイス 五野井隆史著
足利義昭 奥野高広著
前田利家 岩沢愿彦著
長宗我部元親 山本大著
安国寺恵瓊 河合正治著
石田三成 今井林太郎著
真田昌幸 柴辻俊六著
最上義光 伊藤清郎著
前田利長 見瀬和雄著
高山右近 海老沢有道著
島井宗室 田中健夫著
淀君 桑田忠親著
片桐且元 曽根勇二著
徳川家康 藤井讓治著
藤原惺窩 太田青丘著
支倉常長 五野井隆史著
伊達政宗 小林清治著
天草時貞 岡田章雄著
立花宗茂 中野等著
宮本武蔵 大倉隆二著
小堀遠州 森蘊著
徳川家光 藤井讓治著
由比正雪 進士慶幹著
佐倉惣五郎 児玉幸多著
林羅山 堀勇雄著
松平信綱 大野瑞男著
国姓爺 石原道博著
野中兼山 横川末吉著
保科正之 小池進著

隠元　平久保章著
徳川和子　久保貴子著
酒井忠清　福田千鶴著
朱舜水　石原道博著
池田光政　谷口澄夫著
山鹿素行　堀勇雄著
井原西鶴　森銑三著
松尾芭蕉　阿部喜三男著
三井高利　中田易直著
河村瑞賢　古田良一著
徳川光圀　鈴木暎一著
契沖　久松潜一著
市川団十郎　西山松之助著
伊藤仁斎　石田一良著
徳川綱吉　塚本学著
貝原益軒　井上忠著
前田綱紀　若林喜三郎著
近松門左衛門　河竹繁俊著
新井白石　宮崎道生著
鴻池善右衛門　宮本又次著
石田梅岩　柴田実著
太宰春台　武部善人著
徳川吉宗　辻達也著
大岡忠相　大石学著
賀茂真淵　三枝康高著
平賀源内　城福勇著
与謝蕪村　田中善信著
三浦梅園　田口正治著
毛利重就　小川國治著
本居宣長　城福勇著
山村才助　鮎沢信太郎著
木内石亭　斎藤忠著
小石元俊　山本四郎著
山東京伝　小池藤五郎著
杉田玄白　片桐一男著
塙保己一　太田善麿著
上杉鷹山　横山昭男著
大田南畝　浜田義一郎著
只野真葛　関民子著
小林一茶　小林計一郎著
大黒屋光太夫　亀井高孝著
松平定信　高澤憲治著
菅江真澄　菊池勇夫著
島津重豪　芳即正著
狩谷棭斎　梅谷文夫著
最上徳内　島谷良吉著
渡辺崋山　佐藤昌介著
柳亭種彦　伊狩章著
香川景樹　兼清正徳著
平田篤胤　田原嗣郎著
間宮林蔵　洞富雄著
滝沢馬琴　麻生磯次著
調所広郷　芳即正著
橘守部　鈴木暎一著
黒住宗忠　原敬吾著
水野忠邦　北島正元著
帆足万里　帆足図南次著
江川坦庵　仲田正之著
藤田東湖　鈴木暎一著
二宮尊徳　大藤修著
広瀬淡窓　井上義巳著
大原幽学　中井信彦著
島津斉彬　芳即正著
月照　友松圓諦著
橋本左内　山口宗之著
井伊直弼　吉田常吉著
吉田東洋　平尾道雄著
緒方洪庵　梅溪昇著
佐久間象山　大平喜間多著
真木和泉　山口宗之著
高島秋帆　有馬成甫著
シーボルト　板沢武雄著
高杉晋作　梅溪昇著
川路聖謨　川田貞夫著
横井小楠　圭室諦成著
小松帯刀　高村直助著
山内容堂　平尾道雄著
江藤新平　杉谷昭著

和宮　武部敏夫著
西郷隆盛　田中惣五郎著
ハリス　坂田精一著
森有礼　犬塚孝明著
松平春嶽　川端太平著
中村敬宇　高橋昌郎著
河竹黙阿弥　河竹繁俊著
寺島宗則　犬塚孝明著
樋口一葉　塩田良平著
ジョセフ＝ヒコ　近盛晴嘉著
勝海舟　石井孝著
臥雲辰致　村瀬正章著
黒田清隆　井黒弥太郎著
伊藤圭介　杉本勲著
福沢諭吉　会田倉吉著
星亨　中村菊男著
中江兆民　飛鳥井雅道著
西村茂樹　高橋昌郎著
正岡子規　久保田正文著
清沢満之　吉田久一著
滝廉太郎　小長久子著
副島種臣　安岡昭男著
田口卯吉　田口親著
福地桜痴　柳田泉著
陸羯南　有山輝雄著
児島惟謙　田畑忍著
荒井郁之助　原田朗著
幸徳秋水　西尾陽太郎著
ヘボン　高谷道男著
石川啄木　岩城之徳著
乃木希典　松下芳男著
岡倉天心　斎藤隆三著
桂太郎　宇野俊一著
徳川慶喜　家近良樹著
加藤弘之　田畑忍著
山路愛山　坂本多加雄著
伊沢修二　上沼八郎著
秋山真之　田中宏巳著
前島密　山口修著
成瀬仁蔵　中嶌邦著
前田正名　祖田修著
大隈重信　中村尚美著
山県有朋　藤村道生著
大井憲太郎　平野義太郎著
河野広中　長井純市著
富岡鉄斎　小高根太郎著
大正天皇　古川隆久著
津田梅子　山崎孝子著
豊田佐吉　楫西光速著
渋沢栄一　土屋喬雄著
有馬四郎助　三吉明著
武藤山治　入交好脩著
坪内逍遙　大村弘毅著
山室軍平　三吉明著
阪谷芳郎　西尾林太郎著
南方熊楠　笠井清著
山本五十六　田中宏巳著
中野正剛　猪俣敬太郎著
三宅雪嶺　中野目徹著
近衛文麿　古川隆久著
河上肇　住谷悦治著
牧野伸顕　茶谷誠一著
御木本幸吉　大林日出雄著
尾崎行雄　伊佐秀雄著
緒方竹虎　栗田直樹著
石橋湛山　姜克實著
八木秀次　沢井実著

▽以下続刊